LOS NOVIOS
DE FEDERICO

EC
EDITORIAL CÁNTICO
COLECCIÓN · CULPABLES
DIRIGIDA POR RODRIGO GARCÍA MARINA

cantico.es · @canticoed

© Pablo-Ignacio de Dalmases, 2024
© Editorial Almuzara S. L., 2024
Editorial Cántico
Parque Logístico de Córdoba
Carretera de Palma del Río, km. 4
14005 Córdoba
1ª edición, marzo de 2024
2ª edición, julio de 2024
© Imagen de cubierta: *Muchachos en la playa,* 2024,
creada por Raúl Alonso asistido con IA,
e intervenida por Dani Vera, 2024

ISBN: 978-84-19387-91-2
Depósito legal: CO 130-2024

Impresión y encuadernación:
Imprenta Luque S.L.

PABLO-IGNACIO DE DALMASES

LOS NOVIOS DE FEDERICO

GOZOS Y QUEBRANTOS SENTIMENTALES DE FEDERICO GARCÍA LORCA

EDITORIAL CÁNTICO
COLECCIÓN · CULPABLES

SOBRE EL AUTOR

Pablo-Ignacio de Dalmases es Doctor en Historia por la Universidad Autónoma de Barcelona, Máster universitario en Historia contemporánea y Licenciado en Ciencias de la Información. Ha trabajado como periodista durante cincuenta años y desempeñado diversos cargos directivos: Director de RNE y TVE en el Sáhara español, Director del diario La Realidad de El Aaiún, Jefe de los Servicios Informativos del Gobierno de Sáhara, Jefe del Gabinete de Prensa de RTVE en Cataluña y Jefe de Informativos de Radiocadena Española en Cataluña. Se ha dedicado también a la docencia como profesor titular de cátedra en la Escuela Oficial de Publicidad, consultor de la Universitat Oberta de Catalunya y técnico superior de Educación de la Diputación Provincial de Barcelona.

Es autor de una veintena larga de títulos, entre ellos dos con el sello editorial de Almuzara: *Los últimos de África y Cuentos y Leyendas del Sáhara Occidental.*

Pertenece a las Reales Academias Europea de Doctores y de Buenas Letras de Barcelona.

I

EL DEFECTO SIN NOMBRE

El diccionario de la Real Academia Española define como segunda acepción del término "defecto" una "imperfección en algo o en alguien". Es decir, que puede darse tanto en cosas materiales, como en personas humanas, si bien hay que reconocer que, en lo que respecta estas últimas, el mismo concepto de imperfección resulta mutante. En efecto, rasgos que en ciertas comunidades o en determinadas épocas pudieran ser considerados como imperfecciones, en otros contextos no lo son. Así, por poner un ejemplo, el albinismo, que en algunas culturas hace de quienes lo poseen seres punto menos que tocados por la gracia divina, en otras se conceptúan como peligrosísimos o malditos. Mucho más común y próxima es la zurdera, que durante siglos fue consideraba un defecto grave y trataba de corregirse de forma imperativa obligando a "reeducar" a quienes utilizaban la mano izquierda para que fueran capaces de adquirir la presunta "normalidad" con la diestra. Con el tiempo ha quedado fehacientemente demostrado que el albinismo no pasa de ser un rasgo genético y la zurdera una variable que comparten alrededor del diez por ciento de los seres humanos. En ninguno de los dos supuestos constituye una imperfección.

Idéntico criterio puede ser aplicado a otras diversas peculiaridades o variables de la persona humana que, en algún caso, han sido rechazadas con mucha mayor contundencia aún. Tales son la referidas a las conductas sexuales que divergen de una heterosexualidad considerada durante siglos, por no decir milenios y en una mayoría de culturas, no solo como la normativa, sino como la única aceptable, siendo así que según estudios científicamente reconocidos la homosexualidad es la tendencia predominante de aproximadamente entre un cinco y un diez por ciento de la población mundial, con independencia de las variables circunstanciales que pueden producirse en favor de un incremento o incluso posible decrecimiento de dicho porcentaje en razón de modas, contextos ambientales, presiones sociales o situaciones personales.

Más en concreto, la cultura judeo-cristiana-musulmana ha venido considerando la homosexualidad como un vicio nefando y un pecado gravísimo con consecuencias en su conceptuación jurídica como delito tipificado en numerosos códigos penales que la convierten en perseguible sin lenidad alguna, circunstancia que ha dado lugar a una cantidad infinita de dramas personales y de injusticias flagrantes cuya vigencia ha permanecido viva hasta un ayer muy próximo. Solo una evolución en el sistema de ideas y valores imperantes ha permitido, junto a otros factores, tal la eficaz movilización habida en los últimos decenios, una clara evolución en la consideración social y la regulación legal de las variantes de la conducta sexual. Aunque también es bien cierto que esto solo se ha producido en algunos países, mientras que en otros sigue siendo un baldón punible hasta con la propia vida.

LA HOMOSEXUALIDAD EN ESPAÑA

Por lo que respecta a España, la memoria histórica, todavía muy fresca, y, si ésta fallara, la lectura de los textos literarios, nos ilustra sobre cómo era considerada la homosexualidad en nuestra sociedad y qué términos, epítetos o insultos se utilizaban para caracterizar a las personas homosexuales, entre las que siempre ha habido, y hay, de toda condición (marica/maricón, loca, sarasa, mariposón, puto, apio, violeta, cundango, joto, pájaro, flora y un largo etcétera, amén de epítetos "elegantes" como invertido, sodomita, afeminado, o expresiones tales la de "perder aceite", ser "de la acera de enfrente", de la "cáscara amarga" o "pertenecer al ramo del agua") De igual modo no faltan epítetos aplicados a la homosexualidad femenina (lesbiana, sáfica, tortillera, bollera, machorra, marimacho, hombruna, tribada, tuerca...)

El caso es que a lo largo de la historia ha habido numerosos personajes sobresalientes con dicha condición y sin ir más lejos y por lo que se refiere a nuestro país y al ámbito de las glorias literarias patrias, en la nómina de escritores varones ilustres se han registrado casos notorios, ciertos o imaginados. Entre estos últimos, la atribución de dicha condición al eximio Cervantes, tesis que defendió con apasionamiento Fernando Arrabal en cierto encuentro que mantuve con él hace algún tiempo y que me pareció gratuita hasta que muchos años después constaté, no sin sorpresa, que Álvaro J. San Juan citaba al autor del Quijote en su libro *Grandes maricas de la historia*[1].

Sin embargo, ha sido un aspecto que permanecido oculto o ha sido eludido hasta fecha muy reciente en la literatura. Cuando Juan Valera tradujo el clásico griego *Dafnis y Cloe* consideró oportuno actuar de censor de un texto que bien puede considerarse paradigma de la ingenuidad pastoril, como advirtió María Pilar Hualde:

> "Valera confiesa sentirse autorizado para «cambiar o suprimir» lo que pudiera haber de perverso en el texto de Longo, en el que, como vemos, no se aparta mucho de las líneas de la censura de la novela griega empleadas en España, según hemos visto, desde el siglo XVI.

---

1   San Juan, Álvaro J., *Grandes maricas de la historia*, Plan B, 2023.

Esta perversión se restringe, no obstante, a la homosexualidad presente en la novela en el episodio de Gnatón, que Valera consigue obviar haciendo a Cloe objeto del deseo del parásito, en lugar de Dafnis, tal como aparece en el texto griego y modificando, por tanto, parte del contenido de la novela"[2].

Atinada fue la prudencia de Valera pues ser una pluma ilustre no eximía en aquel tiempo de censuras y maledicencias. Téngase en cuenta que en pleno siglo XX relevantes figuras de la literatura española hubieron de soportar comentarios malévolos, como fue el caso de Jacinto Benavente, pero también de Antonio de Hoyos y Vinent, Álvaro Retana, Vicente Aleixandre, Gustavo Durán o Luis Cernuda, y más cercanos en el tiempo, éstos ya con mayor tolerancia, Jaime Gil de Biedma, Terenci Moix, Álvaro Pombo, Rafael Chirbes, Antonio Gala, Alberto Cardín, Juan Goytisolo, Vicente Molina Foix, Cristina Peri Rossi, Eduardo Mendicutti, Eduardo Haro Ibars, Luisgé Martín, Máximo Huerta o un activo y militante Luis Antonio de Villena, al que habremos de mencionar con frecuencia en las páginas que siguen.

Tuvo que pasar casi medio siglo desde su muerte para que los exégetas, biógrafos y comentaristas de la vida y la obra literaria de Federico García Lorca se hicieran eco de este rasgo de su personalidad que la propia familia se empeñó en mantener en secreto, a nuestro modo de ver con un mal entendido sentido de la dignidad de su allegado.

UN SECRETO MAL GUARDADO

Hubo un pionero que se atrevió en 1944, a formular la primera alusión, siquiera fuese tangencial y tan harto discreta que podría

---

[2] Hualde Pascual, María Pilar, «Dafnis y Cloe entre dos traductores andaluces: de Juan Valera a Carmen de Burgos», *Baetica Renascens*, vol II, Cádiz-Málaga, 2014, p. 285.

calificarse de críptica. Nos referimos a su compañero en la Residencia de Estudiantes de Madrid el pintor José Moreno Villa quien, en sus memorias, aparecidas en Méjico en dicho año, se refiere a los problemas que hubo entre García Lorca y los demás huéspedes de aquel centro por culpa de cierto "defecto". "Él —dice— venía por temporadas, de un modo irregular. A veces se quedaba un año entero. No todos los estudiantes le querían. Algunos olfateaban su *defecto* y se alejaban de él. No obstante, cuando abría el piano y se ponía a cantar, todos perdían su fortaleza"[3].

¿A qué defecto se refería Moreno Villa? ¿Era zurdo, bizco o zambo Federico? ¿Padecía algún tic? Bien, su amigo de la infancia, Pepe García Carillo, le comentó al investigador Penón en su encuentro de 9 de noviembre de 1955 que "cuando se enfadaban (García Carrillo y Federico) Pepe imitaba la cojera de Federico y el poeta siempre terminaba riéndose"[4]. Algún problema debió padecer, sin duda, en sus órganos motores, pese a que su hermano Francisco tuviera especial empeño en desmentirlo o minusvalorarlo:

"Se ha hablado mucho, y con notoria exageración, de torpeza física en sus movimientos. Algunos bocetos biográficos, y no sé de dónde lo sacan, lo han querido representar como ligeramente cojo. Lo cierto es que ya de mayor tenía unos movimientos muy personales, que como mejor podían describirse es con las mismas palabras del poeta: «—¡Oh, mis torpes andares!». Pero ni siquiera esa torpeza del Federico hombre se acusaba en sus años más tempranos; se manifestaba en él más bien como una inhibición en los juegos que pedían mayor destreza física... Fue una sorpresa para toda la familia cuando, al entrar en edad militar, una medición médica (interesada, digámoslo

---

3 Moreno Villa, José, *Memoria*, El Colegio de México/Publicaciones de la Residencia de Estudiantes, México, 2011, p. 109. La cita originaria apareció en *Vida en claro*. El Colegio de México, 1944.

4 Penón, Agustín, *Diario de una búsqueda lorquiana*, Plaza y Janés, 1990, p. 177

discretamente, en encontrar defectos físicos) advirtió una diferencia milimétrica y apenas perceptible entre ambas piernas"[5].

Sea como fuere, nadie le dio mayor importancia y desde luego una leve cojera no hubiera sido la causa de que nadie expresara alguna reserva con respecto a Federico. Parece evidente que Moreno Villa se refería a otro rasgo diferente, en aquellas calendas mucho más grave y, si se nos apura, infamante. Todo hace pensar que "tomó la decisión de no ocultar en su libro la homosexualidad de Lorca. Decisión difícil, cabe suponer, dado el carácter entonces tabú del asunto y el peligro de ser acusado de traidor, mentiroso o violador de intimidades"[6]. Por lo que según su biógrafo Ian Gibson, "lo más probable es que Moreno Villa utilizara el término «defecto» al referirse a la homosexualidad de Lorca"[7].

Que la homosexualidad tratara de mantenerse reservadamente en la España de la primera mitad del siglo XX resulta a todas luces comprensible. Pero no que hubiera seguido siendo ocultada con pertinacia en las siguientes décadas. Según Villena

"la vida sentimental de Federico García Lorca (1898-1936) se ha escrito tarde, quizá no completa y entre muchísimos pudores que venían de un tiempo gazmoño —en España— y del hecho de que dos hermanos de Federico, Paco e Isabel, fueran mucho tiempo totalmente refractarios a que se hablara nada sobre la homosexualidad de su hermano. Incluso quisieron negarla, hasta que resultó del todo imposible. Además, quienes habían conocido muy bien esa historia (íntimos de Federico) tampoco la hablaron en público. Nos la con-

---

5   García Lorca, Francisco, *Federico y su mundo*, Alianza Tres, Madrid, 1981, p. 61.

6   Gibson, Ian, *Luis Buñuel. La forja de un cineasta universal 1900-1938)*, Aguilar, 2013, p.168.

7   Gibson, Ian, *Luis Buñuel. La forja de un cineasta universal 1900-1938)*, Aguilar, 2013, p. 169.

taron sólo a algunos amigos, y eso hizo que su testimonio directo se escapara a los biógrafos"[8].

El historiador hispano-irlandés Ian Gibson es todavía más terminante en su denuncia: "hasta mediados de los años ochenta ningún crítico o lorquista español estaba dispuesto a decir públicamente que Lorca era gay y que incumbía tener en cuenta tal circunstancia a la hora de analizar su vida, su obra y su muerte. La razón principal, inconfesable: si lo hacían se les cerraba probablemente el acceso al archivo del poeta. Hay numerosos testimonios acerca de la imposibilidad de suscitar con Francisco e Isabel García Lorca la cuestión de la homosexualidad de su hermano. El tema era tabú"[9]. Gibson tuvo que vencer pétreas resistencias para poder investigar esta cuestión.

EL DESVELAMIENTO DE UNA REALIDAD

Pese a todos estos obstinaciones y zancadillas, lo cierto es que el reconocimiento de la homosexualidad del escritor granadino fue abriéndose paso lentamente. Así y tras la elusiva cita de Moreno Villa a principios de los años cuarenta, la publicación en 1956 en *Le Figaro Littéraire* de un tendencioso artículo de Schonberg[10] seguido de un libro con "una interpretación homosexual de la obra de Lorca"[11] levantó grandes protestas y descalificaciones y

---

8   http://luisantoniodevillena.es/web/articulos/los-imposibles-novios-de-federico-garcia-lorca/ (30.03.2023)

9   Gibson, Ian, *Caballo azul de mi locura. Lorca y el mundo gay*, Planeta, 2009, pp. 23-24

10   Schonberg, Jean Luis, «En fin, la vérité sur la mort de Lorca!», *Le Figaro Littéraire*, 29 septiembre 1956.

11   Sahuquillo, Ángel, *Federico García Lorca y la cultura de la homosexualidad masculina*, Instituto de Cultura Juan Gil-Albert, Alicante, 1991, p. 72.

pese a que "aún en 1965 se negaba la homosexualidad de Lorca"[12], hubo quien lo hizo sin temor, como fue el caso de la hispanista francesa Marcelle Auclair, que le conoció en los años treinta y un cuarto de siglo después "habló con naturalidad de los amores masculinos de Federico y su sufrimiento" como recuerda Villena. Decía Auclair que

"La cuestión de la homosexualidad de Federico se plantea justo en el momento en que se encuentra atrapado en esas exigencias familiares que tanto quería complacer. Argumento difícil de abordar para algunos. No es la verdad la que está en juego, sino la idea que se hace de ella. Aquellos para quienes toda anomalía sexual es un escándalo, simplemente la niegan. Según ellos, Federico habría tenido varias amantes. Esto no significa nada porque raro es el homosexual que no haya tenido nunca relaciones nunca con una mujer. André Gide tuvo una hija... Entre aquellos que no hacen del problema un misterio, algunos afirman que sufría, y otros, que lejos de ocultarlo, estaba orgulloso de ello. Estas dos opiniones no se contradicen. Los que atestiguan su angustia son sus amigos de juventud. Los que evocan su desenvoltura, lo conocieron más tarde"[13].

Esta revelación tuvo consecuencias. Según Villena, "Auclair (inteligente y lúcida) fue prácticamente condenada al ostracismo"[14].

Tuvo que ser Ian Gibson, el biógrafo por excelencia de García Lorca, quien, pese a todas las cortapisas familiares, aludió al «defecto» de Federico en su primera biografía y acabó tratando el tema con naturalidad y dedicándole una obra monográfica: "*Caballo azul de mi locura» Lorca y el mundo gay*"[15]. Tarea que hizo no

---

12 Sahuquillo, Ángel, *Federico García Lorca y la cultura de la homosexualidad masculina*, Instituto de Cultura Juan Gil-Albert, Alicante, 1991, p. 73.

13 Auclair, Marcelle, *Vida y muerte de García Lorca*, Ediciones ERA, Méjico, 1972, p. 333.

14 Villena, Luis Antonio de, «Los imposibles novios de Federico García Lorca», http://luisantoniodevillena.es/web/articulos/los-imposibles-novios-de-federico-garcia-lorca/ (30.03.2023)

15 Gibson, Ian, *Caballo azul de mi locura. Lorca y el mundo gay*, Planeta, 2009.

sin dificultades puesto que Isabel García Lorca le amenazó con llevarle a los tribunales por la «tesis homoerótica» de la biografía de su hermano[16].

Paralelamente y antes de que finalizara el siglo XX "en 1996 apareció en Minessota una tesis doctoral donde se habla abiertamente de la homosexualidad de Lorca: *Erotic frustration and its causes in the drama of Federico García Lorca*"[17] de D.G. Shamblin[18].

MATERIALES PARA EL ESTUDIO
DE LA HOMOSEXUALIDAD DE GARCÍA LORCA

Establecidos los parámetros en que han tenido que moverse los investigadores para profundizar en la sexualidad de Federico y en la repercusión que ésta pudo tener en su obra y en su vida hay que dejar bien sentado que el conjunto de los libros publicados por Ian Gibson y, muy en particular, el ya citado *"Caballo azul de mi locura. Lorca y el mundo gay"*, resulta de consulta imprescindible. Con algunas salvedades, porque el escritor hispano-irlandés tuvo, en su hercúleo trabajo de investigación, dos limitaciones bien que no achacables a él, sino a las circunstancias: no le fue posible conocer personalmente a Agustín Penón, pionero de la investigación de campo sobre el personaje, ni tampoco hablar con Juan Ramírez de Lucas, el último amor del poeta granadino, que eludió recibirle. Limitaciones que no devalúan ni un ápice su gigantesco trabajo cuyo contenido iremos citando reiteradamente en las páginas que siguen y que son, en buena media, tributarias de su quehacer.

---

16 Gibson, Ian, *Vida, pasión y muerte de Federico García Lorca*, Plaza y Janés editores, 1998, p. 41.

17 Sahuquillo, Ángel, *Federico García Lorca y la cultura de la homosexualidad masculina*, Instituto de Cultura Juan Gil-Albert, Alicante, 1991, p. 82.

18 Consultada la web de dicha Universidad, no aparece ni el autor, ni el título de la tesis.

No obstante, resulta curioso constatar la reacción que el esfuerzo sobrehumano de Gibson produjo en uno de los coetáneos de Federico que mejor le conoció y más profundamente penetró en los vericuetos de su identidad sexual. Nos referimos a Rafael Martínez Nadal, quien también escribió y mucho sobre quien fue su amigo y confidente, pero nunca sobre este aspecto, como le reprochó Villena, quien había recibido confidencias de aquél a este respecto tal cual más adelante comprobará el lector[19]. Federico y Rafael coincidieron en otoño de 1923, en Bailén nº 15, domicilio madrileño de Blandino García Ascot, compañero de estudios de Rafael, y a partir de ahí surgió una amistad que sería perdurable.[20] Cuando Gibson publicó en Londres en 1989 su obra sobre García Lorca[21] Martínez Nadal, que tuvo inmediata noticia de ella ya que residía en la capital británica, no tuvo empacho en comentar:

"A Ian Gibson debemos no sólo la urgente tarea de recopilar y ordenar toda la información existente, sino la de haberla completado con tal minuciosidad de detalles que gracias a él podemos contar hoy con un muy cuidado seguimiento de la vida de Lorca desde su nacimiento —y aún antes, cabría decir— hasta el momento en que los asesinos sacan al poeta del hogar de los Rosales para recorrer el calvario que lleva a Víznar…. (pero) otra cosa es cuando el señor Gibson pasa del dato a la interpretación y muy, muy otra cuando se adentra en enjuiciamientos respecto a la vida y obra del poeta. Bien sea por obsesiones personales, o por haber prestado demasiado oído a los hocicadores de bragas y braguetas, Gibson, sin darse bien cuenta, cierra filas con los beneficiarios del lorquismo comercial y

---

19 "Otra vez se echa en falta lo que alguien como Rafael Martínez Nadal podría haber justamente añadido al respecto" (Villena, Luis Antonio de, *Los mundos infinitos de Lorca*, Tintablanca, 2023, p. 231)

20 Martínez Nadal, Rafael, *Federico García Lorca. Mi penúltimo libro sobre el hombre y el poeta*, Editorial Casariego, Madrid, 1992, nota 46, p. 19.

21 La crítica se refiere a *Federico García Lorca*, Ian Gibson, Faber & Faber, London, 1989, o sea, a la edición inglesa de la biografía de dicho autor.

el resultado es un libro que, con frecuencia, reúne y entremezcla el dato valioso y preciso con la grave deformación a la que antes hemos aludido... Gibson parece haber empleado un método deductivo algo semejante al utilizado por Sherlock Holmes en el descubrimiento de tantos crímenes misteriosos: nítidas premisas preceden a deducciones de riguroso orden escolástico, y éstas, a lógicas, incontrovertibles conclusiones"[22].

Y cita lo que considera tres estereotipos dominantes en la obra de Gibson:

"Lorca vivía secretamente atormentado, acomplejado, por larga frustración de un irreprimible e insatisfecho deseo homosexual. A conclusiones tan terminantes llega el señor Gibson tras numerosas entrevistas con amigos, enemigos y «conocidos» del poeta; conclusiones, pues, subjetivas, basadas en factores tan subjetivos como son selectividad y credibilidad. Por otra parte, el señor Gibson, tan altamente cualificado para rectificar errores respecto a fechas en que determinados hechos o sucesos tuvieron lugar para la busca del dato concreto, no parece igualmente dotado para enjuiciar gentes, distinguir sutilezas de humor e ironía, en ocasiones, de franca tomadura de pelo. Quizá, todo ello debido a esas finas sutilezas de los idiomas tan difíciles de captar para el extranjero por muy bien que domine el idioma del país de adopción. Lástima, también, que el señor Gibson, con su indudable disposición detectivesca, no haya sido capaz de detectar lo que es y significa el polifacético tema del amor en la vida y obra de Lorca, y, dentro de ese riquísimo bosque, el claro que para el lorquismo comercial es el único que ve y le importa: la vertiente homosexual acompañada de supuesta frustración. Repito aquí lo ya dicho en otro lugar... Lorca, que yo sepa, jamás cometió en su vida acto público del que sus familiares o amigos pudieran avergonzarse, pero ni en su obra, ni en su vida íntima —por lo que de ésta dejaba traslucir a los amigos que mejor le conocieron— se percibe la menor concesión, o pago de tributo, a la moral convencional; la menor restricción en la práctica de lo que en la *Oda a Walt Whitman* denomina

22 Martínez Nadal, Rafael, *Federico García Lorca. Mi penúltimo libro sobre el hombre y el poeta*, Editorial Casariego, Madrid, 1992, pp. 56-61

«el amor que reparte coronas de alegría», amor que opone con todo vigor al de «vosotros, maricas de la ciudades, de carne tumefacta y pensamiento inmundo. Contra vosotros siempre, que dais a los muchachos gotas de sucia muerte con amargo veneno»... ¿Frustración amorosa en Lorca? *Niente* (o «que te crees tú eso»)"[23].

Más aún, Martínez Nadal critica que Gibson, como la mayoría de los extranjeros que no conocieron la España anterior a la guerra civil, incurrió en el imperdonable error de pensar que "la hipócrita moralina del régimen franquista era continuación de la «proverbial intransigencia» del catolicismo español. En muchos casos este error revive el rescoldo de la vieja «leyenda negra» —no tan muerta como a primera vista pudiera creerse— y la hoy ya simpática actitud patrocinadora de los ingleses, restos de la tradicional e «imperial» condescendencia de la Gran Bretaña... (cuando en 1934) el clima de libertad que se respiraba en España era muy superior al de la Gran Bretaña y de ningún modo inferior al de Francia".

Finalizaba diciendo:

"Como uno de los pocos amigos de Federico García Lorca todavía superviviente, ya en 1938 me creí obligado a denunciar las manipulaciones políticas que con la vida y obra del poeta estaba realizando el lorquismo comercial. Hoy, por motivos de otro orden, creo imperante resaltar una vez más que en el libro del señor Gibson coexisten la importancia de haber facilitado ese calendario casi perfecto de la vida del poeta con la grave deformación que hemos mencionado. A veces piensa uno que tal vez todo ello se deba (a excepción, claro es, de maniobras comerciales) a esa dicotomía tan difícil de entender para los que no fueron amigos íntimos del poeta, imposible, al parecer, para el extranjero: alegría exultante de un pletórico vivir, percibido por los cinco sentidos a la vez, y súbitos paréntesis de hondo

---

23 Martínez Nadal, Rafael, *Federico García Lorca. Mi penúltimo libro sobre el hombre y el poeta*, Editorial Casariego, Madrid, 1992, pp. 56-61.

ensimismamiento. Dos realidades, dos caras simultáneas del hombre y del poeta. Pero esto es ya otro tema"[24].

Tan severa opinión puede servir para delimitar o atemperar el conjunto de las tesis planteadas por Gibson, pero no debe utilizarse para minusvalorar, en nuestro modesto punto de vista, el valioso conjunto de su excelente labor investigadora, llena de aportaciones novedosas y felices que, de hecho, el propio Martínez Nadal reconoce, y a la que hay que sumar las biografías que dedicó a otros epígonos del poeta granadino, como Salvador Dalí o Luis Buñuel.

Hay asimismo otros muchos autores cuya lectura resulta imprescindible para ahondar en esta cuestión. Desde luego, sus coetáneos, principalmente los ya citados Marcelle Auclair y Rafael Martínez Nadal; el diplomático chileno Carlos Morla Lynch, al que nos referiremos con mayor extensión en un capítulo concreto; y, desde luego, Agustín Penón, cuya labor investigadora resulta de singular relevancia puesto que, realizada a mediados de los años cincuenta, es decir, no demasiados años después del asesinato de Federico, pudo contar con el testimonio de muchos de quienes le conocieron o trataron directamente. En particular, y en lo que se refiere a su iniciación sexual, el de su amigo granadino de juventud José María García Carillo "un personaje encantador, el primero que me ha hablado sin ambages de la homosexualidad de Lorca. ¡Qué alivio en una ciudad donde, en cuanto respecta al poeta, todo se vuelve medias palabras, mentiras y ofuscaciones!"[25]. El trabajo de Penón quedó inédito en vida de su autor y fue finalmente descubierto por Gibson, quien pudo

---

24 Martínez Nadal, Rafael, *Federico García Lorca. Mi penúltimo libro sobre el hombre y el poeta*, Editorial Casariego, Madrid, 1992, pp. 56-61

25 Penón, Agustín, *Diario de una búsqueda lorquiana*, Plaza y Janés, 1990, p. 108.

publicar una primera versión[26] completada más tarde por otra posterior a cargo de Marta Osorio[27].

De los amantes de Federico han quedado testimonios orales de Salvador Dalí quien, muchos años después, hizo alusión de forma deslenguada a las relaciones que había mantenido de joven con el poeta; Aladrén habló antes de morir con Aleixandre; Ramírez de Lucas, que según uno de sus hermanos dejó algún texto escrito que permanece inédito, se sinceró con Luis María Anson; mientras que Dionisio Cañas consiguió localizar al norteamericano Cummings. Rodríguez Valdivieso contactó con Martínez Nadal y tanto él, como López-Amor, publicaron algunos de sus recuerdos en *El País*.

Hubo también testimonios indirectos de un hermano de Ramírez de Lucas y de familiares de Rodríguez Rapún que fueron entrevistados por Alberto Conejero para su obra teatral *La piedra oscura* y Santiago Roncagoglio y Manuel Francisco Reina se documentaron para escribir sendos relatos sobre Amorim y Ramírez de Lucas respectivamente. Y el periodista Víctor Amela tuvo el valor de desplazarse a Cuba entre el 19 de diciembre de 2020 y el 10 de enero de 2021, en plena pandemia del covid-19, para recorrer la isla a bordo del coche de un botero con el fin de seguir las huellas de Federico y entrevistar, si no a quienes le conocieron personalmente, objetivo imposible cuando había transcurrido casi un siglo desde su visita a la isla, al menos a algunos que recibieron confidencias o tuvieron parentesco con aquellos[28].

Luis Sáenz de la Calzada, compañero de Federico en *La Barraca*, hizo reiteradas alusiones a él en las memorias que dedicó a la

---

26   Penón, Agustín, *Diario de una búsqueda lorquiana*, Plaza y Janés, 1990

27   Penón Ferrer, Agustín, *Miedo, olvido y fantasía*, Editorial Comares, Granada, 2009.

28   Amela, Víctor, *Si yo me pierdo*, Destino, Barcelona, 2022.

actividad del grupo teatral[29] y en este renglón queremos hacer de nuevo una cita expresa de Luis Antonio de Villena quien, desde luego, no tuvo ocasión, por razones de edad, de conocer a García Lorca, pero sí la oportunidad de tratar muy confianzudamente a algunas personas que pudieron hacerlo —caso de Aleixandre— y compartieron con él confidencias homoeróticas, noticia que ha sabido valorar con atinado criterio.

A ello cabe sumar el trabajo de los investigadores y autores contemporáneos, que han estudiado a Federico García Lorca desde diversos puntos de vista: su periplo vital, su obra, sus amistades en general y muy en particular su relación con Dalí, y, sobre todo su muerte, hecho que, habida cuenta su crueldad y su absurdidad, amén del sinnúmero de incógnitas que la rodearon y aún la rodean, ha motivado mayor número de exégesis. Quede constancia de que este último hecho solo lo estudiaremos en función de la posible relación que pudo tener con su identidad sexual.

Con tales mimbres cabría suponer que la cuestión de la identidad sexual de García Lorca puede ser afrontada en nuestro tiempo con plena naturalidad, pero parece que no es exactamente así, al menos en ciertos lugares, como ha explicado con gracia el director teatral Lluis Pasqual:

"Conferencia sobre Federico García Lorca en Alejandría. Me preparo lo más concienzudamente posible... Ante ciertas preguntas, empiezo a hablar del amor y de la sexualidad del poeta hasta donde llegan mis conocimientos y mis convencimientos, y se produce un momento de pánico: una docena de asistentes abandona la sala y yo, con una inexplicable torpeza, no entiendo que es por el tema de la homosexualidad y sigo hablando de *El público*, de la pulsión erótica... Me interrumpe un aplauso desmesurado y el director del Instituto Cervantes, más que bañado en sudor, da por terminado el acto agradeciendo la asistencia del público, que se levanta con cierta premura. Algunos chicos se acercan a tenderme la mano y me la estrechan

29   Sáenz de la Calzada, Luis, *La Barraca, Teatro Universitario*, Publicaciones de la Residencia de Estudiantes, Madrid, 1998.

con entusiasmo. Durante la cena, el director me cuenta, divertido, que he tocado el tema «intocable», y que mis palabras, desde el punto de vista egipcio, se han convertido en una especie de mitin de «la causa». Nos da por reír"[30].

Una razón más que nos indujo a profundizar de forma monográfica en una realidad durante tantos años tan pertinazmente ignorada, cuando no explícitamente ocultada e incluso negada. Descubrimos entonces no sin asombro, una cuestión si se quiere secundaria, pero no por ello menos llamativa y en la que, en todo caso, creemos que nadie había advertido y ocupará las páginas finales de este trabajo. Se trata de la evolución ideológica, política y sentimental que, tras la muerte del poeta y dramaturgo, siguieron sus principales relaciones. Nos llamó poderosamente la atención constatar que en casi todos los casos se percibe un camino lleno de contradicciones y de paradojas que, sin duda, hubieran sorprendido, acaso defraudado al poeta... si él mismo, de haber sobrevivido, no hubiera evolucionado en sus propias convicciones y actitudes. Hipótesis que, a la vista de lo ocurrido con tantas personas como consecuencia de la terrible guerra civil, de 1936-1939, no habría por qué descartar *a priori*.

---

30 Pasqual, Lluis, *De la mano de Federico*, Arpa editores, 2016, pp. 13-15.

II

EL DESPERTAR DE UN «PILLAMOSCAS»

Ser homosexual en España hasta muy avanzado el siglo XX constituyó una verdadera servidumbre que, como hemos dicho, se trataba de ocultar, sobre todo "en provincias" y más aún en las zonas
rurales, como era el caso de la Granada de la preguerra en la que
García Lorca vivió su infancia y adolescencia y en cuyo contexto
tuvo que experimentar el despertar, cabe suponer que con profunda desazón, de su sexualidad homoerótica.

Para saber algo de esa etapa iniciática hay que recurrir a los
escasos testimonios disponibles, procedentes de coetáneos suyos,
personas de análoga edad y condición sexual, que compartieron
confidencias y en algunos casos lances adolescentes. En este orden de cosas, las confesiones más explícitas e interesantes son
las que Agustín Penón consiguió durante su viaje a Granada en
los lejanos años cincuenta, una época en la que todavía vivían
muchas personas que habían conocido al Federico niño y adolescente, algunos de ellos incluso compañeros suyos de juegos o
escarceos eróticos.

Despertar precoz

Uno de los testimonios más valiosos obtenido por Penón fue el de José María García Carillo con quien conversó en Granada los días 30 de junio y 3 de julio de 1955: "Pepe dice que Federico no era en absoluto ambivalente en cuanto a su homosexualidad, la cual no parecía causarle el más mínimo sentimiento de culpa. Dice que Federico se jactaba de haber amado a los chicos desde su infancia. Con él, por lo menos, siempre hablaba abiertamente de su amor a los hombres y le contaba cientos de anécdotas al respecto. Francisco (hermano de José María García Carillo) dice que fue Federico quien le inició al él en el amor homosexual y, a continuación, insiste en que le gustaban también las mujeres y que ha hecho el amor con ellas. Explica que Federico le reprendía con asco esta tendencia bisexual suya, puesto que él no aceptaba ninguna sustitución de los hombres"[31]. Y llegó a decirle: «¡Pepito, te estás pervirtiendo!».

Esta precoz pulsión tuvo forzosamente que exteriorizarse y tuvo consecuencias desagradables en su adolescencia cuando hubo de compartir aulas y patios de recreo con compañeros de su misma edad, pero con una sensibilidad e intereses muy distantes de los suyos. Para Gibson "la carrera de Federico en el Instituto de Granada no fue brillante (la de su hermano Francisco, sí), pese a las constantes exigencias de Vicenta Lorca y sabemos que en una de sus clases tuvo la mala suerte de tropezar con un maestro machista que, considerándole poco varonil, dio en llamarle Federica, lo cual seguramente hizo sufrir agudamente al muchacho recién llegado de la Vega"[32].

31 Penón, Agustín, *Diario de una búsqueda lorquiana (1955-1956)*, Plaza y Janés, editores, 1990, pp. 115-116.

32 Gibson, Ian, *Lorca-Dalí. El amor que no pudo ser,* https://penguinaula.com/es/ver_fragmento.php?cod_fragmento=MES-072252 (09.01.2023)

Además, según Penón "(José María García Carrillo) me repite que García Lorca tenía un temperamento muy ardiente y una gran capacidad erótica. Que en aquellos años de adolescencia le decía que necesitaba del sexo dos o tres veces al día, que sin él estaba inquieto y nervioso, que le faltaba serenidad para escribir"[33]. El amigo granadino supone incluso que Federico ni siquiera temía demasiado que algún familiar pudiera saberlo, pues cuando el entorno era propicio él se manifestaba tal como era"[34].

Confirma esta opinión otro coetáneo entrevistado asimismo por Penón. José Cazazo "amigo de juventud de Federico, con el que tuvo un proyecto para que le ilustrara una edición de lujo del *Romancero gitano*, que no llegó a realizarse, se veía muy a menudo con él y con Manuel de Falla"[35].

"Cazazo reconoce que Federico era algo afectado, quizás hasta un punto que le podía hacer parecer afeminado. Su voz, aunque profunda, a veces tenía inflexiones femeninas. Y da a entender que Federico era homosexual; quiere que nos demos cuenta sin necesidad de decirlo abiertamente y, aunque nunca se le conoció una pareja (se supone que en Granada) sí se dejaba ver en compañía de conocidos homosexuales. No cree que Federico en los últimos años se volviera más excéntrico de lo que fue siempre, que no lo era en todo, solo a veces y en algunas cosas. Recuerda que estando ya viviendo en Madrid lo visitó uno de los amigos de Granada y Federico le recibió envuelto en una extravagante bata. «¡Pero Federico!» le dijo el amigo sorprendido. «¡Federica, querrás decir Federica!» le contestó riéndose y en plan de broma"[36].

---

33 Penón Ferrer, Agustín, *Miedo, olvido y fantasía,* Editorial Comares, Granada, 2009, p. 248.

34 Penón Ferrer, Agustín, *Miedo, olvido y fantasía,* Editorial Comares, Granada, 2009, p. 250.

35 Penón Ferrer, Agustín, *Miedo, olvido y fantasía,* Editorial Comares, Granada, 2009, p. 122.

36 Penón Ferrer, Agustín, *Miedo, olvido y fantasía,* Editorial Comares, Granada, 2009, p. 124.

Con todo, hay testimonios que difieren. Tal el de Marcelle Auclair, quien dejó escrito:

"Su mayor angustia era, indudablemente, el miedo de que sus padres descubriesen que era «invertido» No solamente sus padres, sino también hombres austeros como Falla o como don Fernando de los Ríos, por quienes Federico sentía tanto respeto como cariño. Prisionero político en 1930 junto con Miguel Maura y otros jefes de la oposición de la dictadura, don Fernando, que podía circular libremente por la Cárcel Modelo, había visitado a los detenidos por homosexualidad. Ante los *mariquitas*, algunos de ellos adornados con oropeles femeninos y pintados como *cocottes*, don Fernando se atusaba la barba y con ojos asombrados repetía a Maura: «Pero Miguel, es imposible!» «Si hubiera visto volar un buey —dijo Miguel Maura— no se hubiera sorprendido tanto el buen don Fernando». No es pues asombroso que Lorca tuviera una crisis de nervios al saber que Soriano Lapresa[37], tan conocido en Granada, lo había acusado públicamente de ser un invertido"[38].

Fijación por los gañanes

Sus primeros lances debieron tener lugar en la vega granadina donde encontraba buenos compañeros de aventura puesto que "adoraba a los campesinos y en especial a los catetos; le gustaban sucios y sudorosos... se sabía en toda Granada que era maricón perdido; pero la gente lo aceptaba porque él se imponía por su personalidad..."[39]. Ello le lleva a decir a Penón

37 Francisco Soriano Lapresa —también aparece escrito como Francisco Soriano de la Presa o Francisco Soriano de Lapresa (Granada, 1893-1934)— fue un político, abogado y profesor del Conservatorio de Música y Declamación de Granada, además de uno de los más prestigiosos contertulios de la peña de El Rinconcillo.

38 Auclair, Marcelle, *Vida y Muerte de García Lorca*, Ediciones ERA, Méjico, 1972, pp. 95-96.

39 Gibson, Ian, *Caballo azul de mi locura. Lorca y el mundo gay*, Planeta, 2009, pp. 324-325.

"De todo lo que García Carrillo me va contando en los días en que he podido hablar con él, va perfilándose la imagen de un Federico lanzado y decidido en la búsqueda del sexo, seguro de sus inclinaciones, sin inhibiciones y lleno de humor. Riéndose de todo y también de sí mismo, capaz de bromear sobre su condición: «Me dicen algo terrible de ti, Federico» decía José María. «¿Y qué dicen?» preguntaba Federico. «Que eres maricón». «Pues gracias a Dios...». Un Federico alegre y feliz que aceptaba siempre la vida como un juego ... ¿Esta fuerza vital que Federico derrochó a lo largo de su vida la usó también como escudo para cubrir su propia vulnerabilidad...? Muchos dicen que Federico jamás dejó entrever sus propios sufrimientos, que siempre se revistió con su alegría"[40].

INICIACIÓN CON FRASCO EN LA FUENTE DE LA TEJA

En su visita que hicieron Penón y William Layton[41] a Valderrubio, pueblo en el que pasaban las vacaciones los García Lorca, se entrevistaron con varios residentes, uno de ellos Manuel Delgado, hombre joven, hijo de una prima de Federico, con el que fueron hasta un lugar denominado la fuente de la Teja donde pudo producirse uno de los primeros contactos sexuales de Federico con otro muchacho. Relata Penón:

"Mercedes (Delgado García, prima de García Lorca) admite que Federico podría parecer afeminado porque prefería estar con todas sus primas y charlar con las criadas.

Cuando Federico se iba a la fuente de la Teja, Frasco el de Joche siempre le acompañaba. «Un muchacho tan bruto, no sé lo que vería en él.» (Yo sí creo que lo sé.)

---

40 Penón Ferrer, Agustí, *Miedo, olvido y fantasía*, Editorial Comares, Granada, 2009, p. 251.

41 El actor e hispanista William Layton fue depositario de los papeles de Penón a la muerte de éste.

Y a pesar de que la madre de Manuel nos dice emocionada que podría seguir contándonos muchas otras cosas, nos despedimos porque me gustaría, si es posible, intentar conocer a Frasco antes de regresar a Granada.

Tomamos de nuevo el coche, Manuel nos acompaña y nos adentramos por otro camino polvoriento que atraviesa las tierras de don Federico plantadas ahora de tabaco.

Frente a nosotros, en la distancia, vemos surgir la figura de un hombre que avanza por la carretera montado en una bicicleta.

—¡Si es Frasco! —dice Manuel.

(Así que las coincidencias siguen sucediéndose...)

Manuel le hace señas y Frasco se detiene, nos mira extrañado con una mezcla de sorpresa y curiosidad.

Es un hombre alto y fuerte, tiene unos brazos poderosos y las manos grandes y curtidas. Es muy ancho de espalda, pero la decadencia de este cuerpo de atleta envejecido se ha fijado en su enorme vientre, de una gordura casi grotesca que no se corresponde con el resto del cuerpo.

Cuando se baja de la bicicleta, Manuel le explica quiénes somos, y que estoy escribiendo un libro sobre Federico, por lo que me gustaría que nos hablara de él. Parece asustado y se excusa con mucha reserva, dice que no tiene tiempo, que tiene que irse enseguida para arreglar un motor. Como ya tengo experiencia de que entrevistar cuando noto tantos recelos no funciona, le pregunto si podríamos vernos en otro momento. Me contesta que le será imposible, que tiene mucho que hacer y se pasa el día de un lado para otro. Así que, como no queda otro remedio, tengo que conformarme con que hablemos de su amistad con Federico en medio de esta carretera polvorienta y bajo un sol que todavía deja sentir su ardor. No es desde luego la mejor manera de hacerlo.

Para empezar, le explico que me han contado que él acompañaba siempre a Federico a la fuente de la Teja para escuchar su poesía. Frasco contesta que sí, que es verdad, pero que iba muchísima gente más con él. Que a veces se reunieron allí hasta cincuenta vecinos. Que a Federico no le gustaban tantas aglomeraciones porque entonces no podía estudiar, ni leer.

—Era una gran persona. Lo daba todo, no podía ver que a su lado nadie pasara necesidad.

Trato de llevar la conversación a las horas que pasaron a solas en la fuente de la Teja, le pregunto si recuerda de qué hablaban. Frasco vuelve a recalcar que siempre eran muchos los que iban con él. Y evita decirme el tema de sus conversaciones: «De nuestras cosas», repite una y otra vez. Le pregunto si Federico le leía poesía, me contesta que no, que muy raras veces.

Como Federico se quedaba de noche en su cuarto, que estaba en la planta baja, leyendo o escribiendo, Frasco me dice que muchas veces, ya de madrugada, le llevó rajas de sandía que le pasaba a través de la reja.

—¡Cómo le quería todo el mundo! —dice—, sólo hablar de él y se me pone el vello de punta.

Al decir esto Frasco alza para que lo vea su brazo fuerte y curtido cubierto de un vello rubio completamente erizado.

Intento conseguir algún detalle más de sus conversaciones y él me cuenta, yo creo que lo hace aposta, que Federico le habló de que una vez conoció a una muchacha en un tren y pasó la noche con ella en un hotel. Y añade:

—Mucha gente decía cosas raras de él con mala intención, cosas que no eran verdad... le tenían mucha envidia.

También me dice que después del estreno de *Mariana Pineda* Federico ya muy rara vez volvió al pueblo.

Frasco sigue tenso y con evidentes deseos de marcharse. Desde luego, con Manuel delante y en mitad de un camino creo que no conseguiré nada más.

Tres veces a lo largo de esta corta conversación me ha preguntado si yo conocí a Federico. Y le he notado un matiz de ansiedad al hacerlo. Cuando le contesto que no, que no lo conocí, parece aliviado, y me dice que me he perdido algo grande.

Antes de marcharse, Frasco me cuenta que hace unos días había visto en el cine del pueblo a Federico. Fue en un NO-DO en el que hablaban de una exposición de un pintor chileno. Y salió un retrato enorme de Federico.

—Me quedé clavado en la butaca, sin poderme mover —dice—, aquella noche no pude dormir.

Al despedirnos estrecho su mano, mejor dicho, lo intento, porque aquella mano fuerte que me tiende, es una mano inerte, como si estuviera muerta.

Después Frasco, con un movimiento torpe se las arregla para alzar una pierna por encima del cuadro de su bicicleta y acomoda su enorme vientre ante el manillar. Nos dice de nuevo adiós y empieza a pedalear. A medida que se aleja, una nube de polvo lo va ocultando a nuestros ojos hasta hacerlo desaparecer. El hombre al que le cupo la gloria de pasar horas junto a Federico, y escuchar el regalo extraordinario de su palabra junto a la fuente de la Teja, sigue su camino empujado por la prisa de arreglar un motor que le ayude a sobrevivir.

Frasco tendría unos dieciocho años en la época en que acompañaba siempre a Federico. Para el poeta debió representar la esencia de su tierra, sus ríos y sus chopos convertidos en un cuerpo viviente, ese remanso del que tan a menudo habla. Quizás Frasco fue el amigo que le inspiró los últimos versos de su poema «Prólogo» fechado el 24 de julio de 1920, en la Vega de Zujaira:

Aquí, Señor, te dejo / mi corazón antiguo, / voy a pedir prestado /otro nuevo a un amigo / Corazón con arroyos / y pinos, / corazón sin culebras / ni lirios/ Robusto, con la gracia de un joven campesino / que atraviesa de un salto el río. («Prólogo» Vega de Zujaira, *Libro de Poemas*, 1921)

Sin embargo, me pregunto si este don de la palabra que tenía Federico era suficiente para mantener el interés de un muchacho campesino que sólo podría escuchar. Seguramente sería un monólogo continuo. ¿O quizás se darían entre ellos esas conversaciones secretas que siempre tienen los adolescentes...? Me doy cuenta de que estoy pesando y midiendo lo que pudo haber además en esta relación. Manuel lo nota y me da su explicación.

—Posiblemente esta amistad tendría una base sexual.

—¿Tú crees que pudo tener una realización físicamente?

—No es obligatorio que la tuviera.

—Por supuesto, eso no lo podemos saber.

—Simplemente pudo quedarse en una atracción, una admiración mutua"[42].

---

42 Penón Ferrer, Agustín, *Miedo, olvido y fantasía,* Editorial Comares, Granada, 2009, pp. 336-339.

Los novios de Federico

LOS LANCES DE UN «PILLAMOSCAS»

La complicidad de Federico con García Carrillo llegó a extremos de notable intensidad: "En su larga amistad José María cuenta que a veces compartieron hasta sus conquistas. Recuerda que los dos protegieron a un joven con muy buena facha que quería ser torero. Entre los dos le pagaron una novillada y le ayudaron a vestirse de luces. Pero el muchacho no servía, tenía mucho miedo y el público le silbó"[43].

A medida que fue perdiendo la timidez del adolescente Federico se convirtió en un «pillamoscas», modismo granadino que el pintor Gabriel Morcillo[44], especialista en efebos, le aplicaba por "la gran pericia de Federico para atrapar a los jóvenes que le gustaban[45]". Además, una vez establecido en Madrid, ciudad que abrió sus horizontes en todos los órdenes de la vida, y cuando regresaba a Granada, parece que se manifestaba con mayor desenvoltura, algo que no dejó de alarmar a sus amigos, conscientes de las reservas con que habían de mantener sus encuentros sexuales.

"A pesar de que Federico vivía desde hace años en Madrid, siempre volvía a Granada en los veranos. Y Bill Layton comenta: «Todo

---

43 Penón Ferrer, Agustín, *Miedo, olvido y fantasía*, Editorial Comares, Granada, 2009, p. 252.

44 Gabriel Morcillo Raya (Granada, 1887-1973) estudió con Cecilio Plá y se acreditó como pintor figurativo especializado en retratos y bodegones. Obtuvo plaza como profesor de la Escuela de Artes y Oficios y consiguió ser retratista de la gente principal de su ciudad. Expuso en la Bienal de Venecia y en Nueva York y su fama llegó al punto de que fue reclamado por Franco, a quien hizo un retrato oficial vestido de almirante. Pero tras esa actividad se escondía el autor de una obra sensual de carácter orientalizante y protagonizada por jóvenes efebos. Estuvo casado y tuvo una hija, por lo que bien se puede decir que permaneció durante toda su vida "en el armario" y ha sido calificado como "el primer artista homosexual de la reciente historia de España que sale a la luz como es debido". Después de muerto, claro.

45 Gibson, Ian, *Caballo azul de mi locura. Lorca y el mundo gay*, Planeta, 2009, p. 322

un verano en el que tendría que comportarse como un muchacho formal».

—De formalidad nada...— aclara José María (García Carrillo) divertido—, Federico hacía siempre lo que le daba la gana. Incluso olvidando resguardarse lo necesario.

Dice que, si tropezaba con alguien que le gustaba, inmediatamente lo abordaba y resolvía el asunto allí mismo, en la calle, como se hace en estos casos, por dinero y acordando una cita. Y que él muchas veces tuvo que advertirle: «Por Dios, Federico, que estamos en Granada. Que tú te marchas, pero nosotros nos quedamos aquí». Y comenta que en este sentido Federico era insaciable.

Le pregunto por el tipo de hombre que le gustaba a García Lorca; me dice que los muchachos fuertes del campo, los que se ven en los pueblos de por aquí..."[46].

El indispensable García Carrillo explicó a su interlocutor Penón tres situaciones incómodas surgidas de la insaciable voracidad sexual de la que hacía gala Federico. La primera ocurrió en la propia casa familiar de aquél:

"Cierta vez en que José María veraneaba con su familia en un pueblo de los alrededores de Granada, llegó Federico a verlos, como hacía con mucha frecuencia. En la cocina estaban preparando la comida, Federico empezó a hacer aspavientos diciendo que aquel guiso olía maravillosamente y pidiendo permiso para quedarse a comer. Su madre le dijo que desde luego ya sabía que podía quedarse cuando quisiera. Después Federico subió al cuarto donde él estaba trabajando en unos planos de arquitectura. José María volvió a repetirle, como siempre, que hiciera lo que se le antojara con tal que le dejara trabajar. En ese momento llegó el barbero, un muchacho de unos veinte años, moreno y fuerte, con aire campesino. Resulta que José María había avisado, para que viniera a afeitarlo, al barbero del pueblo que, como tenía trabajo en la barbería, le mandó a su hijo. Cuando Federico le abrió la puerta volvió caminando delante del

46 Penón Ferrer, Agustín, *Miedo, olvido y fantasía*, Editorial Comares, Granada, 2009, pp. 241-242.

barberillo poniendo los ojos en blanco y haciendo expresivos gestos de admiración para darle a entender a Pepe lo que le había gustado. Como el muchacho venía detrás no podía darse cuenta de nada.

Cuando José María acabó de afeitarse, Federico insistió en que él también necesitaba un afeitado y que prefería hacerlo en el dormitorio de Pepe, que estaba al lado, porque así podría lavarse. José María, que adivinaba y temía las intenciones de Federico, tuvo sus dudas, aunque accedió de todas maneras. Y efectivamente algo debió de ocurrir porque el muchacho volvió a salir enseguida deprisa y cabizbajo, y Federico detrás implorando perdón con la mirada: «¿Me perdonas, Pepito... ¿Me perdonas...?»"[47].

"«La de cosas que a Federico se le podían ocurrir cuando en nuestros paseos veíamos pasar a algún muchacho atractivo»" dijo García Carrillo a Penón. Y le explicó:

"Precisamente en una de las temporadas que Federico pasaba en Granada, y en uno de esos paseos, José María recuerda que se cruzaron con un muchacho guapísimo. Federico se quedó tan impresionado que no habló de otra cosa en toda la tarde.

Resulta que José María conocía a aquel joven. Era un estudiante de arquitectura de una muy buena familia de Granada, que solía ir a su estudio para consultarle sobre temas del trabajo. Pero este muchacho estaba muy lejos de tener algo de «epéntico»[48], así que García Carrillo prefirió callarse y no decirle a Federico que lo conocía. Y dio la casualidad de que una tarde en la que Federico estaba en su estudio llegó aquel muchacho guapísimo a preguntarle sobre un problema de arquitectura. Federico palideció y por un momento no pudo ni hablar. Después, cuando se recobró, empezó a hacer uso de su magia alrededor de aquel joven con la conversación más inteligente y más brillante que García Carrillo le había oído. El joven estaba completamente hechizado y José María también. Tan cautivado se sentía que olvidó el peligro que suponía que Federico con

---

47 Penón Ferrer, Agustín, *Miedo, olvido y fantasía*, Editorial Comares, Granada, 2009, p. 243.

48 Sinónimo de gay, ver capítulo dedicado a Morla Lynch.

su impetuosidad perdiera el control y fuera más allá de los debido e intentara una aproximación con aquel joven. Pero Federico se portó de la manera más cortés y caballerosa que se podía esperar, mostrándose tal como él era y sabía que se debía hacer en un caso así.

Cuando el joven se fue, sigue contando José María, Federico continuó diciendo las cosas más bellas que él había escuchado nunca.

—¡Si en aquellos tiempos yo hubiera tenido una grabadora para conservar el esplendor de su palabra...! Porque Federico creaba más y mejor aún cuando hablaba que cuando escribía"[49].

En cierta ocasión, Federico acompañó a Málaga en coche a su amigo José María, su madre y uno de sus hermanos:

"Para ir alquilaron un taxi; el chófer era un hombre joven y bastante bien parecido. Al llegar a la ciudad la madre de José María se quedó en casa de unos parientes y ellos tres y el chófer se hospedaron en un hotel. Él y su hermano salieron enseguida a dar un paseo quedando con Federico en que se reuniría con ellos enseguida. Como pasaba el tiempo y Federico no aparecía, José María sospechó que algo podía haber ocurrido. Y efectivamente, al volver encontraron a todo el hotel revolucionado. Federico había querido tomar un baño antes de salir; en ese momento llegó el chófer para preguntar si necesitarían el coche aquella noche, y Federico se dedicó inmediatamente a conquistarlo olvidándose completamente de que había dejado los grifos abiertos. El agua empezó a salir por debajo de la puerta, inundó el pasillo y corría ya escaleras abajo cuando el director del hotel, alarmado, llamó con insistencia a la puerta que estaba cerrada. Y a pesar de la urgencia del momento, allá dentro la situación era tan comprometida que Federico tuvo que tardar en abrir. Cuando después Federico le explicó lo ocurrido a José María, ninguno de los dos podía dejar de reír a carcajadas".[50]

---

49 Penón Ferrer, Agustín, *Miedo, olvido y fantasía,* Editorial Comares, Granada, 2009, pp. 244-245.

50 Penón Ferrer, Agustín, *Miedo, olvido y fantasía,* Editorial Comares, Granada, 2009, pp 249-250.

No siempre manifestó sus impulsos de forma tan vehemente porque también fue capaz de expresarlos con mayor romanticismo. Penón se refiere a la amistad que mantuvo, ya adulto, con el adolescente granadino Ramón Martínez Rioboo:

"Federico solía pasar horas conmigo —me dice—. Venía, se sentaba a mi lado apoyaba su cabeza en mi hombro y recitaba sus poesías hora tras hora. A mí me encantaba escucharle, éramos tan buenos amigos que cuando nos veíamos nos besábamos... A menudo venía con un poema, muy interesado en que le diera mi opinión. Como si pensara que lo que yo pudiera opinar era valioso. Y yo le decía que no sabía nada poesía. «Claro que sabes», me insistía Federico, y me leía su poema. Y al final acababa por hacerme opinar. Entonces me decía: «¿Ves como si entiendes de poesía...?». Me dice que conoció a Federico cuando tendría quince o dieciséis años. Y que él debía tener unos veintidós o veintitrés"[51].

Sin duda, un «pillamoscas» insaciable...

51 Penón Ferrer, Agustín, *Miedo, olvido y fantasía*, Editorial Comares, Granada, 2009, p. 114.

III

SALVADOR DALÍ,
SEXO FALLIDO, AMISTAD ENRIQUECEDORA

Durante el primer tercio del siglo XX se incorporó al ambiente universitario de Madrid una institución que estaba llamada a dejar huella. Nos referimos a la Residencia de Estudiantes. Adscrita a la Junta para Ampliación de Estudios fue, de alguna manera, fruto de las nuevas tendencias pedagógicas surgidas en torno a la Institución Libre de Enseñanza. Creada en 1900 en la calle Fortuny y conocida popularmente como el «Colegio de los Quince» por el parvo número de residentes con los que contó en sus inicios, pudo ampliar poco a poco su capacidad hasta que, algunos años después, se trasladó al número 21 de la calle Pinar, en la zona que Juan Ramón Jiménez bautizó como Colina de los Chopos, a la sazón en las afueras de la ciudad, cabe el final de Castellana y los Altos del Hipódromo.

La Residencia disponía de servicios muy modernos para la época que comprendían instalaciones deportivas y jardines, todo ello con el fin de crear un ambiente agradable y propicio para el estudio, el intercambio intelectual y la relación social. Ofrecía a sus usuarios alojamiento y manutención, pero también un amplio programa de actividades con las que se perseguía completar la formación que recibían en las aulas universitarias. Fue su director Alfredo Jiménez Fraud, discípulo de Francisco Giner de los Ríos, que ejercía como secretario de la Junta para Ampliación de Estudios presidida por Ramón y Cajal. Jiménez Fraud había quedado gratamente sorprendido durante su estancia en Gran Bretaña por el funcionamiento de los *colleges* ingleses y trató de reproducir en España el espíritu y ambiente que había encontrado en ellos, objetivo que consiguió, no sin esfuerzo, haciendo posible modular caracteres e ímpetus juveniles de tal modo que la Residencia madrileña adquiriese un estilo propio con el que cimentó un sólido prestigio.

Por sus salones pasaron como conferenciantes, invitados o residentes ocasionales destacadas figuras de la intelectualidad española y foránea del momento. "La Residencia se propuso desde el principio— como recordó uno de sus usuarios, José Moreno Villa— poner en contacto directo a los grandes maestros de cualquier saber u oficio con los estudiantes. Programó conferencias de astronomía, arqueología, medicina, derecho, etnología, mística, filosofía, urbanismo, oceanografía, pintura y escultura, folklore y hasta de baile y cante flamenco"[52]. Pero es que además entre sus residentes permanentes se concitaron nombres que habrían de modelar la vida cultural española del siglo XX.

FEDERICO, PÉSIMO ESTUDIANTE, PERO ESCRITOR PROMETEDOR

En 1919 apareció por la Residencia un joven llamado Federico García Lorca. No está muy claro que la razón de su desplazamiento a Madrid estuviera determinada por el deseo de estudiar. De hecho, había iniciado sus estudios universitarios en Granada con escaso resultado hasta ese momento, tal como reveló años después su hermano Francisco: "Después de aprobar el año preparatorio, que era común a Letras y Derecho, Federico había intenta-

---

52   Moreno Villa, José, *Vida en claro*, Visor Libros, Madrid, 2006, p. 78.

do primero la carrera de Letras"[53]. "Mientras mi hermano podía moverse en asignaturas que comportaban Historia del Arte o de la Literatura, o conceptos filosóficos de manual, la cosa iba bien o medio bien. Pero fatal que sucumbiese ante materias que requerían mayor esfuerzo y disciplina. Al tener que enfrentarse con el árabe o el hebreo era de esperar que Federico se diese a la fuga y que ni siquiera intentase su estudio. Llegó a examinarse de Gramática histórica y fue suspendido.... Las creciente dificultades que encontró Federico en la Facultad de Letras, y la no muy grande presión de la familia, hicieron que fuese durante algunos años un estudiante nominal y que probase fortuna luego en la Facultad de Derecho, en la que aprobó algunas asignaturas fáciles"[54].

Entre tanto, Federico empezaba ya a revelarse como poeta y autor dramático, aspectos que no se ocultaban a su propia familia como recordaba su hermano Paco:

"Mi padre, que no era ciertamente un iluso, no esperaba que su hijo pudiese ser algún día titular de una profesión liberal. Y si tuvo esta ilusión alguna vez, Federico se encargó de desengañarlo. Yo, hombre de mala memoria, lamento no poder fijar la fecha de una conversación que mi padre tuvo conmigo, y que, por la vivacidad con que habló, se me ha quedado grabada. Fue poco antes de uno de los viajes de Federico a Madrid. Mi padre y yo estábamos solos en el gabinete de nuestra casa de la Acera del Casino. Me dijo: «Mira, Paco, tu hermano se empeña en ir a Madrid, sin otro propósito que el de estar allí. Lo dejo porque estoy convencido de que él no va a hacer lo que yo quiera. Él hará lo que le dé la gana (mi padre empleó una frase mucho más enérgica), que es lo que ha hecho desde que nació. Se ha empeñado en ser escritor. Yo no sé si sirve o no sirve para escribir, pero como es lo único que va a hacer, yo no tengo más remedio que ayudarlo. Conque ya lo sabes"[55].

---

53 García Lorca, Francisco, *Federico y su mundo*, Alianza Tres, Madrid, 1981, p. 90.

54 García Lorca, Francisco, *Federico y su mundo*, Alianza Tres, Madrid, 1981, pp. 93-95.

55 García Lorca, Francisco, *Federico y su mundo*, Editorial Comares, 1996, pp. 121-122.

De ahí que "la ida a Madrid no se planteó nunca en casa, ni antes de terminar Federico la carrera, como un viaje de estudios; era, pues, viaje literario, si bien muy vagamente"[56].

MADRID, UNA LIBERACIÓN

En su primer periplo capitalino y tras una corta estancia en pensión[57] obtuvo plaza en la Residencia de Estudiantes en la que ya estaba alojado desde 1917 Luis Buñuel. "Que Lorca fuera también a la Residencia no resulta nada extraño... A ella encamina don Fernando (de los Ríos) a Federico cuando éste se traslada a Madrid en la primavera de 1919"[58]. Según Miguel Cerón, amigo íntimo de Federico en Granada, el joven que llega a la capital "era moreno, cetrino, campechano, casi campesino algunas veces. De estatura mediana, con aires de gitano intelectual. Con el pecho abombado y las piernas inseguras. Casi siempre estrepitosamente alegre, alguna vez taciturno, siempre con ganas de bromas, que unas veces caían bien y otras no tanto. No demasiado culto, pero de una intuición que dejaba asombrado. El pelo, algo revuelto y unos ojos profundos"[59]. Por su parte y según Auclair, "a los veintiún años, tiene ese aire de adolescente que nunca dejará, chaqueta a medio muslo, ligeramente entallada y abotonada de arriba abajo, nudo de corbata impecable, sombrero de paja sobre los ojos: un niño bonito, señorito relamido"[60]. A su llegada "todo parecía sonreírle. Menos, claro, el urgente problema de su sexua-

---

56 García Lorca, Francisco, *Federico y su mundo*, Alianza Tres, Madrid, 1981, p. 175.

57 Situada en la calle de San Marcos (Villena, Luis Antonio de, *Los mundos infinitos de Lorca*, Tintablanca, 2023, p. 41)

58 Sánchez Vidal, Agustín, *Buñuel, Lorca, Dalí: el enigma sin fin*, Planeta, Barcelona, 2004, p. 42.

59 Molina Fajardo, Eduardo, *Los últimos días de García Lorca*, Plaza y Janés, 1983, p. 92

60 Auclair, Marcelle, *Enfance et mort de García Lorca*, Editions du Seul, Paris, 1968, p. 78.

lidad que, hay que suponerlo, esperaba poder resolverlo con más facilidad lejos de los fisgones y meapilas de Granada, así como de la vigilancia familiar. A Madrid, pues, y a probar suerte"[61].

Su permanencia en la Residencia estuvo interrumpida por numerosas estancias en Granada para terminar la carrera de Derecho, algo que sólo conseguiría, con dificultad, en 1923. Su hermano Francisco relató las peripecias, triquiñuelas y ardides de Federico para ir aprobando las diversas asignaturas, tarea en la que contó con el apoyo de Fernando de los Ríos y de Agustín Viñuales, profesor éste de Economía, quien en 1923 "decidió hacer del poeta un licenciado en Derecho... La empresa y propósito de don Agustín Viñuales no podía llevarse a cabo sin la activa colaboración de diversos profesores, ya que pensar que mi hermano era capaz de medio preparar los programas para hacer frente a los exámenes, públicos y orales, entonces en uso, era impensable. Dios sabe con qué renuencia Federico se matriculó en la Universidad y con qué buena disposición se sometió a mi tutelaje en la tarea de preparar los exámenes. Era mi último año de carrera (1922-23) y de algunas asignaturas nos examinamos al mismo tiempo"[62].

Francisco recordó los problemas de su hermano mayor con el Derecho Penal, el Procesal o los Internacionales:

"No le separaba ya del título sino el Derecho Mercantil, al que ya había renunciado y del que no hubo tiempo de que yo le diese una idea general de lo que era su contenido. Federico no acudió a la convocatoria, pero fue siempre en vida hombre de buena estrella, trágicamente desmentida por su muerte. El profesor de la asignatura hizo saber que, siendo ese año el de su jubilación, el examen de Federico sería el último de su vida profesional con un «suspenso». Vencida ya la fecha del examen, mi hermano se presentó en convocatoria espe-

---

61 Gibson, Ian, *Caballo azul de mi locura. Lorca y el mundo gay*, Planeta, 2009, p.110.

62 García Lorca, Francisco, *Federico y su mundo*, Alianza Tres, Madrid, 1981, p. 98.

cial, solo y ya sin público... Fue aprobado. Federico no quiso nunca abordar el tema de sus estudios"[63].

La llegada del joven Dalí
a la Residencia de Estudiantes

El caso es que en septiembre de 1922 y en un momento en que Federico estaba en Granada se hospedó en la Residencia de Estudiantes un joven catalán de singular porte llamado Salvador Dalí Doménech. "Muy delgado, de complexión casi atlética (aunque no tanto como el fornido Buñuel), contrasta con la tez olivácea de la cara el negro brillante del pelo, que lleva muy largo para entonces en imitación de Rafaello Sanzio, uno de sus pintores predilectos. Tiene unas patillas exageradas, ojos verdigrises, nariz correcta y estatura «normal» (1.70 metros, como Lorca). Suele ir tocado de un sombrero de ala ancha y gusta de ostentar chalina, una chaqueta que le llega hasta las rodillas, polainas de cuero y, cuando hace frío, una voluminosa capa que roza el suelo"[64]. "Pepín Bello, Buñuel y sus amigos, fuera quien fuera el «descubridor» de Dalí, adoptan con entusiasmo al pintor, que poco a poco empieza a perder algo de su timidez"[65]. Cuando Federico regresa de nuevo a la Residencia se encuentra con Salvador:

"El Dalí que conoce Lorca, seis años mayor que él, en los primeros meses de 1923 está en abierta rebelión contra el conformismo en todas sus expresiones y enemigo declarado del sentimentalismo y de la religión. Por desgracia, ni Lorca, ni Dalí parecen haber dejado constancia escrita de su primer encuentro. Las primeras cartas de

---

63 García Lorca, Francisco, *Federico y su mundo*, Alianza Tres, Madrid, 1981, p. 102.

64 Gibson, Ian, *Luis Buñuel. La forja de un cineasta universal 1900-1938)*, Aguilar, 2013, p.141.

65 Gibson, Ian, *Luis Buñuel. La forja de un cineasta universal 1900-1938)*, Aguilar, 2013, p. 144.

Dalí conservadas entre los papeles del poeta corresponden a 1925 y, a falta de las de Lorca, con alguna mínima excepción, es imposible reconstruir con precisión el desarrollo de una amistad fundamental en la vida y la obra de ambos. Podemos dar por sentado, sin embargo, que a partir del momento en que Lorca puso los ojos en Dalí, quedó fascinado por el catalán, por su personalidad, por su físico y por su talento... De todos modos, sabemos que Buñuel, Dalí y Lorca no tardaron en convertirse prácticamente en inseparables, formando, junto a Pepín Bello —que, según éste, desempeñaba entre ellos «un modestísimo papel de enlace»— el núcleo de uno de los grupos más vitales de la «Resi»"[66].

Resultó a la postre un encuentro prodigioso en una época brillante, como indicó Moreno Villa: "Creo que los años del 20 al 27 fueron los más interesantes en la Residencia. Fueron los años en que coincidieron allí García Lorca, Emilio Prados, Luis Buñuel, Pepín Bello y otros espíritus juveniles llenos de ocurrencias. Federico... venía por temporadas, de un modo irregular. A veces se quedaba un año entero[67]".

AMIGOS INSEPARABLES

En el inmueble había habitaciones individuales y dobles. No está claro si Lorca y Dalí compartieron una de estas últimas. Sánchez Vidal da por supuesto que sí y menciona una gamberrada que les habría propinado Buñuel: "El montaraz aragonés asustaba a sus víctimas inundando la habitación a medianoche con un balde de agua que arrojaba por debajo de la puerta de la habitación donde dormían Lorca y Dalí"[68]. En cambio, Gibson opina que

66 Gibson, Ian, *Vida, pasión y muerte de Federico García Lorca*, Plaza y Janés, 1998, Gibson, *Vida, pasión y muerte...*, p. 159.

67 Moreno Villa, José, *Vida en claro*, Visor Libros, Madrid, 2006, p. 79.

68 Sánchez Vidal, Agustín, *Buñuel, Lorca, Dalí: el enigma sin fin*, Planeta, Barcelona, 2004, p. 82.

"parece fuera de duda que Lorca y Dalí solo habían compartido habitación muy ocasionalmente". Pero en algún momento en que lo hicieron tuvieron la ocurrencia de decorarla como una cabaña del desierto y llamaron a los amigos para que vinieran a verla por lo que Gibson opina que al poner en circulación anécdotas como ésta y hablar de «nuestro cuarto» como si se hubiera tratado de una disposición permanente, Lorca tenía la intención evidente de subrayar la intensidad de su amistad con Dalí.

Esta complicidad se manifestaría también en alguna otra travesura compartida, en este caso fuera del recinto residencial, como recuerda Moreno Villa:

"Se sentían los «gallitos» triunfadores, aunque pasaban días sin *blanca*. Una vez hicieron una faena de pícaros con un matrimonio sudamericano, personas de la diplomacia. Discurrieron invitarlos para venderles un cuadro de Dalí por las buenas. Encargaron una gran bandeja de dulces a Lhardy, la mejor pastelería de Madrid, tomaron su té, platicaron y se rieron mucho, entre alabanzas a la obrita que querían colocar. Pero los diplomáticos no picaban, como se dice vulgarmente. Y entonces García Lorca, con gran cinismo, le dijo al señor: «¿No tendría usted en su cartera un par de billetes de cinco duros?». El señor sacó su cartera los dos billetes. «¡Muy bien —exclamó Federico— éste para Salvador y éste para mí! Y vámonos, Salvador, que estos señores son unos pelmazos». Los diplomáticos presentaron sus quejas al presidente de la Residencia"[69].

Bromas y chanzas dieron lugar a la creación de lazos entre los tres amigos que se consolidarían con fuerza y en la exposición que organizó en 1925 la Sociedad de Artistas Ibéricos en el palacio de Velázquez de Madrid. Dalí presentó un retrato de Buñuel y otro, ejecutado en modalidad cubista, que representaba a Lorca. "Era la primera aparición pública de un «triángulo» amistoso destina-

---

69   Moreno Villa, José, *Vida en claro*, Visor Libros, Madrid, 2006, pp. 82-83.

do a hacer época[70]. Y que daría lugar a que el aragonés, un tanto despistado a la sazón sobre los vericuetos de la personalidad de Federico, estuviera dispuesto a batirse en duelo para defender la "hombría" de su amigo, como recordó el propio Buñuel:

"Alguien vino a decirme que un tal Martín Domínguez, un muchachote vasco, afirmaba que Lorca era homosexual. No podía creerlo. Por aquel entonces en Madrid no se conocía más que a dos o tres pederastas, y nada permitía suponer que Federico lo fuera.

Estábamos sentados en el refectorio, uno al lado del otro, frente a la mesa presidencial en la que aquel día comían Unamuno, Eugenio d'Ors y don Alberto, nuestro director. Después de la sopa, dije a Federico en voz baja:

—Vamos fuera. Tengo que hablarte de algo muy grave

Un poco sorprendido, accede. Nos levantamos.

Nos dan permiso para salir antes de terminar. Nos vamos a una taberna cercana. Una vez allí, digo a Federico que voy a batirme con Martín Domínguez, el vasco.

—¿Por qué? —me pregunta Lorca.

Yo vacilo un momento, no sé cómo expresarme y a quemarropa le pregunto:

—¿Es verdad que eres maricón?

Él se levanta, herido en lo más vivo, y me dice:

—Tú y yo hemos terminado.

Y se va.

Desde luego, nos reconciliamos aquella misma noche. Federico no tenía nada de afeminado ni había en él la menor afectación. Tampoco le gustaban las parodias ni las bromas al respecto, como la de Aragón, por ejemplo, que cuando, años más tarde, vino a Madrid a dar una conferencia en la Residencia, preguntó al director, con ánimo de escandalizarle —propósito plenamente logrado—: «¿No conoce usted algún meadero interesante?»[71].

70   Gibson, Ian, *Luis Buñuel. La forja de un cineasta universal 1900-1938)*, Aguilar, 2013P, 192.

71   Buñuel, Luis, *Mi último suspiro*, Plaza y Janés, Barcelona, 1983, pp. 64-65

ENAMORAMIENTO EN CADAQUÉS

Salvador invitó a Federico a pasar la Semana Santa de 1925 en Cadaqués, un pueblecillo de pescadores situado en el litoral de la provincia de Gerona y entonces bastante aislado a causa de su deficiente comunicación terrestre. La estancia resultó clave en su relación porque "cuando vuelve con él a Madrid ya está perdidamente enamorado"[72].

Federico debió aprovechar para insistir en sus asiduidades pues tras su regreso a capital, después de la estancia en Cadaqués, escribió dos cartas a Dalí en las que aludió a su comportamiento como un "burro indecente", y le preguntaba "si me guardas rencor o si me has borrado de tus amistades", lo que, según Santos Torroella, acaso "se trataba tal vez de un segundo intento por parte del poeta de poseer físicamente al pintor"[73]. En todo caso, es muy perceptible "la influencia que está ya ejerciendo sobre Lorca... tan fuerte es dicha influencia que con razón se ha propuesto, como fenómeno paralelo a la «época Lorca» de Dalí, una «época Dalí» de Lorca"[74]. "Lorca, de vuelta a Granada, piensa constantemente en Dalí"[75]. Desde Lanjarón, donde veranea con sus padres, le escribe: "Estoy bastante aislado y no me gusta hablar con nadie, como no sea con los camareros que son guapos y sé lo que van a decirme. Yo te recuerdo siempre. Te recuerdo demasiado. Me parece que tengo una cálida moneda de oro en la mano y no la pue-

72 Gibson, Ian, *Caballo azul de mi locura. Lorca y el mundo gay*, Planeta, 2009, p. 138.

73 Gibson, Ian, *Vida, pasión y muerte de Federico García Lorca*, Plaza y Janés, 1998, p. 231.

74 Gibson, Ian, *Vida, pasión y muerte de Federico García Lorca*, Plaza y Janés, 1998, p, 231.

75 Gibson, Ian, *Vida, pasión y muerte de Federico García Lorca*, Plaza y Janés, 1998, p. 232.

do soltar. Pero tampoco pudo soltarla hijito. Tengo que pensar que eres feísimo para quererte más"[76]. No puede ser más explícito.

El 14 de noviembre de ese mismo año Dalí inauguró una exposición en Barcelona y le explicó a Federico el éxito que había tenido diciéndole «No dejes de escribirme tú, el único hombre interesante que he conocido»[77]. Y al año siguiente le explica «Tú eres una borrasca cristiana y necesitas de mi paganismo»[78]. Declaradamente ateo a la sazón, "Dalí estaba resuelto no solo a cumplir al pie de la letra la proscripción de la religión pregonada por el surrealismo, sino incluso a atacar a la Iglesia con todas sus fuerzas En este juego tenía como leal compinche a Buñuel... La blasfemia, los desafíos a Dios para que hiciera lo peor, gustaban sobremanera a los dos amigos en aquellos momentos, y la hostia era uno de los principales objetivos de sus ataques, bromas y sarcasmos"[79]. Despreciaba a los burgueses putrefactos, creía en la revolución roja[80] y renegaba del monarca reinante: "Como demuestran sus diarios adolescentes, el joven Dalí sentía un profundo desprecio por Alfonso XIII"[81]. Cuando el monarca visitó Figueras en 1924, el joven Salvador fue detenido previsoramente por las autoridades.[82]

76 Gibson, Ian, *Vida, pasión y muerte de Federico García Lorca*, Plaza y Janés, 1998, p. 233.

77 Gibson, Ian, *Vida, pasión y muerte de Federico García Lorca*, Plaza y Janés, 1998, p. 192.

78 Gibson, Ian, *Vida, pasión y muerte de Federico García Lorca*, Plaza y Janés, 1998, p. 194.

79 Gibson, Ian, *La vida desaforada de Salvador Dalí*, Anagrama, Barcelona, 1997, p. 290.

80 Gibson, Ian, *Caballo azul de mi locura. Lorca y el mundo gay*, Planeta, 2009, p. 134.

81 Gibson, Ian, *La vida desaforada de Salvador Dalí*, Anagrama, Barcelona, 1997, p. 152.

82 Gibson, Ian, *La vida desaforada de Salvador Dalí*, Anagrama, Barcelona, 1997, pp. 162-163.

Federico publicó en la *Revista de Occidente* su «*Oda a Salvador Dalí*» que "constituye no solo una afirmación ferviente de la amistad que siente Lorca por Dalí sino un encomio de su obra"[83] como dice Gibson. Además, "en cuanto a la amistad que une a pintor y poeta, Lorca afirma y declara que lo que cuenta para ambos es, sobre todo, el amor, el calor humano, la diversión. No se trata solo de devoción al arte... La «*Oda a Salvador Dalí*» es uno de los más cabales himnos a la amistad jamás escritos en español"[84]. "Lorca no puede recriminar abiertamente al amigo no devolverle el amor que le profesa, pero sí decir que lo que les une «ante todos» —¡qué fuerza tienen aquí estas dos palabras!— es su «común pensamiento» a todas horas, las bajas (oscuras, difíciles) y las gloriosas, como si viviesen juntos en pareja"[85].

Tras una ausencia de alrededor de año y medio, Buñuel regresó a Madrid en mayo de 1926 y se reencontró con Dalí y Lorca. "Sería la última vez que los tres estuvieron juntos"[86]. Durante su estancia se produjo una anécdota que el futuro cineasta relató a Max Aub. Parece que Lorca se enfadó porque Buñuel y Dalí le dijeron que *El amor de Don Perlimplín con Belisa en su jardín* era una comedia muy mala. Como Lorca y el pintor compartían en ese momento habitación en la Residencia, al día siguiente Buñuel le preguntó a Dalí si se le había pasado en enfado y éste respondió: "Ya está todo arreglado. Intentó hacerme el amor, pero no pudo"[87]. Gibson subraya no obstante la poca fiabilidad que merecen los recuerdos de Buñuel. "Vale la pena señalar que, tras referirse

---

83 Gibson, Ian, *Vida, pasión y muerte de Federico García Lorca*, Plaza y Janés, 1998, Gibson, *Vida, pasión y muerte...*, p. 196.

84 Gibson, Ian, *Vida, pasión y muerte de Federico García Lorca*, Plaza y Janés, 1998, Gibson, p. 197.

85 Gibson, Ian, *Caballo azul de mi locura. Lorca y el mundo gay*, Planeta, 2009, p. 144.

86 Gibson, Ian, *Luis Buñuel. La forja de un cineasta universal 1900-1938)*, Aguilar, 2013, p. 209.

87 Gibson, Ian, *Luis Buñuel. La forja de un cineasta universal 1900-1938)*, Aguilar, 2013, p. 210.

a la lectura de *Perlimplín* (Buñuel) no pudo resistir la tentación, hablando con Aub, de añadir unas palabras más sobre la sexualidad de Lorca, palabras que, en realidad, decían más del aragonés que del granadino. «Federico era impotente» sentenció. «Homosexual de verdad, en todo el grupo, solo Gustavo (Durán)[88]. Una vez fuimos a pasar unos días al monasterio de Piedra en un Renault que yo tenía entonces. Me estuvo contando muchas cosas de su vida sexual. ¡Y con obreros! Eso, a mí, creyente en el proletariado, me hería doblemente...» La homosexualidad, ya lo sabemos, constituía para Buñuel un grave problema"[89].

Cuando Federico intentó follar a Dalí en mayo de ese mismo año y éste se opuso, parece que encontró alivio con una complaciente compañera del pintor en la Real Academia de San Fernando sobre la que nos extenderemos más adelante. Según Alain Bosquet "trató en dos ocasiones de sodomizarle, pero no había ocurrido nada porque él, Dalí, no lo era (gay) y, encima «le dolía»"[90]. Lo que, dicho sea entre paréntesis, invita a pensar que si le dolía, era evidentemente porque Dalí había consentido que Federico intentara penetrarle...

---

88   Por cierto, y a propósito de la referencia a Gustavo Durán el "único homosexual de verdad" de la Residencia de Estudiantes según Buñuel, dice Gibson: "tiene importancia para Lorca y se escriben con frecuencia. Hasta qué punto la relación pudo ser apasionada, no lo sabemos. Según me dijo María Luisa González (la mujer de Juan Vicens), Federico admiraba intensamente al joven y guapo músico, excelente pianista, que se consideraba hasta cierto punto su discípulo. Por desgracia se desconoce su correspondencia epistolar, menos tres postales y una nota intrascendente de Durán, conservadas en la Fundación Federico García Lorca de Madrid. Es probable que destruyera las cartas del poeta. Siempre reacio a hablar de su vida personal, no dejó constancia escrita alguna acerca de aquella amistad y tampoco habló de ella con sus hijas. Daba la impresión de querer correr una tupida cortina de silencio sobre su juventud" (Gibson, Ian, *Vida, pasión y muerte de Federico García Lorca*, Plaza y Janés editores, 1998, p. 128)

89   Gibson, Ian, *Luis Buñuel. La forja de un cineasta universal 1900-1938)*, Aguilar, 2013, pp. 211-212.

90   Gibson, Ian, *Caballo azul de mi locura. Lorca y el mundo gay*, Planeta, 2009, p. 147.

En fin "Dalí… tan temeroso de ser homosexual y tan angustiado ante la insistencia del poeta…"[91]. Pese a todo, la amistad entre los dos se consolidó en 1927, año en el que Dalí correspondería a la *Oda* con la publicación en el verano de ese mismo año de un texto narrativo teórico titulado «*Sant Sebastià*» que le dedicó en *L'Amic de les Arts* de Sitges y que fue "hasta cierto punto «respuesta» a los planteamientos de Lorca en su *Oda a Salvador Dalí*, tanto los estéticos, como los emocionales y amorosos"[92]. Giraron ambos una visita, en compañía de Sebastián Gasch, a esa población de la costa barcelonesa[93] y durante las vacaciones estivales de 1927 compartieron una larga convivencia: "Para Lorca será inolvidable este verano. No solo ha estado constantemente con Dalí durante dos meses y medio, sino que ha hecho muchas amistades nuevas y ha ahondado otras anteriores"[94].

LOS CELOS DE BUÑUEL

A todas estas, el tercero de la cuadrilla no pudo evitar los celos por la consolidación de la relación entre sus amigos que había adquirido tintes que su mentalidad carpetovetónica no pudo sino condenar. "Las cartas enviadas en esta época por Buñuel a José Bello demuestran que el cineasta en ciernes está cada vez más celoso de la intensa relación que ahora existe entre Lorca y Dalí"[95]…. "El 5 de septiembre (de 1927) Buñuel vuelve a la carga y, después

---

91 Gibson, Ian, *Luis Buñuel. La forja de un cineasta universal 1900-1938)*, Aguilar, 2013, p. 220.

92 *Ibídem.*

93 Gibson, Ian, *Vida, pasión y muerte de Federico García Lorca*, Plaza y Janés, 1998, Gibson, *Vida, pasión y muerte…*, p. 216.

94 Gibson, Ian, *Vida, pasión y muerte de Federico García Lorca*, Plaza y Janés, 1998, p. 227.

95 Gibson, Ian, *Vida, pasión y muerte de Federico García Lorca*, Plaza y Janés, 1998, p. 239.

de algunos comentarios picantes, e informaciones de última hora acerca de sus actividades cinematográficas en París, lanza su más feroz ataque hasta la fecha contra Lorca y Dalí, demostrando con ello la ansiedad que, sin reconocerlo, le produce el hecho homosexual"[96]. Y Gibson reproduce una carta en la que Buñuel dice "Federico me revienta de un modo increíble. Yo creía que el novio es un putrefacto, pero veo que lo más contrario (sic) es aún más. Es su terrible estetismo (sic) el que lo ha apartado de nosotros. Y no solo con su Narcisismo extremado era bastante para alejarlo de la pura amistad. Allá él. Lo malo es que hasta su obra podría resentirse. Dalí influenciadísimo. Se cree un genio, imbuido por el amor que le profesa Federico. Me escribe diciendo. «Federico está mejor que nunca. Es el gran hombre. Sus dibujos son geniales. Yo hago cosas extraordinarias, etc. etc.» Y es el triunfo fácil de Barcelona. Qué desengaños terribles se iba a llevar en París. Con que gusto le vería llegar aquí y rehacerse lejos de la nefasta influencia del García. Porque Dalí, eso sí, es un hombre y tiene mucho talento"[97].

Para entender esta reacción conviene tener en cuenta otro factor y es el de que Federico había comenzado a cimentar su prestigio como dramaturgo. Ciertamente el estreno el 22 marzo 1920 en el teatro Eslava de Madrid, bajo los auspicios de Gregorio Martínez Sierra y de su mujer —en realidad la *negra* de su obra literaria— María Lejárraga, *El maleficio de la mariposa* con Catalina Bárcena y La Argentinita, había sido un fracaso. Pero el 24 de junio de 1927 y en el teatro Goya de Barcelona Margarita Xirgu protagonizó otro mucho más afortunado, el de *Mariana Pineda,* cuyos decorados pintó Salvador. "El estreno de *Mariana Pineda* —opinó Martínez Nadal— marca el cénit de la relación

---

96 Gibson, Ian, *Vida, pasión y muerte de Federico García Lorca*, Plaza y Janés, 1998, p. 240.

97 Gibson, Ian, *Luis Buñuel. La forja de un cineasta universal 1900-1938)*, Aguilar, 2013, p. 246.

Lorca-Dalí. A partir de aquel momento se inicia el lento, pero significativo distanciamiento entre los dos amigos... que no traiciona amistades, ni menoscaba la mutua admiración."[98].

Fuese por el fracaso de la relación íntima entre Federico y Salvador, fuese por los enredos de Buñuel o, algo después y mucho más verosímilmente, por la aparición de Gala, empezaron a detectarse tensiones entre Dalí y García Lorca que se confirmaron cuando, con ocasión de la publicación de *Romancero gitano* en 1928, el pintor no tuvo empacho, según Sánchez Vidal, en hacer pública una "critica con cierta saña"[99] (algo que por cierto desmiente Martínez Nadal como luego se verá) y se acentuó en 1929. Quizá por ello fue posible que "simultáneamente aparec(ies)e en *La Gaceta literaria* la última colaboración pública de Dalí y Lorca: la prosa *La degollación de los Santos Inocentes*, ilustrada con un dibujo de Salvador que ya se había publicado con anterioridad."[100]

Macho alfa, como se diría ahora, deportista, frecuentador de burdeles, el futuro cineasta declaraba que "«con los maricones nunca se pisa terreno firme»: así tan claro se lo expresó Buñuel a Max Aub. De hecho, de los amigos íntimos de Lorca, con la excepción de Dalí, Luis fue quizá el más acomplejado ante el hecho gay... Incluso se puede aventurar que su «homofobia» encubría un secreto temor a ser gay él mismo"[101]. Además, y para mayor inri, el aragonés:

"estaba dominado por los celos que le provocaba la amistad entre Dalí y García Lorca y el éxito de este último como escritor. Buñuel había hecho incursiones en la poesía, pero sus esfuerzos no habían

98 Martínez Nadal, Rafael, *Federico García Lorca. Mi penúltimo libro sobre el hombre y el poeta*, Editorial Casariego, Madrid, 1992, p, 52.

99 Sánchez Vidal, Agustín, *Buñuel, Lorca, Dalí: el enigma sin fin*, Planeta, Barcelona, 2004, p. 123.

100 Sánchez Vidal, Agustín, *Buñuel, Lorca, Dalí: el enigma sin fin*, Planeta, Barcelona, 2004, p. 132.

101 Gibson, Ian, *Luis Buñuel. La forja de un cineasta universal 1900-1938)*, Aguilar, 2013, p. 171.

llegado a buen puerto. En cambio, los guiones que escribió para sus películas se encuentran entre los clásicos españoles de mayor altura. El homofóbico Buñuel, cuyo hermano, el artista Alfonso, era gay[102], desató un feroz ataque contra la supuesta relación homosexual entre Dalí y García Lorca y contra la estética de éste. García Lorca siguió entrando y saliendo de la Residencia hasta 1928, pero no volvió a tener contacto alguno con Buñuel, que en aquel entonces había conseguido atraer a Dalí a París para que trabajara con él en su primera película. El título de ésta, *Un perro andaluz*, que García Lorca consideraba un insulto personal, fue un tributo al estilo de la Residencia en los años de vanguardismo más intenso"[103].

La escribieron ambos en Figueras en torno a enero de 1929 y Buñuel desmintió esa hipotética inspiración del filme en Federico:

"Le dijo a Jean-Claude Carrière que Lorca, «susceptible» como andaluz que era, «creyó, o fingió creer, que la película era contra él». Agregó que, al proferir su despectiva frase sobre el metraje más bien reducido de la cinta, el poeta había hecho el correspondiente gesto gráfico con los dedos. Lorca tomaría buena nota, sin duda, al leer el guion, de que el protagonista de *Un chien andalou* es un marginado sexual con claros matices afeminados...También se fijaría, seguramente, en la secuencia en la que el personaje de las manteletas se materializa de repente sobre la cama y resucita». Alusión transparente

---

102 Alfonso Buñuel Portolés, el último hijo que tuvieron sus padres, "fue gay. Como suele ocurrir, estos temas no se tratan en público. Juan Ramón Masoliver (Zaragoza, 1910 - Barcelona, 1997), un primo lejano, habló con Aub del asunto con la claridad de que era capaz y Federico Álvarez lo conservó. Tras mencionarlo de pasada, el interrogador le insistió: "¿Y fue un problema público, conocido?" Masoliver: "Sí, un caso perdido, tremendo. No sé si influido por Federico, en fin, el origen de la cosa no lo sé. Pero era una cosa desatada, con gran escándalo, vamos, con terrible contrariedad de Luis, para quien realmente era un hijo". Masoliver era culto y tolerante, dentro de lo que cabía, pero muy conservador en materia de costumbres. La alusión a García Lorca podría señalar otro posible conflicto o motivo de malestar entre el director de cine y el poeta". (Rubio Navarro, Javier, «Alfonso, el hermano menor de Buñuel» https://javierrubionavarro2.wordpress.com/2013/06/07/alfonso-el-hermano-menor/ (29.07.2022)

103 Mangini, Shirley, *Maruja Mallo*, Circe, 2012, p. 86.

a las representaciones que le gustaba hacer de su propia muerte, putrefacción y resurrección y que tanto impresionaban a sus amigos, entre ellos Dalí"[104].

El caso es que el cineasta en ciernes tampoco aceptaría el noviazgo de su amigo con la rusa: "En agosto de 1929 el poeta surrealista francés Paul Éluard y su esposa Gala, el pintor belga René Magritte y el marchante Camille Goeman (también acompañados de las suyas) visitan a Dalí en Cadaqués con quien poco antes se había reunido Luis Buñuel. La atracción que siente Dalí por Gala Éluard sólo es comparable a la repulsión que provoca en el cineasta". Y reproduce unas declaraciones de Buñuel a Max Aub en las que le dice: "Esa mujer que había sido amante de Chirico, de Max Ernst, de Man Ray y estaba casada Éluard... Éluard se volvió a París y Gala se quedó en Cadaqués. Dalí estaba ya totalmente bajo su dominio. Ella vivió todavía un año antes de separarse y casarse con Salvador[105]. Que, según Sánchez Vidal, "era virgen"[106].

Una lectura detenida de esta declaración invita a pensar que acaso el genio de Cadaqués no fuese gay en su sentido literal —aunque el tema permitiría albergar dudas fundadas sobre una sexualidad laberíntica e insatisfecha— pero también que estuvo dispuesto a probar si le gustaba el sexo anal puesto que reconoció que cuando Federico intentaba poseerle "le hacía daño". Por lo que la virginidad que le atribuye Sánchez Vidal fue más por la imposibilidad de perderla que no por falta de voluntad... (aunque los lubricantes actuales no estuviesen disponibles en aquellas calendas, sí los estaba en cambio desde finales del siglo XIX la tradicional vaselina, algo que acaso los dos impetuosos jóvenes ignoraban) A mayor abundamiento y cuando Lorca se enteró de la relación que Dalí entabló con Gala, recordó su intimidad con el pintor y co-

---

104 Gibson, Ian, *Luis Buñuel. La forja de un cineasta universal 1900-1938)*, Aguilar, 2013, pp. 317-318.

105 Tardarían casi treinta años en hacerlo como se verá más adelante.

106 Sánchez Vidal, Agustín, *Buñuel, Lorca, Dalí: el enigma sin fin*, Planeta, Barcelona, 2004, p. 292. En realidad, no contraerían matrimonio hasta 1958.

mentó maliciosamente: «Si solo se le pone tiesa cuando alguien le mete un dedo por el culo»[107].

UN RECUERDO IMBORRABLE

Todas estas circunstancias y el diferente itinerario que cada uno de estos personajes había de seguir acabaron distanciándoles inexorablemente y si bien Lorca y Buñuel no volvieron a reencontrarse nunca, sí lo hicieron el primero y Dalí. Ocurrió en 1935. "Si Gala tenía grandes deseos de conocer a Lorca, la curiosidad de éste por vérselas con la amante de Dalí tiene que haber sido intensísima ya por 1935"[108] sugiere Gibson para quien "Lorca no podía disimular, ni quería, la alegría que le provocaba estar otra vez con Dalí"[109], porque de todos sus amigos "es el más original, el más creativo, el más raro"[110].

Años después, el pintor recordaría a Luis Romero la irresistible atracción sexual que había ejercido sobre García Lorca:

"Cuando al declinar el verano de 1952 empecé a tratar asiduamente a Dalí, mi información sobre el conjunto de la obra y la mayoría de las peripecias biográficas me eran poco y mal conocidas, descontado que lo vivido y contado por él era mucho menos que lo vivido y lo pintado cuando en 1980 dejé de verle. Durante aquellos primeros años, en las conversaciones que mano a mano sosteníamos, me relataba y comentaba conmigo muchas cosas y lo hacía de manera que apenas guardaba relación con las contestaciones que daba a las preguntas de los periodistas que deseaban, o necesitaban, inducirle a la procacidad, lo pintoresco o la extravagancia. Una de aquellas tardes

---

107   Gibson, *Caballo azul de mi locura. Lorca y el mundo gay*, Planeta, 2009, p. 261.

108   Gibson, Ian, *Vida, pasión y muerte de Federico García Lorca*, Plaza y Janés, 1998, p. 488.

109   Gibson, Ian, *Vida, pasión y muerte de Federico García Lorca*, Plaza y Janés, 1998, p. 489.

110   Gibson, Ian, *Vida, pasión y muerte de Federico García Lorca*, Plaza y Janés, 1998, Gibson, *Vida, pasión y muerte...*, p. 360.

otoñales estábamos en la biblioteca; ignorando las insospechadas derivaciones a que la pregunta llevaría, influido por fotografías, cartas y pequeños dibujos que me había mostrado la hermana, le pregunté: «¿Verdad que García Lorca estuvo enamorado de Ana María?». La respuesta, rápida y firme, fue: «¡De mí estaba enamorado!»[111]

ALIVIOS CIRCUNSTANCIALES

El desamor sexual de Dalí no impidió que García Lorca perdiese el tiempo. Según Sahuquillo "Lorca mantuvo relaciones personales más o menos íntimas con Dalí, Cernuda, Prados y Gil-Albert"[112]. Parece que con Luis Cernuda competía:

"Federico era ese vendaval que todos describen y era guapo, pero Luis Cernuda lo era más, además de otro gran poeta. Digamos que, en principio, el éxito de Cernuda en el terreno del devaneo erótico tenía más puntos, de entrada, que el de su contrincante. Sin embargo, contaba que cuando viajaban juntos, en ocasión de algún encuentro de poetas, al llegar al hotel, si en la recepción habían avistado algún buen mozo, tenía que correr hacia la habitación, asearse rápido, dejar la maleta y bajar con la misma celeridad a la recepción..., donde generalmente ya encontraba a Federico de cháchara con el tal mozo, rendido ante su simpatía"[113].

En cambio, parece que rechazó el envite de Emilio Prados, compañero de Residencia de estudiantes y gay. Para Villena "uno de los primeros amigos de Lorca (fuera de la Residencia) fue Emilio Prados, poeta y joven de izquierdas, filocomunista. Parece que pudo haber, además, sobre todo por parte de Prados, una propensión amorosa, algo encerrada en el afán del amigo perfecto. Lo que es seguro es que por ahí empieza la voluntad izquierdista

---

Romero, Luis, *Dedálico Dalí*, Ediciones B, Barcelona, 1989, p. 37.

112 Sahuquillo, Ángel, *Federico García Lorca y la cultura de la homosexualidad masculina*, Instituto de Cultura Juan Gil-Albert, Alicante, 1991, p. 19.

113 Pasqual, Lluis, *De la mano de Federico*, Arpa editores, 2016, p.129.

de Federico... En un diario de la época afirma «haber abierto su alma» a Federico sin hallar la respuesta pedida. Probablemente Lorca se sentía agobiado por las pretensiones de Emilio quien poco después se internaría en una clínica suiza para curar una inicial tuberculosis. Cuando regresó a Madrid, reanudaron la amistad, sin los agobios anteriores"[114].

Todo ello no impedía lances eventuales, no siempre afortunados. El periodista Olano recuerda que Dalí y García Lorca frecuentaron la taberna *La Ballena Alegre* situada en el sótano del café Lion de Madrid, que estaba en Alcalá 59, frente a Correos,[115] y de la que también era cliente asiduo José Antonio Primo de Rivera, y hace mención de cierto incidente ocurrido en dicho lugar:

"en donde un vendedor de joyas visita a los tertulianos y les ofrece relojes, sortijas, pulseras, a pagar en «cómodos plazos». Una tarde, el vendedor envía a un hijo suyo, al que seduce Federico. El padre

---

114 Villena, Luis Antonio de, *Los mundos infinitos de Lorca*, Tintablanca, 2023, pp. 44-47.

115 El lector encontrará en las páginas que siguen nuevas citas a este emblemático local madrileño de la calle de Alcalá. Recogemos la descripción que hizo de él Domingo Ruiz Ródenas de Moya: "Justo en el número 59 de aquella calle, frente a Correos, se había abierto en 1929 un nuevo café: el Lion, que, por su ubicación y servicio, no tardó en atraer a intelectuales y políticos a sus veladores. Cuando (Guillermo de) Torre empezó a frecuentarlo, a finales de 1933, era ya escenario de tertulias de diversa laya, como la de Valle-Inclán o la de Manuel Azaña, llamada del «banco azul» porque la formaban miembros del Gobierno republicano. Por allí se dejaba caer José Bergamín con algunos colaboradores de *Cruz y Raya* y con el guitarrista Regino Sainz de la Maza, muy amigo de García Lorca; no era raro encontrar al propio Lorca, en especial los viernes, cuando (se decía) se citaba allí con José Antonio Primo de Rivera para ir a cenar. Éste asistía a la peña que, en los bajos del Lion, conocido como La Ballena Alegre, mantenía el engolado Pedro Mourlane. Los animadores habituales eran Sánchez Mazas, Agustín de Foxá, Jacinto Miquelarena, Luys Santa Marina, Samuel Ros, un jovencísimo Dionisio Ridruejo y el exultraísta Eugenio Montes, con otros nombres flotantes, todos falangistas. En el sótano podían coincidir a veces con la tertulia de Bergamín, con la que intercambiaban insultos en un clima —según Gabriel Celaya, que recordó aquellos episodios— de broma bronca: «¡Cabrones, rojos, fascistas!»! (Ruiz Ródenas de Moya, Domingo, *El orden del azar. Guillermo de Torre entre los Borges,* Anagrama, Barcelona, 2023, p. 376)

vuelve días después hecho una fiera. Se dirige destempladamente a Federico. Le grita:

—¡Me he enterado de que usted es maricón!

Federico, tranquilo, le responde:

—Maricón ... cón ... cón ... cón ..."[116].

Olano puntualiza que "debo esta anécdota a otro de los tertulianos, el escritor gallego Blanco-Amor".

Aquella "edad de oro" de la Residencia...

Ciertamente, los años veinte fueron "años de oro" en la Residencia de Estudiantes por la calidad de huéspedes y visitantes ocasionales, el elevado tono intelectual, el espíritu de convivencia y el ambiente de tolerancia existente. Martínez Nadal, coetáneo de toda esta tropa, manifestó su asombro por todo ello:

"Lorca, Buñuel, Dalí. «A posteriori» resulta increíble que en aquellos encuentros de la Residencia pudiera, en tan reducida habitación, haber sitio para jóvenes que alcanzarían máximo prestigio universal; pero eso supondría ignorar lo que fue el ambiente y la actividad cultural de aquel Madrid de los años veinte y primer lustro de los treinta, sería olvidar lo que de «constante surrealista» hay en el arte y en la vida de los españoles y lo que significa en un ambiente de tolerancia la convivencia de ricas, disparatadas, fascinantes personalidades, tan frecuentes en los colegios universitarios de todo el mundo y que formaban el círculo preferido por Lorca en la Residencia del Pinar"[117].

116 Olano, Antonio D., *Dalí. Las extrañas amistades el genio*, Temas de hoy, Madrid, 1997, p. 108.

117 Martínez Nadal, Rafael, *Cuatro lecciones sobre Federico García Lorca*, Fundación Juan March-Cátedra, Madrid, 1980, p. 21

IV

EMILIO ALADRÉN,
EL GRAN AMOR DE FEDERICO

Quienes conocieron bien a Federico García Lorca opinan que de todos los hombres con los que mantuvo una relación más o menos estable, la más profunda fue la habida con un escultor bastante más joven que él llamado Emilio Aladrén Perojo. Para Pura Maortúa Lombera, más conocida como Pura Ucelay, fundadora del Lyceum Club, de la Asociación Femenina de Cultura Cívica y del Club Teatral Anfistora —amiga de García Lorca y con la que colaboró el dramaturgo—, alcanzó la categoría de "gran pasión de Federico" al punto de que, "después que Aladrén se casa, Federico estuvo desesperado. Casi se volvió loco"[118]. Luis Antonio de Villena, por su parte, ha añadido que "tanto para Vicente Aleixandre, o Rafael Martínez Nadal, como para Eduardo Blanco-Amor, los tres íntimos de Lorca a los que traté con cercanía, el "gran amor" (realizado y no) de Federico, fue Emilio Aladrén, ocho años me-

---

118 Penón Ferrer, Agustín, *Miedo, olvido y fantasía*, Editorial Comares, Granada, 2009, p. 636. Penón entrevistó a García Carrillo del que dice que es "un homosexual reconocido que fue muy amigo de Federico García Lorca desde niño, pues los dos vivían en la misma calle, Acera de Darro" (p. 229)

nor que Lorca"[119]. Más concretamente se refiere a la conversación que había mantenido con el primero de los citados:

"Recuerdo una tarde en que, hablando del poeta granadino, Aleixandre me dijo: Tú habrás oído eso de que Federico se marchó a Nueva York, en 1929, para aprender inglés... Mentira. A Federico le hicieron casi ir allí (y él lo aceptó, porque estaba destrozado) para poner tierra por medio. Necesitaba huir de un gran amor, quizá del mayor amor de su vida, un escultor joven y guapo que se llamó Emilio Aladrén y a quien Federico dedicó un poema en su *Romancero gitano*, uno que se titula "El emplazado" y que comienza: "¡Mi soledad sin descanso!", y que tiene después un fragmento muy «epéntico»[120]: «Los densos bueyes del agua/ embisten a los muchachos/ que se bañan en las lunas/ de sus cuernos ondulados...»"[121].

Emilio había nacido en Madrid en 1906 y sus padres fueron Ángel Aladrén Guedes, militar profesional, y Carmen Perojo Tomachevski, natural en Viena y con nacionalidad austríaca, pero cuya progenitora era originaria de San Petersburgo, un mestizaje poco habitual en aquella época. Sea por razones genéticas o por un puro capricho de la naturaleza, el escultor disfrutó de un palmito que sobresalía de lo común y que ha merecido diversos calificativos. Villena considera que unía "un aire levemente oriental a la belleza morena del chico"[122]. Para Maruja Mallo, compañera de estudios del interfecto en la Academia de Bellas Artes y beneficiaria de los favores de Emilio antes que Federico, «Emilio era un lindo chico, muy guapo, muy guapo, como un efebo griego". Maruja se lamentaba de que "me lo quitó, entre otras cosas porque

119 http://luisantoniodevillena.es/web/articulos/los-imposibles-novios-de-federico-garcia-lorca/ (11.11.2022)

120 Sinónimo oculto, solo perceptible por los enterados, de gay.

121 http://www.dosmanzanas.com/2010/01/federico-garcia-lorca-y-emilio-aladren-los-senderos-que-se-bifurcan.html (24.03.2014)

122 http://www.dosmanzanas.com/2010/01/federico-garcia-lorca-y-emilio-aladren-los-senderos-que-se-bifurcan.html (24.03.2014)

PABLO-IGNACIO DE DALMASES

tenía un temperamento ruso y le decía tantas cosas que, claro, Emilio se enardeció y se fue con él"[123].

Se ha dicho que tenía un aire «entre tahitiano y ruso» y, según Ian Gibson, José María Alfaro le comentó que Aladrén era "extremadamente guapo, con el pelo azabache, ojos grandes algo oblicuos (como Dalí) que le prestaban un aire ligeramente oriental, pómulos marcados y temperamento fogoso"[124]. Ahora bien, una vez observadas las fotos que se conservan y con la amplitud de miras que nos da el variopinto colectivo humano actualmente visible en nuestro derredor, resulta difícil encontrarle rasgos tahitianos, rusos u orientales; más bien diríase que su perfil responde al propio de un mafioso siciliano. En resumidas cuentas, aparenta ser más latino que oriental. Eso sí, un galán de rompe y rasga.

La relación de Emilio y Federico nos plantea numerosas dudas. La principal, una cuestión de fechas. Según Gibson, Lorca lo había conocido allá por 1925, pero parece que no se hicieron amigos íntimos hasta 1927[125] y en otro de sus ensayos puntualiza que "parece que la amistad solo empezó a adquirir un carácter apasionado hacia finales de 1927, tras la segunda visita del poeta a Cadaqués aquel verano y el siguiente distanciamiento de Dalí, presionado por Buñuel"[126].

Por otra parte, los autores culpan a Federico de haberle "robado" el corazón de Aladrén a la pintora Maruja Mallo, pero el caso en que Shirley Mangini, en su biografía de la pintora gallega, no hace referencia alguna a dicha relación y sí en cambio se hace eco de la que mantuvo con Rafael Alberti entre 1925 y 1929, una vez el gaditano cesó su relación con Concha Méndez y hasta poco antes que conociera a María Teresa León, que sería su musa du-

---

123 https://www.universolorca.com/personaje/aladren-perojo-emilio/

124 Gibson, Ian, *Caballo azul de mi locura. Lorca y el mundo gay*, Planeta, 2009, p. 164.

125 Gibson, Ian, *Vida, pasión y muerte de Federico García Lorca*, Plaza y Janés, 2008, pp. 253-254.

126 Gibson, Ian, *Caballo azul de mi locura. Lorca y el mundo gay*, Planeta, 2009, p. 165.

rante muchos años, lo que invita a pensar que, caso de haber sido cierto el noviazgo habido entre Maruja y Emilio, debió tener un tono más bien circunstancial, anterior a 1925 y poco profundo y en su final, además, solapado con la nueva amistad establecida con Federico.

Por otra parte, si nuestros personajes se conocieron el año que dice Gibson, el inicio de su trato tuvo lugar precisamente cuando la relación de Federico con Dalí permanecía viva y se producían las visitas del granadino a Cataluña para compartir vacaciones, viajes y escarceos varios con el pintor de Figueras. ¿Hubo pues una simultaneidad en ambas relaciones? En caso afirmativo ¿intuyó, sospechó o supo Dalí que Federico estaba compartiendo dos amores paralelos?

Según todos los testimonios, el tiempo que duró este apasionado romance Federico no tuvo problema alguno en mantenerlo de forma pública y ello pese a que no todo el mundo compartía su admiración por el galán. El granadino José María García Carrillo, como sabemos amigo de Lorca desde la infancia, le habló a Penón del amor que Federico tuvo, cuando ya vivía en Madrid, por un hombre que en su opinión no lo merecía. Se refería en concreto a Aladrén de quien dijo que "parecía un mono, algo así como el hombre de las cavernas; que era feo, que incluso tenía chepa (la verdad es que yo no me creo esta descripción tan poco objetiva del físico de aquel muchacho)" añade Penón, quien concluyó que "por lo visto Aladrén no debió ser tan horroroso, ni tan gorila, como me lo describió José María García Carrillo". A la vista de las fotos que han pasado a la posteridad y de los testimonios que hemos aportado antes hay que convenir que el mozo no solo no solo no era horroroso sino, muy al contrario, atractivo y sin duda algo exótico para la época. Pero a la vez resulta indudable que era alcohólico y gustaba de llevar una vida desordenada, algo que parece que a Federico no le preocupó en demasía.

Para Villena, Aladrén "pertenecía sin duda a esa clase de jóvenes —más frecuente entre los guapos— que, aunque básicamente heterosexuales, no dudan, en alas de la seducción y del agasajo, de utilizar ocasionalmente su bisexualidad. Lo que suele ser tan maravilloso como —eventualmente— dramático"[127]. Y para ello no tuvo problema alguno en ir a la cama con Federico, la primera vez, según parece, en Ávila, como recuerda Villena que le contó Aleixandre: "Yo le pregunté: Debía ser un amor difícil, pero ¿se acostaban? A lo que Vicente me contestó muy picarón: Pues claro. Menos de lo que Federico deseaba, porque él estaba enamoradísimo, pero se acostaban. Una mañana (de Domingo, creo) recibí una llamada telefónica desde un hotel de Ávila, era Federico. Recuerdo muy bien que me dijo: Estoy aquí con Emilio, todavía no nos hemos levantado... Me parece que fue la primera vez que lo hicieron"[128].

Penón relata lo que le contó el vitriólico García Carrillo:

"como escultor era bastante malo y se aprovechaba descaradamente de la fama de Federico y del círculo de sus amigos en beneficio propio. Todos los amigos de García Lorca, que se daban cuenta de la situación, le aconsejaban que lo dejase. Pero Federico estaba profundamente enamorado. Y una de las veces en que volvió a Granada, se quejaba de que aquel hombre no lo quería tanto como a él le habría gustado. Entonces a José María, para desengañarlo, se le ocurrió decirle que el escultor no se merecía que sufriera de aquel modo por su culpa, que por dinero se iba con todos y que hasta con él mismo se había acostado. Federico se puso lívido al escucharle y dijo que eso no podía ser verdad, que le dijera en dónde vivía. Y que entonces no le quedó otro remedio que seguir mintiendo porque quería desilusionarle. Que no sabe cómo lo hizo, pero —igual que una bruja— fue describiendo la calle, la casa, unas viejas escaleras malolientes y hasta a la madre del artista que salió a abrirle la puerta.

---

127 http://www.dosmanzanas.com/2010/01/federico-garcia-lorca-y-emilio-aladren-los-senderos-que-se-bifurcan.html (24.03.2014)

128 http://www.dosmanzanas.com/2010/01/federico-garcia-lorca-y-emilio-aladren-los-senderos-que-se-bifurcan.html (24.03.2014)

—Claro que la cosa no tenía mucho mérito —reconoce José María— porque en aquel barrio madrileño todas las casas son viejas y huelen mal y hasta las madres de un fulano como aquel se parecen. Federico se quedó muy impresionado.

José María continúa narrándonos que pocos meses después se descubrió el pastel pues en un viaje que hizo por entonces a Madrid, nada más llegar, aquella misma noche, se fue a la peña que Federico frecuentaba en un café y en la que todos los que asistían eran también amigos suyos. Allí se estaba criticando al dichoso escultor y trataban de convencer a Federico para que lo dejara de una vez... la tranquilidad duró bien poco en la peña —sigue contando García Carrillo— pues al rato se presentó aquel indeseable. Y Federico aprovechó la ocasión de tenerme frente a él para aclarar ciertas cosas. «Y a este gitanico recién llegado de Granada no te lo presento porque ya lo conoces». Aquella mala bestia me miró extrañado: «No, es la primera vez que lo veo». Y yo sin poder disimular la antipatía que le tenía contesté con sinceridad: «Claro que no. Y me siento orgulloso de no haber conocido nunca a un tipo como usted». Y aquel gorila lleno de ira se me abalanzó dispuesto a romperme la cara de un puñetazo. Los amigos lo sujetaron y se interpusieron entre nosotros mientras Federico gritaba: «¡Dejadlo ya! ¿Es que queréis que acabemos todos en la comisaría?»[129].

Martínez Nadal, buen amigo de García Lorca, recordaba que

"Ahora, cuando desertaba de una reunión, era para irse con Emilio Aladrén a oír discos de cante jondo al estudio del joven escultor y entregarse a la ginebra, bebida predilecta de Aladrén.... No obstante críticas muy adversas respecto a las facultades artísticas de Aladrén, Federico creía que a su lado el joven escultor daría de sí todo lo que el poeta creía había en el joven Aladrén. Le llevaba a todas partes, lo presentaba a todo el mundo y era evidente que esa amistad fue para el poeta durante varios años fuente de alegría.

Recuerdo una noche de comienzos de verano. Serían las dos o las tres de la madrugada. Yo regresaba a mi casa después de haber

---

129 Penón Ferrer, Agustín, *Miedo, olvido y fantasía*, Editorial Comares, Granada, 2009, pp. 239-241.

pasado la velada en una tertulia que en el entresuelo de la Granja El Henar tenían una vez a la semana un grupo de deportistas. En la calle de Alcalá, subiendo hacia la Plaza de la Independencia, me encontré con Ignacio Sánchez Mejías que bajaba llevando del brazo a la Argentinita con aquel gesto de propiedad amorosa que a ella tanto le deleitaba. «Encarna, vamos a acompañar un poco a Nadal para oler las acacias. Luego tomamos un taxi» De pronto por mitad de la plaza, riendo y cantando bajaban Lorca y Aladrén. «¡Comadre de mi alma!», Federico abrazaba a Encarna. Cuentos y chistes y, de pronto: «¿Habéis visto el nuevo circo?... ¡Emilio —gritó Federico—, quítate el impermeable y rueda por el suelo!» Había llovido y la plaza estaba cubierta de ese barrillo grasiento que dejan los breves chaparrones estivales. Emilio dio la gabardina a Lorca. Vestía un buen traje gris perla. Sin vacilar, se arrojó a la calzada y fingiendo rugidos de león rodaba por el suelo. A las tres o cuatro volteretas irrumpió Federico: «¡Emilio, en pie!» Le ayudó a ponerse la gabardina y haciendo los dos un cómico saludo de circo, se fueron abrazados, alegres, muertos de risa, la botella de ginebra asomando por el bolsillo de la gabardina de Emilio.

Ese Emilio es el que un año más tarde Federico recordaría en Nueva York, en el poema titulado «Fábula y rueda de los tres amigos», junto con otros dos amigos que no me sería difícil identificar:

Enrique, Emilio, Lorenzo,
Estaban los tres helados:
Enrique por el mundo de las camas;
Emilio por el mundo de los ojos y las heridas de las manos,
Lorenzo por el mundo de las universidades sin tejados
Lorenzo, Emilio, Enrique,
Estaban los tres quemados:
Lorenzo por el mundo de las hojas y las bolas de billar;
Emilio por el mundo de la sangre y los alfileres blancos,
Enrique por el mundo de los muertos y los periódicos abandonados.
Lorenzo, Emilio, Enrique,
Estaban los tres enterrados:
Lorenzo en un seno de Flora;
Emilio en la yerta ginebra que se olvida en el vaso,
Enrique en la hormiga, en el mar y en los ojos vacíos de los pájaros.

Emilio, Lorenzo, Enrique,
Fueron los tres en mis manos
Tres montañas chinas,
Tres sombras de caballo,
Tres paisajes de nieve y una cabaña de azucenas
Por los palomares donde la luna se pone plana bajo el gallo.
A principios del año 29, Emilio Aladrén iniciaba relaciones con una muchacha que luego sería su mujer"[130].

La relación sentimental entre dramaturgo y escultor trascendió mucho más allá de los ambientes a que ambos estaban ligados: "Un día, en fecha imposible de determinar, Lorca invitó a Jorge Guillén y a su esposa Germaine a acompañarlo al estudio de Aladrén. Guillén encontró al escultor serio, envarado y ceremonioso... pero nada más. Fue Germaine la que se dio cuenta de que entre él y Federico había una relación apasionada. «A veces las mujeres tienen más olfato que los hombres para estas cosas» comentaría escuetamente Guillén mucho tiempo después"[131].

El taimado Aladrén supo estimular la vanidad de su enamorado y en la primavera de 1928 le hizo su cabeza en escayola. García Lorca trató de que la prensa se hiciera eco de dicha obra y solicitó la mediación de Rivas Cherif con el fin de que gestionara la publicación de una foto en *ABC*. En agosto de 1928 le remitió una carta del siguiente tenor:

"Yo quisiera que se reprodujera en algún sitio, bien reproducido, no por mí naturalmente, sino por él y por su familia. Si en el *ABC* pudiera reproducirse bien, yo te enviaba la foto. Esto no es compromiso, de ninguna manera. Si a ti te ocasiona la más leve molestia, quiere decir que no se hace, pero si es fácil que salga decentemente puesto, me gustaría dar esta sorpresa a un buen ami-

130 Martínez Nadal, Rafael, *Cuatro lecciones sobre Federico García Lorca*, Fundación Juan March-Cátedra, Madrid, 1980, pp. 28-31.
131 Gibson, Ian, *Vida, pasión y muerte de Federico García Lorca*, Plaza y Janés, 2008, p. 255.

go mío, artista novel. Esto en la más discreta reserva. Me sonrojo un poco de pedir que salga como foto mía en los papeles, pero te repito que se trata de otra persona, aunque sea yo el modelo. En esto me parezco a Melchorito [Fernández Almagro], que coloca poemas, dibujos y prosas de sus amigos y ha sido en cierto modo lanzador del pimiento picante de Maruja Mallo. Contéstame, Cipri. Ponte bueno y requetebueno. Te abraza estrechamente tu amigo Federico"[132]

Rivas Cherif se sacudió de encima el encargo con el pretexto de que Juan Ignacio Luca de Tena y Luis Calvo estaban fuera de Madrid y que además la solicitud tenía un inesquivable tufo publicitario. Ello no obstante, Federico sí consiguió al menos que la foto de la escultura de Aladrén apareciese en *El Defensor de Granada* el 11 de septiembre como ilustración a la segunda parte de un largo artículo de Valentín Álvarez Cienfuegos «El *Romancero gitano* de FGL» que se publicó los días 8, 11 y 15 de septiembre. "El pie, probablemente redactado por el propio Lorca, y sin duda con la connivencia del director del diario, Constantino Ruiz Camero, rezaba: «La personalidad de este joven escultor comienza a destacarse entre los artistas de la última generación como una de las más brillantes promesas de juventud"[133]. Gibson añade que "en esto fracasó, porque, en realidad, Aladrén solo tenía un talento mediano. Sin embargo, las fotografías de la cabeza de Lorca (por lo visto desaparecida) demuestran que distaba de ser una mediocridad"[134].

---

132 García Lorca, Federico, *Epistolario completo* Cátedra, Madrid, 1997, p. 580.

133 Gibson, Ian, *Vida, pasión y muerte de Federico García Lorca*, Plaza y Janés, 2008, p. 262

134 Gibson, Ian, *Vida, pasión y muerte de Federico García Lorca*, Plaza y Janés, 2008, p. 255.

Una correspondencia banal

La correspondencia enviada por Aladrén a Federico cuando éste se iba a Granada y que se conserva constituye un sugerente elemento de juicio de la personalidad del escultor y del tipo de relación que mantuvo con el poeta y dramaturgo. Por de pronto llama la atención la escasa competencia literaria con que se expresa. Escribe de forma apresurada, con una redacción sincopada, repetitiva, entrecruza frases no siempre inteligibles, en ocasiones con la adición de algún dibujo. Lo hace, además, sobre cualquier papel que encuentra a mano, a veces el dorso de un folleto o un pliego de hotel. La reiteración de excusas banales con las que pretende justificar sus silencios o la tardanza en contestar las cartas que recibe de Federico acredita una evidente desidia. En un escrito sin fecha sobre dos piezas de papel, una en blanco y la otra aprovechada de un programa o invitación de la "Exposición de pintura de los alumnos pensionados de la Residencia de El Paular durante el curso de verano de 1925" se dedica a relatarle un sueño que habría tenido, fantasioso y laberíntico, por no decir punto menos que incomprensible, pero antes de ello se lamenta:

"Mi querido Federico, te escribo en un descanso del modelo. No te he escrito antes no sé por qué, pero te hubiera querido escribir todos los días, no te enfades. Todo este verano lo he pasado como si fuera un puente que al final (al) llegar a Madrid te encontraría, ahora llego y es como si el puente se terminara en el aire, no sabes cómo quisiera verte! ¡Escríbeme, escríbeme todos los días! No te vayas a enfadar porque yo tarde. Recibe todos los días una carta mía tú también porque yo te aseguro que todos los días pienso contarte algo"[135].

En sus mensajes ofrece por lo general muy parva información sobre su vida en Madrid y sobre su actividad artística, aunque cuando lo hace es para manifestar la satisfacción que le produce

---

135 Consorcio Centro Federico García Lorca, COA-15.

el trabajo realizado. El 6 de enero de 1928 vuelve a disculparse por su silencio epistolar con una excusa inverosímil y aprovecha para felicitarse a sí mismo: "No te he escrito antes porque no me gustaba este papel negro[136] y como pasan días y no encuentro otro me decido a escribirte una carta rodeada por todas partes de negro todo lo contrario de como yo estoy porque debes saber que estoy haciendo una obra estupenda[137] por lo menos para mí y debe ser buena porque verás. Estoy en un estado que he convencido a todas las personas que la han visto de que es extraordinaria y no por su manera de juzgar propia, sino por la mía y cuando se está en esa fuerza todo lo que se hace se hace bien. Aparte a mí me da una alegría grande porque hago lo que quiero[138] sin dificultades. Siento que no vengas, he recibido todas tus cartas y postales, tele(*ilegible*), yo te mandé dos telefonemas, uno a la vez que el último tuyo..."[139].

Pero lo cierto es que tiene que ganarse la vida con trabajos prosaicos. "Hago —le dice— retratos a señores con bigote y uniforme y a señoras semidesnudas, trabajo mucho para esa gente y para mí[140]. Es en esta última carta, sin fecha, escrita en papel timbrado del Hotel Nacional, en el que dice haber pernoctado unos días antes de regresar al domicilio paterno de Goya 61, donde detectamos el único párrafo algo más efusivo: "Adiós Federico, espero que me escribas a vuelta de correo. ¡Hazlo Poeta! Tú eres mi amigo de primavera de jardín de residencia recién florido. No tengas mala idea de mí... Emilio"[141].

---

136   Es un papel de cartas con cenefa negra que se utilizaba antaño por las personas que estaban de luto.

137   Subrayado en el original.

138   *Ibídem.*

139   Consorcio Centro Federico García Lorca, COA-16.

140   Consorcio Centro Federico García Lorca, COA-17.

141   *Ibídem.*

"Muerto de amor"

Pues bien, este es el buen mozo del que Federico, cuando apareció el *Romancero gitano* en 1928 con dieciocho romances, uno de los cuales, «El emplazado», dedicado a Aladrén, estaba, según Gibson, "muerto de amor"[142]. Sin embargo, todo hace pensar que el veleidoso e interesado escultor ya andaba para entonces tonteando con una mujer extranjera, lo que dio motivo a que Lorca expresase su desengaño en cartas a varios amigos[143]. En vísperas de la publicación de dicha obra, Lorca fue a Zamora en julio de 1928 para dictar una su conferencia sobre Pedro Soto de Rojas y dedicada al análisis del alma de Granada, de la predilección granadina por lo diminutivo, lo primoroso y lo recoleto. En dicha ciudad se encontró con José Antonio Rubio Sacristán, a quien había conocido en la Residencia de Estudiantes y con el que en agosto de 1928 se sinceró epistolarmente desde la Huerta de San Vicente tratando de disculparse sobre su estado de ánimo. "Por otra parte —le dice— ya sabes que en Zamora yo estaba preocupado y con razón. He atravesado (estoy atravesando) una de las crisis más hondas de mi vida. Es mi destino poético. No se puede jugar con lo que nos da la vida y la sangre, porque se carga uno de cadenas cuando menos lo desea. Ahora me doy cuenta qué es eso del fuego de amor de que hablan lo poetas eróticos y me doy cuenta, cuando tengo necesariamente que cortarlo de mi vida para no sucumbir. Es más fuerte (de lo) que yo sospechaba. Si hubiera seguido alentándolo, hubiera acabado con mi corazón. Tú nunca me habías visto más amargo, y es verdad. Ahora estoy

---

142   Gibson, Ian, *Caballo azul de mi locura. Lorca y el mundo gay*, Planeta, 2009, p. 176.

143   Gibson, Ian, *Caballo azul de mi locura. Lorca y el mundo gay*, Planeta, 2009, p. 177.

lleno de desesperanza, sin ganas de nada, tullido. Esto me hace sentir una extraordinaria humildad"[144].

Análoga confidencia hizo a Rafael Martínez Nadal:

"«Estoy convaleciente de una gran batalla y necesito poner en orden m corazón. Ahora solo siento una grandísima inquietud Es una inquietud de vivir, que me parece que mañana me van a quitar la vida. No te intereses por nadie, Rafael; es mejor ser cruel con los demás que sufrir calvario, pasión y muerte. No puedo escribir más que poesía. Y poesía lírica. Digo más bien... elegíaca, pero intensa. Es triste que los golpes que el poeta recibe sean su semilla y su escala de luz»"[145].

Por todo ello colige Gibson "parece lícito deducir... que en la primavera de 1929 Lorca se siente abandonado tanto por Aladrén, como por Dalí"[146], lo que invita a suponer que ambas relaciones se solaparon de alguna manera.

El padre de Federico, intuyendo la crisis que atravesaba su hijo, decidió pedir consejo con la mayor discreción a Rafael Martínez Nadal, quien recordó muchos años después cómo se desarrolló el encuentro entre ambos:

"Madrid. Primavera de 1929. A la hora de la comida familiar, la doncella de mi casa me anuncia que un señor, «muy mayor», deseaba hablar a solas conmigo: «Pero dice que no se dé usted prisa, que termine de comer, que él le espera en la sala» Fui al instante. Representaba unos sesenta saludabilísimos años. Más bien alto, recio, ojos

---

144 García Lorca, Federico, *Epistolario completo* Cátedra, Madrid, 1997, p. 573. En nota a pie de página se añade: "La crisis fue provocada por tiranteces en su relación amorosa con el escultor Emilio Aladrén. Aparentemente ese «fuego de amor» de que habla Lorca a continuación no era correspondido con igual ardor, por su joven compañero quien según testimonios de otros amigos de Lorca le «explotaba descaradamente»".

145 Gibson, Ian, *Vida, pasión y muerte de Federico García Lorca*, Plaza y Janés, 2008, pp. 256-257.

146 Gibson, Ian, *Vida, pasión y muerte de Federico García Lorca*, Plaza y Janés, 2008, p. 281,

vivos y penetrantes bajo tupidas cejas. No sabía quién era, pero ciertas facciones y el color de la piel resultaban de inconfundible sello garcíalorqueño. Me miró fijo y sin más palabras ni presentaciones:

—*Rafaé*, ven que te abrace.

Y ya sentados:

—Mira: vengo de *Graná* para asuntos particulares y para enterarme de una cosa que me interesa. Yo sé que tú eres de los pocos buenos amigos de mi hijo y vengo a verte aquí porque sé que me vas a decir la verdad. ¿Qué le pasa a mi Federiquito?

—Nada grave, don Federico —dije—, la resaca del éxito; quizá un poco de depresión.

Era un hombre todo corazón, pero agudísimo y, como luego tuve ocasión de comprobar, de raro talento natural.

—Basta, *Rafaé*. Yo no te pido detalles. Pero contéstame como amigo de mi hijo y mío, que ya lo eres. ¿Tú crees que a mi hijo le sentaría bien una temporadita fuera de España?

—Pues sí, don Federico. Creo que no le sentaría nada mal.

—Y ahora, *Rafaé*, un secreto que sé que me vas a guardar. De esta visita, ni una palabra a mi hijo, ni a nadie.

Unos días más tarde Federico nos anunciaba alegremente que se iba a Nueva York con don Fernando de los Ríos y que su padre costeaba todo el viaje"[147].

Según Gibson, la visita del padre de Federico a Martínez Nadal tuvo lugar "probablemente en febrero de 1929" y explica:

"Martínez Nadal ocultó a García Rodríguez, que ahora tiene casi 70 años, que la depresión del poeta deriva en parte, y tal vez en gran medida, de su íntima amistad con Emilio Aladrén, ya en peligro por las relaciones con Eleanor Drove... (aunque) si Lorca tiene la sensación de estar perdiendo a Aladrén, tampoco le levantaría el ánimo una alusión altamente despectiva al *Romancero gitano*, y por extensión a sí mismo como persona, contenida en un ensayo de José Bergamín sobre Alberti dado a conocer en *La Gaceta Literaria* el 15 de marzo de 1929. El punto de arranque del ensayo es la reciente

147 Martínez Nadal, Rafael, *Cuatro lecciones sobre Federico García Lorca*, Fundación Juan March-Cátedra, Madrid, 1980, pp. 33-34.

75

publicación de «Sobre los ángeles» del poeta gaditano, que le sirve a Bergamín —sin duda, una de las plumas más afiladas de su generación— para establecer una oposición entre la Andalucía occidental (Cádiz, Sevilla) y, sin mencionarla explícitamente, la oriental (Granada)... Andalucía occidental equivale a nitidez, pureza, claridad, pulcritud, etc. etc. Y la oriental, se deduce, todo lo contrario. Alberti, en opinión de Bergamín, ha demostrado ser «andaluz universal» como Juan Ramón Jiménez y Falla, otros dos andaluces occidentales ¿Y el innominado Lorca? Cualquier lector atento había captado el mensaje: un andaluz localista"[148].

"Así se fraguó el viaje a Estados Unidos y Cuba"[149] concluye Gibson, quien añade que, una vez en Nueva York "echó intensamente de menos a Aladrén"[150]. Prueba de ello fue que dejó testimonio escrito de su padecimiento con un texto cargado de reproches: la «Oda a Sesostris, el Sardanápalo de los griegos» puesto que "resulta probable... que planea sobre ambos personajes Emilio Aladrén. Tanto Sardanápalo como Sesostris son traidores del amor"[151].

"La crítica ha establecido que en la *Oda y burla de Sesostris y Sardanápalo*, de difícil análisis por incompleta, Lorca se enfrenta con «el problema del erotismo homosexual». Sardanápalo, legendario rey de Asiria, fue homosexual notorio: «gran mariquita asirio» lo llama el narrador del poema. En cuanto a Sesostris, el epígrafe del poema aclara que se trata de Ramsés II, aunque parece ser que, dada la creencia de que los gitanos españoles son de origen egipcio (gitano = egiptano, etimología hoy desechada), este Sesostris puede tener,

148 Gibson, Ian, *Vida, pasión y muerte de Federico García Lorca*, Planeta 1998, pp. 279-280.

149 Gibson, Ian, *Caballo azul de mi locura. Lorca y el mundo gay*, Planeta, 2009, p. 196.

150 Gibson, Ian, *Caballo azul de mi locura. Lorca y el mundo gay*, Planeta, 2009, p. 200. El origen de este dato Gibson lo cifra en "conversación grabada en magnetófono con Luis Rosales, Cercedilla, Madrid, 2-IX-1966 y posteriores en Madrid"

151 Gibson, Ian, *Vida, pasión y muerte de Federico García Lorca*, Plaza y Janés, 2008, p. 261.

en la concepción de Lorca, gotas de sangre caló:"' Al margen de ello resulta probable, comparando este fragmento con los de la *Oda al Santísimo Sacramento* compuestos contemporáneamente, así como con otros poemas lorquianos de estos momentos (tal vez sobre todo *Fábula y rueda de los tres amigos*), que planea sobre ambos personajes Emilio Aladrén. Tanto Sardánapalo como Sesostris son traidores del amor.... Aladrén, además, como Sardánapalo, es muy dado al alcohol —Martínez Nadal, como hemos visto, lo evoca con una botella de ginebra en el bolsillo de su gabardina— y es un hecho que, para Lorca, como se verá en la *Oda a Walt Whitman*, lo báquico se asocia a lo cruel, a lo egoísta, a lo efímero, a lo opuesto al amor"[152].

De tales achares pudo estar advertido el diplomático chileno Carlos Morla Lynch, buen amigo y confidente del granadino y a quien nos referiremos en otro capítulo: "La carta (de 6 de junio de 1929 de Federico a Morla) demuestra que Carlos Morla Lynch está al tanto de la relación con Aladrén y de cuanto ha sufrido el poeta últimamente a causa de ella"[153]. Según dice Gibson tuvo noticia de la situación en "conversación grabada en magnetófono con Luis Rosales, Cercedilla, Madrid, 2-IX-1966 y posteriores en Madrid". Pero en el apéndice I de los diarios de Morla se reproduce una carta que le habría enviado Federico "a principios de junio de 1929" (¿es la misma a la que hace referencia Gibson?) en la que le habla de lo ilusionado que está con el viaje a Nueva York en la que no hay ni una sola cita a Aladrén. La única frase que acaso puede tener relación con su desengaño amoroso es cuando dice: «Por muy humilde que yo sea creo que merezco ser amado»"[154].

---

152 Gibson, Ian, *Vida, pasión y muerte de Federico García Lorca*, Plaza y Janés, 2008, pp. 261-262

153 Gibson, Ian, *Vida, pasión y muerte de Federico García Lorca*, Plaza y Janés, 1998, p. 286.

154 Morla Lynch, Carlos, *En España con Federico García Lorca*, Renacimiento, 2008, pp. 547-548.

V

LA CONQUISTA DE AMÉRICA

Antes de 1929 Federico García Lorca no había salido nunca de España. Sus vivencias habían quedado limitadas durante su infancia y adolescencia a la vega y a la ciudad de Granada y a partir del momento en que se desplazó a Madrid, primero de forma intermitente y más tarde permanente, a los paisajes y al paisanaje de una ciudad que, aun siendo la capital política de España, no había perdido en aquel entonces su carácter en buena medida castizo y lugareño. Es cierto que su vinculación a la Residencia de Estudiantes, cuyo ambiente intelectual se caracterizaba por una generosa apertura de horizontes y una decidida voluntad por la excelencia, le abrió nuevas perspectivas y le puso en relación no solo con otros condiscípulos dotados de notables aptitudes personales, sino también con destacadas figuras de la vida intelectual española y foránea que acudían invitadas a la docta casa para impartir conferencias y compartir su tiempo con los residentes. Pero cuando salía de esos muros y se subsumía en la ciudad con sus amigos —Dalí, Buñuel, Bello, Martínez Nadal...— sus horizontes no iban más allá de los teatros o de algunos establecimientos selectos —cuando las disponibilidades económicas lo permitían—, así como de los bares de moda, caso del *Lion*...—, o de cafetines, tabernas y verbenas populares.

La crisis que sufrió por culpa del progresivo alejamiento de Emilio Aladrén fue detectada, tal como ha quedado establecido en el capítulo anterior, por su propio padre que contempló la conveniencia de alejarle de ese ambiente hasta cierto punto claustrofóbico y dio con la solución de enviarle al extranjero. Aprovechó para ello el viaje que había de hacer uno de los grandes amigos de la familia, el a la sazón catedrático de la Universidad granadina Fernando de los Ríos, para que le acompañase a Francia y Gran Bretaña y de ahí continuase viaje a Estados Unidos, donde habría de permanecer una larga temporada con el propósito formal de aprender inglés.

EL VIAJE A ESTADOS UNIDOS

Llegó a Nueva York en barco entre 24 y el 26 de junio de 1929, pues los autores discrepan sobre la fecha exacta[155] y fue recibido por Ángel del Río, León Felipe, el pintor Gabriel García Maroto y otros miembros destacados de la Hispano and American Alliance, una entidad de promoción de la cultura española que había fundado un millonario estadounidense y cuyo director era el erudito puertorriqueño Ángel Flores. Allí descubrió un mundo completamente diferente al de Madrid y que le resultó sin duda excitante, pero le dejó estupefacto. La grandiosidad de los rascacielos, la muchedumbre que circulaba por sus calles y plazas formada por gentes de todas las razas y colores, la avalancha de modernos automóviles, la rutilante y agresiva luminosidad de la publicidad exterior, la abundancia de locales de espectáculos —cines y teatros— y, en fin, un ambiente y unas formas de vida tan distintas a

---

155 El 24 según Bianchi Ross, Ciro, *García Lorca. Pasaje a La Habana*, Puvil editor, Barcelona, 1997, p. 13, el 25 según la nota 1 a pie de página 11-13 en García Lorca, Federico, *Así que pasen cinco años"*, Cátedra, 2023, o el 26 según Sánchez Vidal, Agustín, *Buñuel, Lorca, Dalí: el enigma sin fin*, Planeta, Barcelona, 2004, p. 287.

las españolas no pudieron por menos que sorprender, y en cierta medida aturdir, a quien no había acabado desprenderse del todo de unos orígenes rurales.

Pero paralelamente aquel mundo no pudo dejar de cautivarle y de provocarle sin lugar a dudas una sensación de liberación del encorsetamiento que tantos aspectos imponía *velis nolis* la vida en la España de los años veinte. Como dice Reina: "En la realidad abrumadora de la metrópolis neoyorquina, Lorca encontró un bálsamo vital en el plano literario y sexual. Las experiencias en la Universidad de Columbia, el teatro neoyorquino, las conferencias impartidas, el jazz, leer a Walt Whitman, el sinfín de veladas literarias y musicales a las que asistió... le enriquecieron teórica, intelectual y poéticamente"[156].

Con el fin de justificar el teórico objetivo principal de su viaje, se matriculó en los cursos de inglés para extranjeros de la Universidad de Columbia, pero parece que sólo fue a clase los primeros días, acaso las primeras semanas, para desaparecer seguidamente de las aulas, por lo que según Bartra "llegó a Estados Unidos sin saber inglés y se fue un año después sin hablarlo, ni leerlo. Son oscuras las causas que le hicieron escoger la ciudad de Nueva York. Parece indudable que su vida pasaba por una crisis aguda y que un cambio radical de ambiente se impuso como necesidad perentoria"[157].

A su amigo Morla le escribió: "Vivo en la Universidad de Columbia, en el centro de Nueva York, en un sitio espléndido junto al río Hudson... Tengo cinco clases y paso el día divertidísimo y como en un sueño". Aunque sus impresiones son contradictorias: "Nueva York es algo horrible, algo monstruoso". "Me gusta caminar por sus calles, perdido, pero reconozco que Nueva York es

---

156 https://www.elsaltodiario.com/poesia/poeta-en-nueva-york-poemario-anticapitalista-federico-garcia-lorca (22.03.2023)

157 Bartra, Agustín, ‹Dos poetes a Nova Iork: Hart Crane i García Lorca›, *Els Marges*, nº 38, 1987, p. 20.

la gran mentira". "La arquitectura de Nueva York se me aparece como algo prodigioso, algo que, descartada la intención, llega a conmover como un espectáculo natural de montaña o desierto"[158].

Poco a poco fue haciendo amigos, algunos del país, como Herschel Brickell, la traductora y periodista Mildred Adams y el crítico musical del *New York Times* Olin Downes, pero donde se encontró como en casa fue en la sede de la Hispano and American Alliance como recuerdan Busell Thomson y Walsh:

> "Según Flores, todos se reunían casi diariamente en las salas de la Alliance —que llegó a ser como una versión neoyorquina de la tertulia española— y muchas veces el grupo fue aumentado por los profesores de Columbia de Onís y del Río. Lorca acostumbraba a tocar la guitarra y cantar para los concurrentes. Este grupo solía salir de las oficinas de la Alliance para almorzar en el barrio de Chinatown, donde Lorca tenía un «bodegón» (la palabra es de Flores) favorito. En estas andanzas a Federico le gustaba ir a las «Woolworth's» y las otras grandes tiendas de «5 and 10» (que vendían artículos a bajo precio) y le fascinaban los juguetes norteamericanos. Un día, recuerda Flores, no sin un poco de vergüenza, seleccionó unos juguetes y se sentó en el suelo para divertirse con ellos"[159].

Pero la información sobre los detalles de su estancia no es muy abundante:

> "Los amigos españoles de Lorca en Nueva York han transmitido poquísima información de relevancia biográfica acerca de la estancia del poeta en la ciudad. Las anécdotas de Dámaso Alonso, por ejemplo, aunque divertidas, carecen de trascendencia. José Antonio Rubio Sacristán, eso sí, ha recordado la profunda angustia experimentada por Lorca en Nueva York —angustia compatible con el éxito social del poeta y el deslumbramiento que allí le

---

158 Dionisio Cañas, https://www.elmundo.es/magazine/2003/192/1054317522.html (27-12.2022)

159 Busell Thomson, B y Walsh, J.K, «Un encuentro de Lorca y Hart Crane en Nueva York», *Ínsula*, nº 479, octubre 1986, pp. 1 y 12.

producía el fenómeno negro—, así como el recato con que vivía su vida privada («Federico era muy misterioso en sus cosas»). Rubio Sacristán, a quien Lorca le había hablado de sus depresiones y de su «amargura» en una carta del verano de 1928, estaba al tanto de la atormentada homosexualidad del poeta y de su relación con Emilio Aladrén"[160]

DESCUBRIMIENTO DEL SUBMUNDO GAY: CRANE, LOS MARINEROS Y LOS NEGROS

Posiblemente el aspecto más liberador de su estancia en la gran ciudad fue el descubrimiento del submundo gay que si bien en aquellos años mantenía una existencia necesariamente discreta, su presencia era mucho más detectable y sin duda padecía menos cortapisas y limitaciones que en aquella España carpetovetónica y orgullosamente machista. Dice Dionisio Cañas que "su educación católica y sus vivencias cercanas a la naturaleza van a influir de doble modo en la vida de Lorca. Por un lado, le proveen de una peculiar sensibilidad para lo sagrado y lo sensual y, por el otro, le enseñarán a ocultar sus verdaderos apetitos sexuales. Por lo tanto, estas vivencias van a modular, en parte, su lenguaje, su mundo expresivo y su pensamiento en general. Será en Nueva York, ante la presencia de las masas humanas de la gran ciudad, donde todo su pasado, sus represiones y sus deseos, se verán fatalmente necesitados de una corporeidad, que solo en su poesía y en su teatro encuentran una manifestación reveladora de la propia identidad"[161].

Parece que Federico recibió un primer impacto emocional a raíz de la visita que hizo al escritor norteamericano Hart Crane (Garrettsville, EEUU, 1899/en alta mar, 1932) Hijo de un próspe-

---

160   Gibson, Ian, https://www.epdlp.com/texto.php?id2=9521 (22.03.2023)

161   Cañas, Dionisio, *El poeta y la ciudad. Nueva York y los escritores hispanos*, Cátedra, Madrid, 1994, p. 92.

ro empresario que amasó su fortuna con la elaboración de unos populares caramelos, el divorcio de sus padres alteró su estabilidad y le llevó a abandonar los estudios. Vivió entonces entre Nueva York y Cleveland y se ganó la vida desempeñando toda suerte de oficios, aunque su verdadera vocación fue la poesía, a la que dedicaba largas noches de insomnio y alcohol.

Crane fue un hombre desgraciado, obsesionado por su condición homosexual que, sin embargo, vivió con absoluta despreocupación, pero de la que se sentía culpable como consecuencia de la educación católica que había recibido de su madre. De ahí que tuviera una relación heterosexual con la mujer de su amigo Malcon Cowlley. La concesión de una beca Guggenheim le permitió viajar a Méjico, donde todavía se entregó con mayor ahínco a la bebida. En su travesía de regreso en barco a Nueva York intentó ligar con un marinero que no solo le rechazó, sino que enardeció a sus compañeros de tripulación para que le propinaran una paliza. No pudo soportarlo y se suicidó lanzándose por la borda a las aguas del Atlántico ante numerosos testigos el mediodía del 27 de abril de 1932.

El encuentro entre Crane y Lorca ha sido negado por muchos autores y solo insinuado de forma "breve y alusiva" por Mildred Adams, quien habría recibido la información distorsionada y de segunda mano. No quiso ser más explícita para no molestar a Francisco, el hermano de Federico, que vivió exiliado en Nueva York, donde ejerció como profesor hasta su jubilación y que, como el resto de la familia, se empeñó siempre en eludir cualquier referencia a la homosexualidad del poeta. "Según ella, a Lorca le daba asco la figura de Crane, y la entrevista terminó en unos breves segundos"[162]. Parece que la realidad fue diferente:

"Un día, después de comer en el restaurante chino, a Flores se le ocurrió la idea de llevar a Federico al piso de Hart Crane... En aquella

---

162   Busell Thomson, B y Walsh, J.K, «Un encuentro de Lorca y Hart Crane en Nueva York», *Ínsula*, nº 479, octubre 1986, pp. 1 y 12.

época, Crane vivía con la obsesión del «Brooklyn Bridge»... (y) en aquellos momentos terminaba su obra más ambiciosa que se publicará en enero de 1930. Ya en 1929 el peso de la promesa y el fracaso le iban destruyendo y se dedicaba más y más a su creciente y escandaloso abandono al alcohol y a una sexualidad desenfrenada. Aquel día Flores y Lorca caminaban desde Chinatown, atravesando el gran puente de Brooklyn hasta llegar a la casa del poeta norteamericano. Llamaron a la puerta y después de un rato salió Crane. Pero en seguida vio Flores que no era el momento propicio para una reunión literaria: Crane estaba bastante ebrio y tenía reunidos en su piso media docena de marineros ya borrachos con el alcohol ilegal que Crane les había proporcionado. Flores hizo las presentaciones, sirviendo de intérprete. (Crane, aunque muy aficionado a lo hispánico, no hablaba español; sí dominaba el francés, que también conocía Federico de un modo muy elemental.) Según Mildred Adams, Flores y Lorca salieron inmediatamente, huyendo del horror de este encuentro. Pero Flores afirma que no ocurrió de este modo. Según él, se dio cuenta de pronto de que Lorca y Crane tenían mucho en común, que a Lorca «le interesaban también los marineros» y que la situación despertó en Lorca la curiosidad. En efecto, Crane invitó a Lorca a quedarse en la compañía de los marineros; Flores se despidió, y Lorca permaneció con el grupo. El último recuerdo de Flores fue un vistazo de Crane bromeando con un grupo de marineros, y de Lorca ya con otro grupo en su alrededor"[163].

Gibson apostilla: "El impagable testimonio de Flores encuentra cierto apoyo en el del escritor inglés A.L. Rowse, que evoca en su libro *Homosexuality in History* aquellas fiestas del poeta norteamericano, donde no faltaba nunca el alcohol y siempre había marineros y soldados «disponibles» (*available*)"[164]. Y añade:

---

163 Busell Thomson, B y Walsh, J.K, «Un encuentro de Lorca y Hart Crane en Nueva York», *Ínsula*, nº 479, octubre 1986, pp. 1 y 12.

164 Gibson, Ian, *Caballo azul de mi locura. Lorca y el mundo gay*, Planeta, Barcelona, 2009, p. 201.

"Como a muchos homosexuales —es inevitable recordar al Genet de *Querelle de Brest*, así como a Jean Cocteau— a Lorca le fascinaban los marineros que aparecen a menudo en sus poemas y dibujos neoyorquinos asociados con el sexo y el alcohol. En uno de ellos, un hombre fornido con abundante pelo en el pecho tiene sobre las rodillas, agarrándole por la cintura, a un joven marino guapo y afeminado. En el balcón detrás de ellas una mujer protesta gritando y meneando los brazos... Mario Hernández no lo duda: «Dentro de la producción neoyorquina este dibujo se individualiza por su directo y excepcional tratamiento de la pareja homosexual, pese al tono burlesco de algunos detalles y la mitificación de los personajes»"[165].

Otro testimonio revelador es el que Luis Antonio de Villena recibió de Rafael Martínez Nadal, amigo y confidente de Federico, quien le enseñó un documento auténtico que revelaba el feliz descubrimiento por éste del colectivo negro. Dice así:

"Una tarde en El Olivar, la casa en Madrid del doctor Castillejo, suegro tras la guerra de Rafael, yo le conté algunos detalles de mi vida íntima. Rafael, que era siempre simpático y aparentemente muy extrovertido, me dijo que quería corresponder a la confianza que yo había depositado en él. Se levantó, salió de aquel saloncito (hablo del otoño de 1982) y volvió con una carpeta compartimentada en las manos. Fue muy escueto: «Son cartas de Federico», me dijo. Y me tendió un folio escrito a mano por las dos caras, con la letra inconfundible del poeta granadino. Tomé con cuidado la carta y leí. Rafael Martínez Nadal permaneció en silencio. La carta (he olvidado si había algún detalle más, pocos) narraba con dos o tres expresiones muy evidentes una orgía con negros (dos) ocurrida en un local de Harlem, en una habitación apartada, se colegía. Todo era pura pasión sexual y la fascinación de Federico por la viril belleza de aquellos negros jóvenes. Al final, tras enviar un abrazo y firmar, se leía: «Cuando la leas, rómpela». Cuando Rafael vio que yo había llegado al final, dijo «Y la voy a romper». Devolviéndole la carta, me

---

165   Gibson, Ian, *Caballo azul de mi locura. Lorca y el mundo gay*, Planeta, Barcelona, 2009, p. 202.

atreví a decir que se entendía que la hubiese roto al recibirla, pero que como la había guardado tantos años, entonces (1982) resultaba raro que la destruyese. Guardó la carta en la carpeta y me mostró otra, si bien menos explícita, de nuevo envuelta en la fascinación lorquiana por la negritud. Devolvió la carpeta a su lugar y en cuanto regresó cambiamos parcialmente de tema. Nada más sobre las cartas, pero sí el recuerdo narrado, la certeza, de que Federico llevó en Nueva York una vida sexual, obvio que no por amor, pero en casi todas las ocasiones con jóvenes negros"[166].

Gibson recuerda que, en la conferencia-recital sobre Nueva York que dio a su regreso a España, se refirió a los *dance halls* de la ciudad en los que abundaban los clientes de raza negra, como el *Small's Paradise* citado por Reina[167], aunque no aclaró que "era también uno de los locales neoyorquinos más frecuentados por lesbianas y homosexuales"[168]. "Lorca no tardó en comprender que los negros iban a ser tema principal de su producción neoyorquina[169]".

También se produjo, según el mismo Villena, algún feliz encuentro callejero, en este caso no con un negro: "Cuenta García Maroto[170] que un día, caminando por Broadway, lo llamaron por su nombre y vieron a un chico que venía corriendo hacia él. Era un joven inglés, Campbell Hackforth-Jones, a quien Federico ha-

---

166   Villena, Luis Antonio de, *Los mundos infinitos de Lorca*, Tintablanca, 2023, pp. 97-98.

167   Cabaré situado en un sótano de Harlem que fue fundado por el afroamericano Ed Smalls en 1925 y funcionó hasta 1986. En una época en que este tipo de locales solo admitía a blancos, tuvo una clientela racialmente integrada, permanecía abierto hasta las seis de la mañana y los camareros de desplazaban por la sala sobre patines, bailaban y coreaban las actuaciones.

168   Gibson, Ian, *Caballo azul de mi locura. Lorca y el mundo gay*, Planeta, Barcelona, 2009, p. 203

169   Gibson, Ian, *Caballo azul de mi locura. Lorca y el mundo gay*, Planeta, Barcelona, 2009, p. 204.

170   Gabriel García Maroto, pintor y escritor de la generación del 27 que residió en Nueva York en 1930.

bía conocido en la Residencia madrileña. Ese encuentro tan aparentemente raro e inesperado a lo mejor no lo era tanto, pues en su reciente paso por Londres Federico lo buscó y los padres del chico debieron decirle que el poeta español iba hacia NY. Probablemente la vieja aventura galante se renovó"[171].

PHILIP CUMMINGS, EL AMANTE ESTADOUNIDENSE

No parece que este encuentro accidental o la relación con Crane fueran más allá de la oportunidad de compartir una velada de juerga. Muy diferente fue, en cambio, la que mantuvo Federico con otro joven norteamericano llamado Philip Cummings, que viajó con frecuencia a Madrid desde 1927 y con quien habría coincidido en la Residencia de Estudiantes en torno al año siguiente. "Cuando Federico vio a Philip se encontró con un muchacho rubio de 22 años, alto, enamorado de España, poeta y a la vez totalmente identificado con su país, los Estados Unidos. Philip lo invitó a su habitación en la Residencia de Estudiantes a ver unas fotos de su tierra, Vermont. (Paisaje que un año más tarde contemplaría Federico con sus propios ojos). El joven americano estaba en la Residencia de Estudiantes y tuvo como profesor a Pedro Salinas"[172].

Tinnell amplía esta información:

"El ciudadano norteamericano Philip Cummings conoció a Federico García Lorca en el verano de 1928 en la Residencia de Estudiantes madrileña y poco después visitó a Lorca en su casa familiar en Granada. Los dos jóvenes volvieron a coincidir en 1929 en el tren Madrid-París (Cummings volvía a su país y Lorca iba a New York

---

171 Villena, Luis Antonio de, *Los mundos infinitos de Lorca*, Tintablanca, 2023, pp. 96-97.

172 Cañas, Dionisio, «Lorca/Cummings: una amistad más allá del bien y del mal», *Los cuadernos de Literatura*, p. 27.

donde iba a estudiar en Columbia University) El norteamericano invitó a Lorca a visitarlo en Vermont durante el verano de 1929 y le regaló dinero para hacer el viaje[173]. Lorca le escribió a su madre que iba a pasar o 15 o 20 días en Vermont «a la raya de Canadá». Salió de New York el 17 de agosto y la familia Cummings lo recogió en el pueblo de Montpellier-Junction. Durante su visita con la familia Cummings en su *cabin* en el Lago Eden en Eden Falls, el granadino escribió varios poemas importantes.... (los cita)..."[174]

El encuentro en Estados Unidos tuvo lugar entre el 18 y el 29 de agosto de 1929. "Los críticos de la obra de Lorca (y también su familia) rodearon de silencio esta visita del poeta a su amigo norteamericano" dice el poeta y catedrático de la Universidad de Nueva York Dionisio Cañas, quien se empeñó en averiguar el fondo de esta relación e hizo lo posible por localizar al norteamericano para lo que se desplazó a Vermont noviembre de 1985:

"Intrigado por tanto misterio alrededor de Philip Cummings, decidí que debía encontrarle, y eso me propuse cuando con dos amigos pasaba unos días en Vermont. Lo primero que hice fue ir a Eden Mills y recorrer el lago buscando la casa en que Lorca y Cummings pasaron aquellos días de agosto de 1929. Aunque nos fue un poco difícil (y en Vermont las cosas no cambian del día a la mañana) encontrarnos la casa, pero el salón de baile donde Lorca tocaba el piano (según Cummings) había desaparecido ya. Lo que también descubrí fue un número de teléfono que me decía que un tal Philip Cummings era residente en Woodstock (a unos 100 kilómetros de Eden Mills); o sea, que el amigo de Lorca, en opinión de Del Río tan difícil de iden-

---

173 Véase la respuesta de Lorca a esta invitación en el *Epistolario completo* (pp. 623-624): "Deseo verte muy pronto y pienso contantemente en ti... pasaría unos días contigo y serían delicioso para mí." Firma con un "Adiós queridísimo". ¿Tenían Cummings y Lorca una relación sexual? Nunca sabremos toda la verdad, pero es de suponer que sí (Daniel Eisenbergh escribe el "Lorca's friend and lover Philip Cummings")

174 Tinnell, Roger, "Correspondencia y documentos inéditos en la Fundación Federico García Lorca", pp. 53-54, correspondencia-y-documentos-ineditos-en-la-fundacion-federico-garcia-lorca%20(1) (24.07.2023)

tificar, estaba vivo. Llamé a este número y su respuesta fue cálida, y, además, lo que me sorprendió era que hablaba un español estupendo y clarísimo. Al día siguiente estábamos en Woodstock buscando la casa del señor Cummings, que está en las afueras de este pueblo de Vermont. Cuando llegamos nos encontramos a un hombre robusto de unos 75 años (luego supe que había nacido en 1906). Tiene un hermoso pelo blanco, una cara cordial y unos ojos vivaces. En su granja del siglo XVIII, Philip Cummings vive solo, rodeado de animales, pinos, abetos y recuerdos. Le gusta la buena comida y el buen licor, la música clásica y la lectura. Ha publicado varios libros de poesía y en la época que conoció a Lorca se dedicaba a la literatura y a la traducción; así tradujo al inglés el *Cancionero* de Lorca. Hablamos un poco de todo y he de decir que la extraordinaria vida del señor Cummings va más allá de su amistad con Lorca. Philip y Lorca fueron íntimos amigos, y aquellos días compartidos junto al lago Eden merecen ser contados"[175].

Gibson, quien conoció a Cummings en 1986, reconstruye el encuentro:

"Cummings sabe que Federico está pasando por una grave crisis. Durante su estancia Lorca le confía un paquete que contiene papeles privados y le pide que lo guarde en lugar seguro. Philip luego se olvida del asunto. En 1961 encontró el paquete y lo abrió. Dentro había un manuscrito autobiográfico, de cincuenta y tres hojas. Constituía, según contó a Daniel Eisenberg, una amarga y severa denuncia de gente que estaba tratando de acabar con él, de acabar con su poesía y de impedir que fuera famoso. De manera más o menos confusa atacaba a personas en las que había depositado su confianza sin que fueran merecedoras de ella. El único nombre que Philip decía haber reconocido entre los que según Lorca le atacaban era el de Salvador Dalí. Al final del manuscrito había un mensaje que decía más o menos: «Felipe, si no te pido estas hojas en diez años y si algo me pasa, ten la bondad, por Dios, de quemármelas.» Movido por un sentimiento de lealtad hacia el poeta muerto, Cummings hizo

175 https://elpais.com/diario/1985/12/22/cultura/504054008_850215.html (28.03.2023)

lo que le había pedido y las quemó al día siguiente, decisión que más adelante lamentaría profundamente. Es trágica la desaparición del documento. El comentario de Cummings confirma que Lorca se sentía traicionado al llegar a Estados Unidos, y que a su juicio Dalí era uno de los culpables"[176].

Pero ¿cuál fue el carácter más íntimo de esta relación? Según Cañas "Philip confesó a Dionisio que la primera vez que se acostaron fue en la Residencia de Estudiantes, en el cuarto de Cummings. El cebo fue que le dijo a Lorca que subiera a su habitación para enseñarle unas fotos de Vermont, pasando de inmediato a tener una relación sexual"[177]. No es difícil colegir que aquella complicidad sexual iniciada en la colina de los chopos debió tener cumplida continuidad durante los días que Federico pasó a orillas del lago Eden. "Muchos años después hablando con el hispanista Daniel Eisenberg, Cummings alegaría, sin complejos, haber practicado sexo oral con el poeta durante su breve estancia. Quién sabe"[178]. En todo caso, fue un encuentro fructífero, al menos desde el punto de vista literario" Los días que Federico y Philip pasaron juntos en una casa de las orillas del lago Eden dieron por resultado una serie de poemas que hacen parte integral de *Poeta en Nueva York,* y que son importantísimos para detectar el profundo cambio que tuvo lugar dentro de la obra y de la vida de Federico García Lorca en aquellos años"[179]. Cañas dixit.

Cummings regresó a España en los años siguientes y siguió viéndose con Federico:

---

176   Gibson, Ian, *Caballo azul de mi locura. Lorca y el mundo gay*, Planeta, Barcelona, 2009, p. 205.

177   https://www.abc.es/espana/castilla-la-mancha/toledo/centenario-quijote/abci-encuentros-dionisio-canas-amigo-americano-lorca-201611021252_noticia.html (28.03.2023)

178   Gibson, Ian, *Caballo azul de mi locura. Lorca y el mundo gay*, Planeta, Barcelona, 2009, p. 206.

179   https://elpais.com/diario/1985/12/22/cultura/504054008_850215.html (28.03.12023)

"En 1930 vuelve Philip a España con otra beca semejante a la que había tenido antes. Con Federico conoce a Margarita Xirgu y a Cipriano Rivas Cherif, a los que ayudará con la puesta en escena de «Street scene» (*La Calle*), que se puso en el Teatro Español aquel año. Los dos amigos siguen juntos hasta que la caída de la monarquía en España precipita la salida de Cummings. Después volverá a Madrid en 1931 y 1932 donde verá a Federico por última vez. Entonces le entrega un sobre para que lo saque del país. Cummings le sigue escribiendo a Lorca, pero en 1934 el poeta le dice a Cummings que no le escriba más porque está seguro de que le abren la correspondencia"[180].

BALANCE DE UNA ESTANCIA

Federico no logró aprender inglés como ya hemos dicho pero, con independencia de su actividad social e incluso turística, no se puede decir que perdiera el tiempo durante su permanencia en los Estados Unidos. Por de pronto, y ello de por sí ya es suficientemente remarcable, le sirvió para escribir obras importantes que le ayudaron decisivamente a encontrarse a sí mismo en su propia identidad sexual, tal como advierte Cañas: "Lo que queda de manifiesto en la obra de Lorca producida en Nueva York es el hecho de que, en esta ciudad, se reafirma su deseo de encontrar una armonía mayor entre cuerpo y espíritu, entre el Yo y el ideal del yo. Este conflicto el poeta lo resuelve parcialmente a través de una mayor presencia en sus escritos del tema homosexual y de la aparición del propio poeta como protagonista de sus versos"[181]... "Manhattan fue para el poeta la isla de las revelaciones de todo orden. Pero también el autor convertirá a Nueva York en el es-

---

180 Cañas, Dionisio, «Lorca/Cummings: una amistad más allá del bien y del mal», *Los cuadernos de Literatura*, p. 29.

181 Cañas, Dionisio, *El poeta y la ciudad. Nueva York y los escritores hispanos*, Cátedra, Madrid, 1994, p. 98.

cenario donde una liberación de su persona y del ser humano en general se teatraliza, se hace tragedia"[182].

Y cita como ejemplos *Poeta en Nueva York* y la *Oda a Walt Whitman*. Dos obras capitales en la bibliografía de García Lorca suficientes para dar por bien empleados estos meses de su vida.

CUBA: CINCO MESES TRIUNFALES

El 4 de marzo de 1930 Federico abandonó los Estados Unidos y fue a Cuba invitado por el antropólogo Fernando Ortiz, acreditado estudioso de la huella africana que subyace en la mayor de las Antillas. Tras una escala en Kay West, llegó a La Habana el día 7 donde le recibieron, entre otros, su amigo José María Chacón, al que había conocido en Madrid cuando éste se encontraba destinado en la representación diplomática cubana en la capital de España[183], los escritores Rafael Suárez Solís y Luis Rodríguez Embil y Santiago Guardiola, experto en la vida y obra de José Martí. Se proponía permanecer en la isla tan solo solo tres meses, pero prolongó su estancia hasta cinco. Allí no llegó como un estudiante desconocido que viaja a su propio riesgo con el fin de realizar un curso para extranjeros, sino a título de escritor famoso y con el fin de dictar conferencias.

Se le recibió, por tanto, con todos los honores y a su encanto se rindieron los personajes más preclaros de la intelectualidad insular. Se le lleva y se le trae, se le agasaja y homenajea y hasta consigue ganar dinero. Y se encuentra, además, en un universo que siente muy próximo al de su España e incluso su Andalucía natal al punto de que dijo que era el lugar en el que se había senti-

---

182 Cañas, Dionisio, *El poeta y la ciudad. Nueva York y los escritores hispanos*, Cátedra, Madrid, 1994, p.106.

183 "A Chacón le gustaba Federico y Federico se dejaba querer, veleidoso y juguetón" (Amela, Víctor, *Si yo me pierdo*, Destino, Barcelona, 2022, p. 36)

do más feliz[184]. Su estancia fue, por consiguiente, harto diferente a la habida en Estados Unidos, tal cual recuerda el escritor Juan Marinello:

> "Los días cubanos de Federico fueron sedientos y desbordados. Quería entenderlo todo, absorberlo todo. En Cuba, como anotó Ángel del Río, se sentía liberado de la cárcel neoyorquina y había vuelto a encontrar el sol, la luz y la alegría... Había dialogado a campo traviesa con las gentes del pueblo en la aldea y en la ciudad. Se había metido en las cadencias negras y en la risa de los niños, había recorrido las estaciones de las iglesias habaneras el Viernes Santo de 1930; había oído aquí la música y la palabra de Sergio Prokofief; se había inclinado con limpia avidez sobre la obra de los creadores jóvenes. Había entrado con asombroso entendimiento en lo cubano"[185].

En La Habana mantuvo una relación particularmente intensa con la distinguida familia Loynaz formada por los hermanos Dulce María, Enrique, Carlos Manuel y Flor, hijos del general del Ejército Libertador Enrique Loynaz del Castillo. "Ver los Loynaz era la consigna y, sencillamente, hacía allí iban todos"[186], como fue su caso. Según Ciro Bianchi:

> "Lorca conocía a Enrique Loynaz por unos poemas que publicara en una revista española en 1924 y que, decía Flor, provocaron en España una encendida polémica. Lo interesante del asunto es que todavía en 1930, en que Lorca y Enrique se encontraron, aquellos poemas seguían siendo casi toda la obra publicada por el cubano. Y más curioso aún resulta saber que sesenta años después de aquel encuentro, siguen siendo de lo poco suyo que se conoce, pues, como afirmara recientemente el poeta Manuel Díaz Martínez, Enrique vivió y mu-

---

184 Una percepción que medio siglo después experimentaría también Carlos Cano y expresaría en una habanera que rezaba: "La Habana es Cádiz (o sea, Andalucía) con más negritos y Cádiz (Andalucía) es La Habana con más salero".

185 Marinello, Juan, *García Lorca en Cuba*, Ediciones Belic, La Habana, 1965, p. 20.

186 González Acosta, Alejandro, *La dama de América*, Ediciones Betania, Madrid, 2016, mencionado por García de la Torre, Luis, *La familia Loynaz y Cuba*, Betania, Madrid, 2017, p. 36.

rió en el silencio y en la sombra, aunque dejó una obra abundante distribuida en siete poemarios... Acerca de su relación con Lorca en La Habana, se sabe poco, muy poco, como poco se sabe de su vida y su obra.... Federico, me dijo Dulce María, estuvo mucho más cerca de Flor y de Carlos Manuel. Pero con los cuatro hermanos compartió momentos memorables que forman parte de la leyenda lorquiana en Cuba. Todavía los admiradores de Lorca comentan en La Habana la supuesta cena que se le ofreció en la casa de los Loynaz. Todos los comensales, se dice, vistieron de negro, llegaron en coches también negros, tirados, desde luego, por caballos negros. Se afirma asimismo que Dulce María conserva aún la copa o el vaso usado por el poeta durante la comida. Hay comentarios de otro carácter: se dice que en aquella casa quedó, entre otros poemas, una versión manuscrita de *El público*.[187].

Luis Antonio de Villena sospecha que con quien pudo haber algún tipo de relación, no únicamente poética, fue en todo caso con Enrique. De hecho, ya se había carteado con él desde 1922 gracias a la intermediación de José María Chacón[188]. Según Villena: "se sabe que... Enrique Loynaz, un gay muy abierto, hizo buena amistad con Federico y le dedicó un poema en su libro *Alas de sombra*... Dicen que Enrique Loynaz (esos días) quemó un gran auto en el parque de su villa y cuando Lorca le preguntó por qué lo hacía, respondió con naturalidad: «Se ha subido una mujer...»". Enrique Loynaz era, en palabras de Villena, "abiertamente homosexual. Compartió aventuras e intimidad con Federico y a él se debe que

187 Bianchi Ross, Ciro, *García Lorca. Pasaje a La Habana*, Puvil editor, Barcelona, 1997, pp. 67-68.

188 Amela, Víctor, *Si yo me pierdo*, Destino, Barcelona, 2022, p. 46. Amela sugiere que Chacón pudo ser acaso amante de Enrique Loynaz al que "el cáustico Lezama Lima llamaba «Enrique Loynaz de Chacón»" (Amela, p. 36) Y pone en boca de Ciro Bianchi "yo tuve mucha confianza en Lezama Lima, le entretenían las habladurías picantes, como la de la ducha... La anécdota de la ducha se la confió Rafael Alberti a su paso por Cuba, tras la guerra civil española, a saber: Chacón, en su piso de Pardiñas, brindaba su ducha a sus invitados. Se regalaba el efímero gusto de espiarlos al ducharse".

el poeta español viviera alguna semana en la residencia familiar de el Vedado, lugar que Lorca conocía como la «casa encantada». Aunque la más severa y puritana Dulce María desaprobaba esa vida, Flor contaría años más tarde que Enrique y Federico agotaban la caliente noche habanera llena de música de negros, alcohol y sexo. Y si con la ciudad no tenían bastante se llegaban hasta Guanabacoa. Apuntó: a la casa o a un hotel. Federico nunca volvía antes del amanecer"[189].

También anudó una buena relación con Luis Cardoza y Aragón, destacado intelectual y escritor guatemalteco que prestaba sus servicios como diplomático y había sido designado cónsul de su país en la capital cubana en 1929. "Desembarqué en La Habana después de años en Europa y de mis rescoldos se alzaron llamaradas"[190]. Fue, sin duda, una encomienda placentera que pudo desempeñar con lánguida parsimonia: "Mis obligaciones consulares eran pocas. De vez en cuando el visado en algún pasaporte y semanalmente despachar la documentación de algún buque a Puerto Barrios, de la United Fruit Co., «La Flota Blanca», con mercancía en tránsito. Allí cargaba banano y pasajeros para Nueva Orleans y Nueva York. La mercadería en tránsito consistía en gran cantidad de barriles de Bacardí que de algún modo entraba a los Estados Unidos, donde regía la ley seca"[191]. Disfrutó de la amistad de numerosos intelectuales cubanos, entre ellos Jorge Mañach y, muy en particular, Juan Marinello y su mujer Pepita Vidaurreta. Y fue justamente gracias a este último que pudo conocer a García Lorca con el que tuvo un primer contacto algo accidentado, tal cual relató en sus memorias:

---

189 Villena, Luis Antonio de, *Los mundos infinitos de Lorca*, Tintablanca, 2023, pp. 120-121.

190 Cardoza y Aragón, Luis, *El río. Novelas de caballería*, Fondo de Cultura Económica, México, 1986, p. 324.

191 Cardoza y Aragón, Luis, *El río. Novelas de caballería*, Fondo de Cultura Económica, México, 1986, p. 327.

"Al salir de la oficina de Juan Marinello, la tarde cuando conocí a Federico García Lorca y a Porfirio Barba Jacob[192], fuimos a una cervecería. El salado calor habanero sentíase fuertemente. Nuestros amigos, recién casados, volvieron a sus hogares. Yo había asistido a la junta con un parche de pirata en un ojo; al despertar en vez de un colirio me puse una gota de yodo, y con la huida luz habanera mi ojo fue un tomate.

De pie, pedimos tres grandes vasos; nos atendió un mocetón gallego, con la camisa abierta que descubría el pecho piloso. El brazo desnudo por la manga corta pasó al alcance del colombiano al servir. Este no pudo contenerse y lo mordió. Aquel mordisco era su vida. Aquel mordisco expresó todo lo contenido en su silencio de esa tarde en la revista 1930.

El mocetón, apenas apoyando la diestra en el mostrador, saltó hacia nosotros. Le hablé con prontitud: «Me los llevo en el acto». Gritaba y lo detenía. «¡En el acto!».

«Partida de maricones, ¡fuera, fuera de aquí!»

Salí con ellos, en la puerta me despedí Quién sabe qué incidentes vivieron es seguida. Barba Jacob casi no había hablado entonces; su silencio enfático lo subrayó con el mordisco, en el cual estalló todo lo que había callado, intentando así sorprender a García Lorca, que se las sabía todas"[193].

Cardoza y Aragón, que evoca a García Lorca reconociendo que "fuimos muy amigos"[194], le dedica palabras de rendida admiración: "Al conocer a Federico me pareció un estudiante de barba cerrada, rostro sonriente de lunares, irradiando alegría como un planeta que ejerciese sobre el ambiente cercano y en que creó en

192   Miguel Ángel Osorio Benítez, conocido con el seudónimo de Porfirio Barba-Jacob, fue un poeta colombiano de carácter nómada —vivió en diversos países de Hispanoamérica— y fecunda obra literaria, que nunca escondió su condición homosexual, como se colige del incidente de la cervecería que relata Cardoza y Aragón.

193   Cardoza y Aragón, Luis, *El río. Novelas de caballería*, Fondo de Cultura Económica, México, 1986, pp. 326-327.

194   Cardoza y Aragón, Luis, *El río. Novelas de caballería*, Fondo de Cultura Económica, México, 1986, p. 338.

la memoria de quienes vivieron la felicidad de tratarlo, un fuerza gravitacional de la gracia más leve y profunda"[195]; pero no por ello oculta la impresión que le causó: "Federico tuvo suave morfología feminoide, caderas algo pronunciadas, voz tenuemente afectada. Pronunciaba sílaba a sílaba con ritmo y sobrio ademán al escandir los poemas. Las modulaciones eran sabias y, mientras leía, a menudo con ternura melancólica, nos observaba para medir la sujeción a su hechizo... Su homosexualidad era patente, sin que sus ademanes fuesen afeminados; no se le caía la mano. De acuerdo con la visión que señala Adré Gide en su *Diario*, cuando escribe *Corydon*, no sé si fue pederasta, sodomita o invertido. Diría que su consumo abarcó las tres categorías»"[196].

DESPENDOLE HABANERO

Si en Nueva York Federico había descubierto el encanto de los marineros y de la negritud, en Cuba pudo satisfacer con mucha mayor desinhibición su aproximación a estos dos colectivos humanos. Por de pronto, el azar quiso que se produjera un encuentro fortuito con el joven mulato Guillermo Lamadrid durante una visita de Federico al Havana Yatch Club entre marzo y abril de 1930. El muchacho habría intentado colarse en el exclusivo centro social habanero pero, descubierto por los custodios, estos se dispusieron a expulsarle de malas maneras. Federico se habría quejado del trato dispensado al pepillo[197] e inició una conversación con él que seguiría en una heladería y acabaría en el hotel del poeta entre sábanas y en un encuentro íntimo y apasionado que imagina Almela:

195 Cardoza y Aragón, Luis, *El río. Novelas de caballería*, Fondo de Cultura Económica, México, 1986, p. 346.
196 Bianchi Ross, Ciro, *García Lorca. Pasaje a La Habana*, Puvil editor, Barcelona, 1997, p. 39.
197 En Cuba, muchacho joven.

"Ahora deberá usted irse jovencito.

El albornoz amarillo reposa al pie de la cama en la barandilla de fino metal forjado en volutas blancas. Federico salta de la cama, se pone el albornoz con una verónica y descorre la cortina de la ventana esquinera. Una luz de media tarde baña el dormitorio.

—Ahora deberá usted irse, jovencito —repite.

De la calle suben voces de un carretillero de bananas y guanábanas. Federico apoya la espalda en el marco de la ventana y contempla al joven mulato tendido en su cama adoselada.

—Eres una perla negra en el nácar de una concha.

El joven mulato remolonea y sonríe de oreja a oreja, se deja mirar..."[198].

Otra experiencia gratificante fue la que disfrutó en la costa sur de la entonces provincia Habana, según le contó al periodista Bianchi el diplomático Luis Cardoza y Aragón:

"—Usted escribió acerca de una visita que hizo al Surgidero de Batabanó en compañía del poeta. ¿Recuerda los detalles?

—Le mentiría si le dijera que recuerdo a qué fuimos. Sé que viajamos en automóvil y creo recordar que don Fernando Ortiz iba con nosotros. Pero no sé si se trató de un simple paseo o si asistimos a un acto cultural... han transcurrido cincuenta y cinco años y el tiempo borra los detalles. Puedo asegurar que estuvimos en el Surgidero porque allí yo vi por primera vez las esponjas. Recuerdo que Federico regresó a La Habana jubiloso: en un río o en el mar se había bañado con un grupo de muchachos negros[199] y eso le produjo gran alegría"[200].

---

198   Amela, Víctor, *Si yo me pierdo,* Destino, Barcelona, 2022, p. 125.

199   Cardoza y Aragón es todavía más explícito en sus memorias en las que dice que Federico "me hablaba de que se había bañado en el mar o en un río, con un grupo de muchachos negros desnudos, que lo habían invitado a un bautizo, a una boda. (Cardoza y Aragón, Luis, *El río. Novelas de caballería,* Fondo de Cultura Económica, México, 1986, p. 351)

200   Bianchi Ross, Ciro, *García Lorca. Pasaje a La Habana,* Puvill editor, Barcelona, 1997, p. 97.

Lo cierto es que, conferencias aparte, en la capital cubana se lo debió pasar en grande a juzgar por el testimonio de quienes lo constataron:

> "A veces sus excursiones nocturnas, recordaba el novelista Enrique Labrador Ruiz, los llevaban al Cursal (sic), un bar de los muelles con ínfulas de cabaré, carente de mesas, pero dotado de una gran barra de madera dura junto a la cual sus parroquianos —marineros, trabajadores portuarios, prostitutas, proxenetas, gente de vida equívoca y atolondrada— bebían de pie la cerveza o un trago largo de ron. Pero su sitio preferido en las noches eran las llamadas *Fritas* de Marianao, una hilera de cabaretuchos ya desaparecidos, situados frente al parque de diversiones de la Quinta Avenida, y que debían el nombre por el que se les conocía a los numerosos expendios de frituras emplazados en la acera. En las *Fritas* de Marianao, apuntaba Adolfo Salazar, concluían casi todas las noches habaneras de Federico García Lorca. Allí tenía a un grupo selecto de amigos, hombres y mujeres negros que sentían el son mejor que nadie y se movían diabólicamente al ritmo frenético de una rumba"[201].

El propio Cardoza tuvo que sacar a García Lorca de otra situación aún más comprometida. Según debió contar Bianchi a Amela, el 8 de marzo de 1930 los jóvenes escritores Zacarías Tallet y Labrador Ruiz le llevaron en un automóvil conducido por un chófer negro al Two Brothers, local de marineros que "parecía el Barrio Chino de Barcelona". La juerga debió acabar como el rosario de la aurora puesto que el domingo 9 y en el despacho de Juan Marinello éste oyó la voz "al otro lado del hilo telefónico (de) Luis Cardoza y Aragón, escritor guatemalteco con pocas semanas en la embajada de su país en La Habana. Cardoza le cuenta a Marinello que anoche, alertado por los jóvenes Zacarías Tallet y Labrador Ruiz tuvo que sacar a Federico del calabozo".

---

201 Bianchi Ross, Ciro, *García Lorca. Pasaje a La Habana*, Puvil editor, Barcelona, 1997, p. 50.

Claro que Cardoza también contribuyó al "esparcimiento" de Federico en las noches habaneras y una de ella no tuvo mejor ocurrencia que llevarle a un burdel. La sorpresa de Federico fue que en ducha mancebía solo había mujeres cuando en la ciudad había otras mixtas. El diplomático guatemalteco lo recuerda en sus memorias dedicando al vitando establecimiento unas páginas tan inspiradas que no podemos resistirnos a reproducirlas siquiera sea fragmentariamente. Dice así:

"«¿Por qué no hay muchachos?» me preguntó Federico, y agregó: "Destacarían como el San Mauricio de El Escorial." Estábamos en el gran salón de un burdel de La Habana. Los muros cubiertos de espejos formaban una superficie unida que lo volvía acuario y multiplicaba el espacio encendido de muchachas de antracita apenas cubiertas o desnudas.

Era la nave mayor del templo. Hermosa como la Capilla Sixtina. Como la Gran Galería del Louvre. El calor se acrecentaba por la aglomeración. Las sacerdotisas y los fieles se contaban por decenas en aquel empíreo popular. Negras y mulatas configuraban frisos al azar, muy distantes de la gélida geometría clásica. ¿Cuántas hermosas putas había en el salón? A pesar del bullicio, todo era reposado y no se percibía vulgaridad. Exposición como de flores y viandas en el mercado. Su desparpajo reincidía en confirmar la certidumbre paradisiaca de que no se habían vestido nunca. Qué omnímodo abandono, qué espontaneidad vegetal. Los cruces raciales, sobre todo el de negras con chino, producían adolescentes o muchachas de primor aún no pintado. Cuerpos astringentes y elásticos, firmes de lozanía y destreza....

Asombrados veíamos este delirio mahometano. Las muchachas negras o mulatas no son opulentas. Son de firme pulpa nocturna, ácida y dulce, como el tamarindo o un remordimiento. Están pletóricas de los ritmos y de los cantos desgarrados de bengalas ñáñigas y de las réplicas jugosas de los bongós y del simétrico golpe enjuto de la clave. La Habana de entonces desapareció; la de ahora es la misma sólo en el rotundo esplendor de sus días desollados. Aquella hermosura y molicie no ha desleído su naturaleza sino la ha transformado totalmente en nuevas vivencias. La Habana es La Habana, con su larguísima cauda rumbera de los carnavales, los sones y el trabajo de los campesinos de la zafra, de los pescadores, de los médicos y maestros, de los miles de obreros en fábricas y talleres.

No lejos de nosotros, en semicírculo, bailarinas en reposo, sentadas en sillas de mimbre, una niña desnuda, mientras conversa enfrente, abstraída se entreabre el sexo con el índice. En el túnel azul de los lisos muslos de acero sonríen las fauces de una piraña, quizá mostrándonos la delicia de las humedades recónditas en el vértice de astracán recio, corto y rizado en mínimos resortes de zafiro oscuro. Un muchachote de caderas angostas, iguales a las de ella, la conduce de la mano: ágiles y tranquilos van, como la mejor filosofía o versos de Garcilaso, hacia el edén momentáneo. Parecía un San Cristóbal cuando, después de algunos pasos, la sentó en el hombro. "Se la llevó San Mauricio", me dice Lorca. Había permanecido inmóvil, perplejo de tanta suntuosidad animal"[202].

Otrosí, según Gibson, disfrutó de sendas aventuras con un marinero escandinavo y con el después ingeniero y geógrafo José Ernesto Pérez de la Riva "con quien pasó alguna de sus horas más felices en La Habana", pese a que los padres de éste le negaron el acceso a su casa[203].

En alguna ocasión las andanzas tuvieron lugar en los alojamientos hoteleros en los que residió, que fueron dos: el hotel de la Unión, situado entre las calles de Cuba y Amargura, que fue en el que permaneció más tiempo, o el Detroit, en la calle del Águila, entre Reina y Dragones, en el que estuvo al final de su estancia. Citamos de nuevo a Bianchi:

"Adolfo Salazar refirió que en una ocasión en que Federico se hallaba convaleciente de una mínima intervención quirúrgica —un quiste en el glúteo, que él llamaba *mi rubí*— fue a visitarlo a su hotel habanero y lo encontró recostado en la cama, vestido con su célebre

202 Cardoza y Aragón, Luis, *El río. Novelas de caballería*, Fondo de Cultura Económica, México, 1986, pp. 348-350.

203 Gibson, Ian, *Caballo azul de mi locura. Lorca y el mundo gay*, Planeta, 2009, p. 234.

albornoz amarillo y rodeado de doce o catorce adolescentes a los que leía sus poemas de Nueva York. Al percatarse de la presencia del amigo, hizo un alto en la lectura para exclamar:

—¿Has visto? ¿Has visto? ¡La Habana es una maravilla! Es Cádiz, es Málaga, es Huelva... ¡Qué grande es España!"[204].

Y, en fin, conoció también el teatro Alhambra, un local que se caracterizaba por sus espectáculos frívolos de variedades "solo para caballeros" que funcionó entre 1890 y 1936. Cardoza y Aragón consignó el ambiente con vívida descripción:

"Prevenido por Alejo Carpentier, conocí el Teatro Alhambra, de invención incesante, jamás con dos representaciones similares, a pesar de los sketchs que las guiaban con participación imaginativa y procaz de un público vehemente que mejoraba el espectáculo cuando más majadero y cínico se conducía.

El Alhambra creó algunos personajes como el Gallego, el Negrito, la Mulata, el Guajiro, el Policía, el Maricón. Teatro político, de sátira violenta y crudísima, con ademanes y movimientos del cuerpo sin ambages. Comentaban situaciones odiosas, estafas del gobierno, con pérfido júbilo y sentimiento de lo grotesco. Fui varias veces con García Lorca, alguna vez con Waldo Frank. Asistir al Alhambra era desprestigiarse; nadie "respetable" ponía los pies en el antro maravilloso.

Su rudeza implicaba tupidas y nerviosas invectivas. La calidad de la pirotecnia vinculábase a la patanería· del público activísimo en un intercambio de ocurrencias, de vociferaciones, de sandeces y pornografías sin decaimiento. Teatro Total: el público delirante actuaba con los actores delirantes vueltos público delirante.

Brotaban lágrimas de tanta risa en tales noches cuando con Federico vi a uno de los actores que entraba en escena con armadura: Carlos V bailando conga, al propio tiempo que los demás personajes típicos se mezclaban con diálogos de grandeza en harapos y retruécanos con furias políticas y sexuales. Inolvidable Teatro Alhambra

204 Bianchi Ross, Ciro, *García Lorca. Pasaje a La Habana*, Puvil editor, Barcelona, 1997, p. 51.

en la calle Virtudes, al cual no permitían entrar a quien no tuviese pantalón largo, a los menores; éstos asistían, con pantalón ajeno, a una especie de iniciación vicaria. La mayoría de edad, la alternativa torera, la concedía el Alhambra"[205].

Camino de Oriente; de Sagua la Grande a Santiago de Cuba

En su periplo por el resto de la isla no le faltaron otros encuentros afortunados. Así en Sagua la Grande, localidad natal de Antonio Machín situada en el centro de la isla, en la provincia de Las Villas, visitó el 22 de marzo de 1930 con Manuel Gayol un local de negros[206]:

"—¡Aquí es la fiesta, el bembé!— anuncia Gayol.

Del interior sale un ritmo sincopado de tambores batá. Gayol llama, entran. La sala está ocupada por una treintena de personas, mujeres y hombres. Ellos dos son los únicos blancos. Forman un corro. El centro lo forman sucesivos bailarines. Se agitan al ritmo de los cueros...

.... Embriagado de lo ancestral africano, Federico ya solo ve el brillo de los ojos de su negro de los dulces, desde el fondo de la zarabanda.

—Mijillo, la prenda que buscas está aquí— dice el *babalawo*[207], y Federico tiembla: ¿es la prenda el negro que le mira? Desde el fondo de la bembé, el negro se acerca a Federico, orbita en dos vueltas alrededor de la diosa con collar de peonias rojas, recoge la energía de Santa Bárbara-Changó, se la lleva en su taparrabos de yute. Federico ve en la una y el otro dos sexos en una sola criatura. Changó toma a Federico por la cintura. La mano derecha del negro ciñe la cadera izquierda de Federico, la mano izquierda en su sacro, con el pulgar

---

205 Cardoza y Aragón, Luis, *El río. Novelas de caballería*, Fondo de Cultura Económica, México, 1986, p. 328.

206 A la sazón existía en la isla una segregación implícita en virtud de la cual ciertos lugares estaban reservados a clientela blanca, mientras que otros admitían sin reservas a la población de color, que solía ser mayoritaria.

207 Sacerdote de cultos afrocubanos.

rígido y firme encajado en el arranque de la columna vertebral del poeta. El negro guía a Federico García Lorca en unos giros de baile, muy cerca de la mulata.

—Tú necesitas mi protección esta noche.

Lo susurra la boca del negro al oído de Federico con voz profunda y negra, negrísima, voz gruesa y negra como la noche de Sagua, en la que nadie ve a un poeta andaluz y a un hombre negro perderse en la protectora negrura de sus solitarias calles"[208].

Y en Santiago de Cuba conoció al joven Rubén Martín Tamayo, sobre cuyo encuentro fabula con acusado lirismo Víctor Amela:

"Chico alto de estatura, rubio, de ojos azules ... ¿No eres tú el alumno de esta mañana? Rubén Martín Tamayo, ¿eh? ¡Eso es! ¡Siéntate aquí, a mi lado! Puedes preguntarme más. Conoces ya a todos aquí, ¿no? Joven Rubén, alto, rubio, ojos azules, has venido a la terraza del hotel Venus, y aquí estamos con los amigos santiagueros en esta madrugada de junio, después de haber bajado de Puerto Boniato, de haber cenado arroz congrí y gigote, de compartir ahora tabacos y rones. ¿Quieres un agua de Santiago? ¿Qué edad tienes, Rubén Martín? Diecinueve años ... ¿Podría yo amar a un chico de diecinueve años? ¡Y a un cocodrilo, qué importancia tendrá la edad! Si amo, amo. Amo y sufro. ¿Juegas a pelota? ¿Actor, eso te gustaría? No hay nada como las tablas del teatro, querido Rubén ...

Buenas noches, Max, Camila, buenas noches, Rodolfo, buenas noches. Despedidas, abrazos. Sí, ojalá un día volvamos a vernos, buenas noches ...

No subo a acostarme, es mi última noche en Santiago de Cuba, ya dormiré en el tren mañana, y quiero pasear...

No he dormido nada esta noche.

Fela[209], Rubén y yo, en el paseo de la Alameda de Santiago, en los muelles, y su salitre, y su brisa del Caribe, perfumada por la sierra, y el calor del ron en la sangre ...

208   Amela, Víctor, *Si yo me pierdo*, Destino, Barcelona, 2022, pp. 90-91.

209   Rafaela Tornés Carulla, bibliotecaria y secretaria de Emilio Bacardí, autora de poesía con el seudónimo de Blanca de Maig. (Amela, Víctor, *Si yo me pierdo*, Destino, Barcelona, 2022, p. 271)

Alto, rubio, de ojos azules...

... Caminamos, caminamos, y lloramos. Abrazados por la cintura los tres. Nos enjugamos las lágrimas. Fela a mi izquierda, Rubén a mi derecha, los tres del llanto a la risa, y a la broma idiota, y al chiste vulgar, y a la greguería, y a la jitanjáfora, y a los anaglifos, y al grito a Dios y a Luzbel. Y hemos sorteado a unos borrachos, hemos aplaudido a un organillero, hemos visto a un chino que vendía algo. Un mercado reabría y había una churrería, y hemos compartido un cucuruchito, y tras atravesar el Jardín de la Enramada hemos dado en el parque Céspedes, en el hotel Venus.

No he dormido nada esta noche.

Fela nos ha besado en los labios a los dos, a ti a mí, ¡ay, Rubén! Ha sonreído tras sus lentes de bibliotecaria que conoce todos los mundos porque lo ha leído, y aún veo sus manos diciéndonos adiós adiós, adiós..., para desaparecer en la madrugada. tras la catedral de Santiago de Cuba...

No he dormido nada esta noche.

Quiero llorar porque me da la gana
como lloran los niños del último banco,
porque yo no soy un hombre, ni un poeta, ni una hoja,
pero sí un pulso herido que sonda las cosas del otro lado.

Esto te lo he recitado, ¡ay, Rubén!, sentados juntos en mi cama, nuestras espaldas recostadas en cabezal, y te he dibujado en las páginas del ejemplar del *Romancero*, el único que traigo conmigo, ¡Rubén! quiero que te lleves dibujadas esta luna blanca y esta luna negra de madrugada, y estas lágrimas como las nuestras de hoy, y esta flor de Cuba y estas máscaras ... y tu cabeza rubia que toca la mía... Para ti, ¡ay, Rubén! Para ti...

Eres alto y rubio y de ojos azules, y guapo y elegante, discreto y tan bueno que de ti podría enamorarme.

No he dormido nada esta noche"[210].

La estancia de García Lorca en Cuba finalizó el 12 de junio de 1930, cuando se embarcó en el paquebote *Manuel Arnús* para regresar a España, vía Nueva York. Lo hizo en compañía del mú-

---

210 Amela, Víctor, *Si yo me pierdo*, Destino, Barcelona, 2022, pp. 291 y 293-294.

sico Adolfo Salazar y de Cardoza y Aragón, como dejó escrito este último: "Una tarde, a mediados de junio —digo la fecha con duda— de 1930, nos encontramos en los muelles de La Habana. Ambos partíamos pocos minutos después: Federico, acompañado de Adolfo Salazar, tornaba a Nueva York; y yo, rumbo a México, camino de Nueva York, también. La noche antes, nuestros amigos nos despidieron con una cena inolvidable. Federico pronunció, con aire de tribuno, una alocución patriótica con todos los lugares comunes acostumbrados para caso semejante en la isla. ¡Había que oírlo! Nos abrazamos en el puerto, y no lo volví a ver más"[211].

LA HUELLA DE CUBA

García Lorca desembarcó en Cádiz donde le esperaban sus hermanos Isabel y Francisco y marcharon seguidamente los tres a Granada para residir allí durante el verano y celebrar la onomástica de padre e hijo. Con el recuerdo vivo de la apasionante y reciente experiencia cubana escribió a su amigo y confidente Rafael Martínez Nadal una carta se supone que remitida desde Granada en julio de 1930 en la que se desmelena hablándole de la "bellezas americanas", le revela que está en plena redacción de *El público* y le confiesa que no está perdiendo el tiempo porque el «pillamoscas» ha encontrado un nuevo objetivo a conquistar:

"¡¡Ay Ay Ay Ay!! ¡que me muero! Tengo las carnes hechas pedacitos por la belleza americana y sobre todo por la belleza de La Habana. ¡Ayyyy comadre! ¡Comadrica de mis entretelas! Yo no puedo hablar. Una carta no es nada Una carta es un noticiario y un suplicio para una persona como yo que viene llena de cosas nuevas y que tiene un verbo cálido y auténtico de poesía. Yo lo que deseo es verte, y si tú no vienes en seguida, tendré yo que ir... No puedo escribir, estoy

---

211   Cardoza y Aragón, Luis, *El río. Novelas de caballería*, Fondo de Cultura Económica, México, 1986, p. 340.

nervioso, bajo una higuera espléndida, en pleno campo granadino y luchando con este lápiz estúpido... Cuéntame. Yo estoy satisfechísimo de mi viaje. He trabajado mucho. Tengo muchos versos de escándalo y teatro de escándalo también. Eso te lo dirá todo. Y es fácil que estrene en New York. He escrito un drama que daría algo por leértelo en compañía de Miguel (Benítez Inglot)[212]. De tema francamente homosexual Creo que es mi mejor poema. Aquí en Granada me divierto esto días con cosas deliciosas también. Hay un torerillo... "[213].

Desafortunadamente el texto de la carta se corta en este punto. ¡Velay!

Otro personaje próximo, en este caso el ya a la sazón examigo, el maledicente Buñuel, opinó que Federico llegó muy cambiado de su viaje al Nuevo Mundo. Gibson cita al aragonés, quien habría comentado a Max Aub: "Cuando vino de Cuba me pareció más desatado"[214]. Y reproduce la carta enviada desde París el 28 de mayo de 1930 del antiguo alojado en la Residencia de estudiantes a León Sánchez Cuesta en la que le cuenta:

"Ya por varios sitios he oído comentarios desagradables sobre Federico. En una peña en Montparnasse, un pintor madrileño (Norberto, autor de algunas cubiertas de Ramón Gómez de la Serna) contó tranquilamente que el viaje a EE.UU. había sido porque el padre estaba desesperado porque Federico andaba persiguiendo jovencitos y lo envió a cambiar de aires. Pero hace poco vino un escritor cubano que le había visto en La Habana y venía entusiasmado de sus conferencias. Luego empezó a contar que Federico era un hombre especial que no le gustaban las mujeres, y contó que lo llevó a un baile de negros y que se quería ir con un negro. Y lo grave fue que ese tipo, que es un salvaje, vino al banquete a Ramón (Gómez de la Serna), se emborrachó, estuvo hecho un grosero y le dio la obsesión de contar

---

212 Natural de Las Palmas, fue abogado, escritor y compositor y puso música a algunos poemas de Federico.

213 García Lorca, Federico, *Epistolario completo* Cátedra, Madrid, 1997, pp. 689-690.

214 Gibson, Ian, *Caballo azul de mi locura. Lorca y el mundo gay*, Planeta, Barcelona, 2009, p. 255

a Ramón a grandes gritos y del modo más grosero posible toda esa aventura de Federico en Cuba"[215].

El recuerdo de la estancia de García Lorca en la mayor de las Antillas ha permanecido en la memoria de algunos ancianos supervivientes o de personas que tuvieron relación con éstos. No sólo Amela intentó reseguir la huella de Federico en la isla. El director teatral Lluis Pasqual, que estuvo en Cuba muchos años después de la estancia del poeta, tuvo ocasión de conocer alguno de los tugurios que visitó y que habría superado al paso del tiempo y de la asendereada historia del país: "En La Habana, un amigo isleño me invita a entrar en un bar. «Este es el lugar donde dicen que a Federico, cuando iba salido y metía mano, le iban dando en los dedos». Los camareros siguen siendo mulatos de la belleza que surge de la unión de los mejores genes de cada raza, a la que se le suma la luz y la sal del Caribe"[216].

LA REDACCIÓN DE *EL PÚBLICO*

Aunque en estas páginas no pretendemos analizar la obra literaria escrita por García Lorca durante sus viajes, no sería correcto eludir una referencia a las dudas suscitadas por una de las más polémicas, *El público*. ¿La escribió en La Habana? ¿La terminó allí? Sugiere Gibson que "si bien es probable que la idea de *El público* naciera en Nueva York, no se han encontrado pruebas documentales de que Lorca empezara a redactarlo durante su estancia en la metrópoli yanqui"[217]. Según Lluis Pasqual:

---

215   Gibson, Ian, *Caballo azul de mi locura. Lorca y el mundo gay*, Planeta, Barcelona, 2009, p. 255.

216   Pasqual, Lluis, *De la mano de Federico*, Arpa editores, 2016, p.129.

217   Gibson, Ian, *Caballo azul de mi locura. Lorca y el mundo gay*, Planeta, Barcelona, 2009, p. 235. Y en 270 añade: "Como sabemos, Lorca terminó *El público* en Granada en el verano de 1930".

"Es probable que la obra ya estuviera prácticamente terminada en Cuba porque se la leyó a la familia Loynaz. Una de las hermanas, Dulce María, se sintió especialmente escandalizada y a ella se le atribuyó en algún momento la destrucción del ejemplar que quedó en Cuba. Pero Dulce María era escritora, y un escritor nunca destruye una obra. Parece que en realidad fue su hermano, atractivo personaje y también escritor, pero de escaso talento, quien en un arranque prendió fuego a todo lo que había escrito. Entre sus papeles se encontraba un ejemplar de *El público* que Federico le había regalado"[218].

Debió de llevar consigo otro ejemplar a España. Marcelle Auclair explica que, a su regreso, la leyó de inmediato a sus amigos, el matrimonio Morla:

"*El público* le preocupa tanto que apenas desembarcado lo lee a los Morla Lynch en presencia de Rafael Martínez Nadal. Es el 22 de junio de 1930.

Rafael ha conservado un recuerdo muy desagradable de esta lectura. Carlos y Bebé, incómodos desde las primeras réplicas, cada vez más embarazados por la violencia y la homosexualidad declarada de sus cinco actos, dejaron que Federico leyera su pieza de principio a fin sin pronunciar ni una palabra. Al terminar, Bebé casi lloraba, pero no de emoción, sino de horror.

—Federico! ¡No pretenderás que se represente eso! ¡Es imposible! ¡Aparte del escándalo, es irrepresentable!

Carlos callaba. No menciona esta lectura en su libro *En España con Federico García Lorca*. Interrogado sobre ello mucho tiempo después por Martínez Nadal, fingió haberlo olvidado. Tal vez lo haya realmente borrado de su memoria, como hemos borrado aquello que nos molesta o nos perturba.

Lorca no intentó defender la obra. Ya en la calle, le dijo a Rafael: «Es teatro para dentro de treinta años. Mientras tanto, no hablemos más de ello»[219].

---

218 Pasqual, Lluis, *De la mano de Federico*, Arpa editores, 2016, pp. 75-76.

219 Auclair, Marcelle, *Vida y Muerte de García Lorca*, Ediciones ERA, Méjico, 1972, p 230.

Sea como fuere, *El público* se ha conservado para la posteridad gracias a Martínez Nadal según Pasqual:

> "El milagro de que conservemos *El público* se lo debemos a Rafael Martínez Nadal, que desoyó lo que el propio Federico le había pedido: no destruyó el ejemplar autógrafo (el primer ejemplar, escrito en buena parte en papel de carta del hotel Habana) que él le había confiado, pidiéndole que lo quemase «si le llegara a pasar algo». De la versión completa mecanografiada que Martínez Nadal me aseguró haber visto en el restaurante Buenavista a principios de julio de 1936 no sabemos nada, desapareció. Posiblemente fuera la misma versión que había leído, ante la sorpresa y el miedo de los que le escuchaban, en casa de los Morla"[220].

LA SOMBRA DE ALADRÉN ES ALARGADA

García Lorca se fue de España para cauterizar los achares que le había producido el casquivano Aladrén. Pero el caso es que el rescoldo de esa relación permaneció, aún en la distancia, vivo. Gibson recoge el testimonio de García Carrillo según el cual el poeta "escribió decenas de cartas apasionadas a Aladrén desde Nueva York y recibió, por sola contestación, la postal de una montaña con el dibujo de un pene en erección emergiendo de uno de los picos de la misma". Y añade el biógrafo hispano-irlandés: "No sé si García Carrillo fantaseaba en este caso, pero es muy difícil imaginar que Lorca no escribiera a Aladrén durante su estancia. ¿Cómo no lo iba a hacer? ¿Cómo no iba a pensar constantemente en él?"[221].

Lo más insólito fue lo que ocurrió poco después del regreso de García Lorca a España. Mientras se encontraba de vacaciones en

---

220 Pasqual, Lluis, *De la mano de Federico*, Arpa editores, 2016, pp. 75-76.
221 Gibson, Ian, *Caballo azul de mi locura. Lorca y el mundo gay*, Planeta, Barcelona, 2009, p. 220.

Granada recibió un besalamano[222] manuscrito nada menos que del escultor y del siguiente tenor: "Emilio Aladrén Perojo se alegra mucho de su llegada a España y aprovecha esta ocasión para decirle que no se imagina con qué gusto recibiré noticias suyas. Madrid 30 de agosto de 1930"[223].

El reencuentro debió producirse al punto de que "el 6 de diciembre (de 1930), acompañado de Emilio Aladrén, Lorca viaja a San Sebastián para dictar la conferencia «La arquitectura del cante jondo». Entre el público figura un joven estudiante, Rafael Santos Torroella, que más adelante será distinguido crítico de arte y notable especialista en Salvador Dalí. Le presentan al poeta después de la conferencia y Santos Torroella ha recordado que alguien le musitó al oído que el chico que acompañaba a Lorca era escultor y «amigo» suyo. Este testimonio es el único que tenemos sobre la reanudadas, o parcialmente reanudadas, relaciones de Lorca y Aladrén"[224].

Ahora bien, el desengaño amoroso, si bien paulatino, debió resultar inevitable. Con él llegó también el descreimiento de Federico sobre las capacidades artísticas de Aladrén, como explicó Aleixandre a Luis Antonio de Villena:

"Cuando regresó a Madrid, a fines de 1929[225], con nuevos y bullentes proyectos iniciados —poemas de ígnea armonía surrealista— Federico se vio todavía, alguna vez, con Emilio Aladrén, para continuar como amigos. Pero todo pasó y todo se fue alejando. Vicente Aleixandre me contaba todavía: «Entonces Federico venía a casa y me decía, nos hemos equivocado, creíamos que Emilio era un gran artista y resulta que no lo es. A lo que yo le replicaba de inmediato: No, querido Federico, no nos hemos equivocado. El único que se había equivocado eras tú». Y Federico se reía...[226]".

222 Comunicación formal en tercera persona que ha caído en desuso.

223 Consorcio Centro Federico García Lorca, COA-19.

224 Gibson, Ian, *Vida, pasión y muerte de Federico García Lorca*, Plaza y Janés, 1998, Gibson, *Vida, pasión y muerte...*, pp. 363-364.

225 Lapsus calami: fue en 1930.

226 https://www.dosmanzanas.com/2010/01/federico-garcia-lorca-y-emilio-aladren-los-senderos-que-se-bifurcan.html (04.06.2023)

Realmente, como reza el dicho popular español, bien se puede decir, en este caso con toda propiedad, aquello de que "sarna con gusto no pica". Y es que, tal cual advierte Villena, "Federico tardó en curarse de la relación con Aladrén"[227]. Y Aladrén de su relación con Federico, como el lector comprobará más adelante.

---

227 https://www.dosmanzanas.com/2010/01/federico-garcia-lorca-y-emilio-aladren-los-senderos-que-se-bifurcan.html (04.06.2023)

VI

CARLOS MORLA LYNCH, AMIGO Y CONFIDENTE DE GARCÍA LORCA

Entre la plétora de personajes interesantes que residieron en la España de los años treinta hubo uno que hemos mencionado tangencialmente en los capítulos precedentes pero que merece atención particularizada puesto que tuvo especial significación por su vinculación con Federico García Lorca. Se trata del diplomático chileno Carlos Morla Lynch (1888-1969), un hombre culto, manifiestamente sociable, que se integró rápida, y, a juzgar por su final, indisolublemente a la vida española. Dominaba cuatro idiomas y fue, además de compositor y pianista, un inveterado grafómano, puesto que desde joven comenzó a escribir unos diarios y, ya adulto, robando horas al sueño —porque Morla y sus amigos noctámbulos acaban con harta frecuencia sus juergas más allá de la cuatro de la madrugada— y, cabe suponer, al trabajo diplomático, dedicó mucho tiempo a reflejar por escrito en ellos sus actividades, explicando lo qué había hecho, con quién estuvo reunido, a quien conoció o qué es lo que ocurrió, de tal modo que dichos textos son un testimonio indispensable para conocer la vida de los ambientes políticos e intelectuales, sobre todo de Madrid, durante la década republicana que tan mal habría de terminar (y en cuyo término también tuvo Morla decidida y, en este caso, salvífica, intervención a dos bandas) Más tarde seguiría haciéndolo durante su estancia en Berlín en los inicios de la segunda guerra mundial.

La condición diplomática le venía de casta ya que Carlos era hijo del embajador y ministro Carlos Morla Vicuña, luego no es de extrañar que ingresara en la Administración en 1908, con tan solo dieciocho años, para prestar servicio en el Ministerio de Relaciones Exteriores de su país natal entre ese momento y 1915 cuando pidió la excedencia para dedicarse al periodismo. No tardó en regresar al servicio activo y en 1921 se trasladó a París como primer secretario de la Legación de Chile en Francia donde permaneció hasta su designación en 1929 para la representación chilena en España en calidad de consejero. Casado con María Vicuña Herboso, conocida como Bebé, "los Morla habían solicitado que los cambiaran de destino con el propósito de huir de París, ciudad en donde les perseguía el recuerdo de la «maravillosa niña Colomba Morla Vicuña, dormida piadosamente el 8 de agosto de 1928». Tan extraordinaria como todos los de su «casa extraordinaria», Colomba, con menos de doce años, tenía dotes de actriz dramática fuera de lo común"[228].

En Francia pudo demostrar fehacientemente su afección por la vida cultural que le llevó a conocer a destacadas figuras —Jean Cocteau, Juan Gris, Strawinsky, Blaise Cendrars, Nadia Boulanger, Fujita, Boris Gregoriev y un largo etcétera— y en España no tardó en hacerse hueco en los ambientes intelectuales madrileños en los que, en compañía de su mujer, ejerció una generosa hospitalidad recibiendo un día sí y otro también en su residencia particular a una larga nómina de personajes, desde escritores, pintores, artistas de teatro y variedades, políticos o toreros, a otros sin oficio, ni beneficio, pero con algún atractivo propio. Auclair, que fue una de las numerosas huéspedes del matrimonio, lo describió de este tenor:

---

228 Auclair, Marcele, *Vida y muerte de García Lorca*, Ediciones ERA, México, 1972, p. 167.

"Carlos Morla tenía un don de gentes extraordinario. Hijo de diplomático, educado en un ambiente de aristócratas del dinero y del espíritu, no es un snob. Le parece normalísimo que el busto de su madre, esculpido por Rodin, sea una de las obras maestras del arte contemporáneo. Espontáneamente, sin proponérselo, elige siempre lo mejor, reuniendo en su torno, tanto en París como en Madrid, la élite intelectual y artística; pero un buen campesino le parece tan digno de interés como un buen escritor"[229].

En aquellos años florecía en Madrid una intensa vida intelectual y social, tal como la describe Macías Brevis:

"Hasta en los momentos previos a la hecatombe los poetas se reunían en algunas casas, como la de Rafael Alberti y María Teresa León, en Marqués del Riscal esquina Ferraz; en la de Carlos Morla y Bebé Vicuña, primero en Velázquez, frente al torreón donde escribía hasta larga horas de la noche Ramón Gómez de la Serna y, luego, en Alfonso XII. A estas, desde 1934 hasta 1936 se sumará la de Pablo Neruda, convidando a su Casa de las Flores en el barrio de Argüelles. Las tertulias literarias fueron también muy numerosas y algunas adquirieron verdadera fama como las del café Pombo, la Granja del Henar, la Cervecería de Correos, La Alhambra, casa Manolo y otros locales del Madrid antiguo. Debemos dejar claro que, en este panorama, para suerte de la recuperación histórica de la memoria, la relación literaria no se limitó a la época anterior a la conflagración, sino que se prolongó más allá de aquel choque violento entre hermanos separados ideológicamente, y que la costumbre de la tertulia acompañó el exilio de los españoles en los países latinoamericanos"[230].

Entre las relaciones madrileñas de los Morla figuraron Ortega y Gasset, Eugenio D'Ors, Artur Rubinstein, Eugenio Montes, Ra-

---

229 Auclair, Marcele, *Vida y muerte de García Lorca*, Ediciones ERA, México, 1972, p. 164.

230 Macías Brevis, Sergio, «Relaciones literarias entre Chile y España», en Morla Lynch, Carlos, *En España con Federico García Lorca*, Ediciones Renacimiento, Madrid, 2008, pp. 9-10.

fael Alberti, María de Maeztu, José Antonio Primo de Rivera, La Argentinita, Margarita Xirgu, Manuel Altolaguirre, Luis Cernuda, Santiago Ontañón, Manuel Azaña, Rafael Sánchez Mazas, Vicente Aleixandre, Américo Castro, Víctor de la Serna, Gabriela Mistral, Gregorio Marañón, Pedro Salinas, García Morente, Jorge Guillén, Fernando de los Ríos, Miguel de Unamuno, Salvador de Madariaga, Yehudi Menuhin, Wenceslao Fernández Flores, monseñor Tedeschini, Ignacio Sánchez Mejías o Gitanillo de Triana. Quienes acudían a su domicilio siempre eran bien recibidos y, si se terciaba, invitados a cenar. La heterogeneidad de esta tropa daba lugar a las más pintorescas peripecias, de las que el chileno tomaba buena nota en sus diarios. Así el 13 de febrero de 1932 consigna:

"Rafael Martínez (Nadal) se ha comprometido a traer a una gitana, vidente extra lúcida que, según él, sería la «quiromántica del siglo»... y naturalmente ha llegado sin ella. Pero, ante la protesta general, sale de nuevo en su busca acompañado de Manolito, que ha perdido su abrigo y que se va con el mío, que le queda pequeño...

...vienen sin la adivina, pero, en extremo exaltados, al punto de que los dos hablan al mismo tiempo. No han dado con el paradero de ella, más, en cambio, han descubierto «una familia maravillosa» de gitanos auténticos en un barrio apartado, casi en las afueras de Madrid. ¡Hay que ir allá... ver para creer!

Marcelle Auclair no tarda ni un instante en decidirse, a pesar de que nos esforzamos por disuadirla. A pesar de los peligros que presenta la aventura: nieva copiosamente y hace frío.

Se desprende de sus alhajas, disimula su hermoso traje de terciopelo, que prende con alfileres imperdibles, bajo su abrigo negro, se envuelve la cabeza un pañuelo y se va en la noche helada con Rafael y Manolito, dejándonos esperando un tanto inquietos...

Pasa una hora larga... o quizá dos, y, por fin, regresan.

El chófer del taxi se había negado a entrar en el referido suburbio que, aseguraba, estaba infectado de maleantes, atracadores y pistoleros. Habían perdido tiempo en persuadirlo.

Marcelle, un tanto despeinada y con nieve en el pelo, da libre curso a su entusiasmo. Nos refiere su llegada a ese antro inverosímil de gitanos: todos en una gran cama ancha, en la más asombrosa de las promiscuidades, mujeres, hombres, ancianos, viejos y niños. Hasta un perro había.

—¡La cosa más linda! —exclama sonriendo Manolito, que suele hablar con la boca llena de saliva como un chiquillo.

—Y ¡qué cosas tremendas decían!

Pero la estupefacción mayor la experimentan al darse cuenta de que el dinero que llevaban —que, por suerte, no era mucho— ha desaparecido. Volatilizado como por obra de brujería.

—Se han quedado también con mi bufanda —declara Manolito sin abandonar su plácida sonrisa.

—... y con los gemelos de mi camisa —agrega con estupor Rafael.

La maravilla es que hayan escapado con vida. Son las cuatro. La soirée ha sido curiosa y llena de imprevistos[231].

ENCUENTRO CON FEDERICO

Para entonces Federico ya era un asiduo que acudía con o sin aviso previo a casa de los Morla. Parece que la lectura del *Romancero gitano* había suscitado en su momento el interés del diplomático por conocer a su autor. "He oído hablar del poeta y me han dicho que es andaluz. Me gustaría que, además de andaluz fuera, como su *Romancero*, también gitano[232]... Pero no quiero seguir leyendo... y cierro el *Romancero*. Lo que quiero ahora es conocer a Federico

---

231 Morla Lynch, Carlos, *En España con Federico García Lorca (Páginas de un diario íntimo 1928-1936)*, Renacimiento, Madrid, 2002, pp. 196-197-198.

232 Algo que, al parecer, molestaba extraordinariamente a García Lorca: "Al volver a España (de EEUU y Cuba) no solo se ha dado cuenta que el *Romancero gitano* es celebérrimo, sino que, además, tiene fama de ser gitano él mismo. El poeta se confiesa cansado del asunto ¿cuándo querrá entender la gente que el libro tiene muy poco que ver en realidad con los gitanos?" (Gibson, Ian, *Vida, pasión y muerte de Federico García Lorca*, Plaza y Janés, 1998, Gibson, *Vida, pasión y muerte...*, p. 366)

y nos han asegurado que él también comparte, recíprocamente, este anhelo"[233] escribió en 1929. Y no tardó en conseguirlo antes del viaje del poeta a América, como registra en otra entrada de ese mismo año en su diario, en la que refería:

"En el umbral, un muchacho joven, de regular estatura, exento de esbeltez sin ser espeso, de cabeza grande, potente, de rostro amplio constelado de estrellas brunas ... que son lunares. Ojos sombríos, pero risueños: esa paradoja de alegrías y tristezas reunidas que realiza en sus poemas. Cabellera abundante que no empaña una frente ligeramente abombada como un liso broquel ebúrneo. Ninguna severidad en la mirada ni ceño austero. Por el contrario: un alborozo de chiquillo con una veta de travesura y algo «muy sano» y de campestre. Pero tiene que ser «esa campiña suya», campo de Andalucía: granadino, cordobés o sevillano.

No se puede afirmar que es guapo, pero tampoco que no lo es por cuanto posee una vivacidad que todo lo suple y «un no sé qué» de muy abierto en su fisonomía que reconforta y tranquiliza de buenas a primeras, que luego seduce y que, por último, conquista definitivamente. Y ninguna de esas actitudes absurdas con que los pedantes pretenden acreditar su cultura"[234].

Al final se encuentra con García Lorca cara a cara y el entendimiento entre los dos es inmediato:

"—Federico —le digo—: ¡amigos! Tú como eres y yo como soy, sin esforzarnos por aparentar más de lo que somos. Tú vienes ya muy cargado de laureles y, si yo tengo algunas virtudes y «defectos buenos», ya te enterarás de ellos a su tiempo.

Y Federico, con mis dos manos cogidas en las suyas, se ríe con esa risa mágica de niño permanente y me infunde la sensación de que patea como un poney sujeto. Luego habla. Su voz es baja, ronca; pero no evoca cavernas: más bien grutas a orillas del mar.

---

233 Morla Lynch, Carlos, *En España con Federico García Lorca (Páginas de un diario íntimo 1928-1936)*, Renacimiento, Madrid, 2002, pp. 60-61.

234 Morla Lynch, Carlos, *En España con Federico García Lorca (Páginas de un diario íntimo 1928-1936)*, Renacimiento, Madrid, 2002, pp. 62-63.

—¿Y por qué te ha costado tanto trabajo venir? —le pregunto.

—Tenía miedo —responde sencillamente— porque «no sabía»...; vamos, que no sabía cómo érais; pero ahora que lo sé y que estoy aquí ... , aquí me quedo.

Y, con una nueva risotada, se repantinga en una silla de columpio, en la que comienza a balancearse como en carroza de tiovivo"[235].

OBSERVADOR PERSPICAZ Y DIVERTIDO

Morla fue testigo de momentos clave en la vida española contemporánea: el desmoronamiento de la monarquía de la Restauración, la subsiguiente proclamación de la república y la crisis de 1936, con el estallido de la guerra civil entre españoles, cuyas consecuencias marcarían la vida de nuestro país durante el siguiente medio siglo. De todo ello fue dejando constancia en sus diarios, en los que hay páginas verdaderamente brillantes y coloristas. Como cuando, pocas semanas antes del ocaso de la monarquía de la Restauración y de la llegada del nuevo régimen manifiestamente laico, deja a Federico, que ha llegado a visitarle en su casa, para acudir a la ceremonia del lavatorio de pies en la capilla del Palacio Real el Jueves Santo de 1931, pocos días antes de la caída de la monarquía:

"Marzo. El lavatorio en palacio...

...Me pongo trabajosamente en pie, y los oropeles de que estoy cubierto resuenan como sonajas de pandereta. Federico (García Lorca) me contempla un instante con una mirada llena de compasión, y luego expresa sencillamente lo que siente:

—Me da pena verte —dice—. ¡Tú, tan bueno!

Tiene razón. Hace una infinidad de años que me pongo el uniforme y jamás he podido acostumbrarme a las torturas que me impone. Lo que más me mortifica en él el espadín. Diríase que adquiriera vida: se me enreda en los pliegues de la capa, se encabrita, se me va ya para

---

235 Morla Lynch, Carlos, *En España con Federico García Lorca (Páginas de un diario íntimo 1928-1936)*, Renacimiento, Madrid, 2002, pp. 62-63.

PABLO-IGNACIO DE DALMASES

atrás ya para adelante, y, de repente, cambia de norte amenazando con tirarme al suelo. Son gajes del oficio.

Me voy en el coche.

He penetrado en la mansión de los reyes de España.

En la suntuosa sala de mármol —llamada «de las columnas»— una tribuna de terciopelo rojo reservada a los miembros de la familia real, muy cerca del sitio en que se hallan sus majestades. A continuación, otro palco, en que se encuentran los jefes de las misiones diplomáticas. Las damas han venido, todas, ataviadas de mantillas blancas, realzadas por las peinetas altas, que son hoy de carey rubio. El protocolo lo exige así.

Abajo, una larga mesa, con cántaros de agua y panes en fila, que me recuerda la de *Las bodas de Caná,* de Pablo Veronés, y, al frente —al lado opuesto del recinto—, otra igual. Tras de ella, en un estrado, los invitados de marca: grandes de España y personajes palaciegos.

Su Majestad el rey, don Alfonso XIII —a quien acompaña el duque de Alba, que sostiene una palangana de oro—, se inclina y les lava los pies a doce ciegos, en tanto que la reina, doña Victoria Eugenia, muy hermosa, en traje de corte y rodeada de sus damas de honor, cumple con la misma misión conmovedora ante la docena de viejecillas que, pálidas de emoción, semejan figuras de cera envueltas en sus mantas sombrías. Acto de humildad cristiana, en un escenario de una venustidad y esplendor deslumbrantes, que me enternece por la grandeza del símbolo que encierra.

Y luego que los soberanos se han instalado en las mesas señaladas, desfilan, procedentes de otra sala, de mano en mano, las bandejas de plata que contienen magníficos manjares de la tierra de promisión: peces enormes, pavos enteros, hortalizas gigantes; cortejo de vituallas que pasa sin detenerse y que va desapareciendo en la sombra de los grandes portales.

En la calle, caballeros de la nobleza adquieren estos fastuosos condumios reales por sumas ingentes, cuya totalidad es repartida en seguida a familias necesitadas de antemano designadas.

Y termina la ceremonia con el estallido de una música festiva cuya sonoridad llena la estancia, en tanto que la corte se retira majestuosamente, pasando frente el Cuerpo Diplomático inclinado...

... A mi regreso, encuentro en casa a Federico tocando el piano y canturreando a media voz, y mientras me desprendo de todos los colgajos que me sofocan, le pregunto:

—¿Por qué la llamada democracia, cuya ideología comparto, ha de estar reñida siempre con todo lo que es belleza, galanura y elegancia?

—¡Es una lástima! —se contenta con asentimiento, sin mayores comentarios"[236].

EL «*ELEPENTISMO*» O «*EPENTISMO*»

La heterogeneidad de intereses de Morla y sus amigos le llevó a organizar reuniones en las que se hablaba, se tocaba música, se cantaba, se comía y se bebía, y se hacían cosas impensables. Iba con ellos al teatro o a los toros, a la Residencia de Estudiantes o a las casas de otros amigos, a cafés, restaurantes y tugurios y divagaban sobre todo lo divino y lo humano. Entre otros temas, llama la atención la referencia que hace al proyecto de García Lorca de promover la creación de un "club *elepente*". Lo refiere en fecha indeterminada de 1931. Es septiembre y están en Alcalá de Henares, en casa del capitán Iglesias[237] que con Jiménez atravesó el Atlántico:

---

236 Morla Lynch, Carlos, *En España con Federico García Lorca*, Ediciones Renacimiento, Madrid, 2008, pp. 85-86.

237 El capitán de Ingenieros Francisco Iglesias Brage había alcanzado fama a raíz del vuelo que realizó en 1929 con Ignacio Jiménez Martín, a bordo del *Jesús del Gran Poder* en un Breguet XIX GR-72. Trataron de batir el récord de distancia entre Tablada (Sevilla) y Río de Janeiro, pero tuvieron que aterrizar en Salvador de Bahía por falta de combustible suficiente. Pese a ello, el recorrido de 6.540 km, en 43,58 horas de vuelo ininterrumpido fue la segunda mejor marca en distancia absoluta y la mejor en distancia recorrida sobre el mar. En 1932, el gobierno de la República le encomendó una expedición al Perú y actuó como mediador en el conocido como conflicto de Leticia entre dicho país y Colombia. Durante guerra se sumó a los insurrectos y ejerció diversos destinos en la Aviación nacional. Finalizada la contienda ocupó algunos cargos de responsabilidad en el Ministerio del Aire para pasar luego a la vida civil en trabajos referidos a ingeniería de aviación.

"Después de un regular número de libaciones Federico toma la palabra... y ya nadie habla. Se trata de un club «*elepente*» que se propone crear. «*Elepente*»: otro neologismo suyo que no expresa nada, o, más exactamente, que tiene el significado que se le quiera dar. Quizá los términos indefinidos de «duende» o de «ángel». Formarían parte de este club únicamente hombres —y, naturalmente mujeres— buenos, simpáticos y comprensivos. Seres sin prejuicios que perdonaran todo lo que es «sincero» aunque fueran «sinceridades equivocadas». Lo que él llama respeto humano. Me parece cautivadora la idea, generosa y edificante, aunque estoy cierto que el club y su realización quedará en nada como el contenido de la ponchera, que ha bajado con una rapidez de milagro"[238].

De lo que explica Morla no se desprende con claridad el significado que habría de terminar adquiriendo el neologismo, que no era otro que el de «homosexual». Pero todavía daría lugar a equívocos y circunloquios. Luis Sáenz de la Calzada, compañero de La Barraca, refirió una escena vivida en 1934 en la que Federico rizó el rizo de su invención creando mayor confusión si cabe:

"Fue en Cuéllar, en el verano de 1934, donde presenciamos una capea, una de esas capeas sangrientas, terribles, en las que a la pobre res se la somete sistemáticamente, y a ello colaboran todos los mozos del pueblo, a una de las torturas más repugnantes, a mi juicio, que puede inventar el hombre cuando se decide a embarcarse en las aguas abyectas que forman parte de su ser.

—¡Cuánto «*epentismo*»!— dijo de pronto Federico. Estábamos instalados en el mejor sitio, en el balcón del Ayuntamiento, juntamente con algunas y algunos de La Barraca; la plaza era la del pueblo, hecha con carros a los que los improvisados toreros se subían rápidamente cuando las cosas se ponían feas; no puedo recordar si había también una farola o una fuente en el centro de la plaza; de todos modos, pese a su brutalidad, el espectáculo tenía tal vez un aire de tragedia

---

238 Morla Lynch, Carlos, *En España con Federico García Lorca (Páginas de un diario íntimo 1928-1936)*, Renacimiento, Madrid, 2002, p. 111.

mezclada con locura, algo primario, algo de vuelta al paleolítico: el hombre y el toro o el uri y el bisonte o el minotauro.

—¡Cuánto «*epentismo*»! —repitió Federico.

—¿Qué es eso de «*epentismo*»?, pregunté yo, o tal vez Rafael, o quizá ambos.

Y entonces Federico esbozó una de las teorías absolutamente originales sobre las facetas del ser del hombre.

—Hay tres categorías de personas —afirmó—; el *ente*, el *subente* y el *epente*. El primero es el ser normal, nosotros, por ejemplo, el funcionario, el catedrático, etc.; el *subente* es el marica, el sarasa, el pájaro, el canco, el miserable ser que el hombre puede producir cuando cohabita con una mujer y que «se embosca en yertos paisajes de cicuta»; finalmente, se encuentran los *epentes* que, a diferencia de los primeros, crean, pero no procrean.

—Eso está bien, aunque ciertos aspectos requieren explicación —dije yo— pero ¿por qué dices que hay *epentismo* en este espectáculo y en esta plaza de pueblo? ¿Qué tiene que ver una cosa con la otra?

Federico quedó en que nos lo explicaría cuando estuviéramos solos, ya que allí, dijo, había demasiada gente y él, Federico, no quería perderse el espectáculo. Hemos hablado después de este tema; tal vez en lugar de *epente* Federico decía *emelente*, pero yo creo que se refería con este nombre al que, además de crear, procreaba; ignoro de todos modos, y creo que Rafael también lo ignoró siempre, como designaba Federico al que procreaba y, además, criaba"[239].

Habrá que esperar algunas décadas para entrar en el secreto de lo que significaba "*epentismo*". Se lo reveló Vicente Aleixandre a Luis Antonio de Villena, quien lo ha explicado así:

"*Epentismo*" y "*epente*" eran (según todos, pero yo lo supe primero por Aleixandre) términos inventados por Federico para aludir a la homosexualidad o a los homosexuales en contextos donde la palabra —en los años 30 y aún con la libertad de la República— eran indecibles. Por ejemplo, todos sabían (en intimidad) que el gran

---

239   Sáenz de la Calzada, Luis, *La Barraca, teatro universitario*, Residencia de Estudiantes, Madrid, 1998, pp. 246-247

erudito José María de Cossío era homosexual, pero eso era secreto y nadie lo hablaba. Así en una comida Federico le decía a Vicente: "He oído que Cossío es un gran estudioso del *epentismo*. ¿Tú lo sabías?". Y Aleixandre contestaba: "Sí, lo sabía. Sé que lo ha estudiado mucho. Es un *epente* muy notable." (De este modo me lo narró una de tantas tardes en su casa Vicente Aleixandre)."[240]

MORLA Y LOS «*EPENTES*»

La alusión de Morla a la propuesta de Federico, unida a otros muchos detalles de sus diarios, nos llevan a interrogarnos sobre el nivel de complicidad del diplomático chileno con aquellos cenáculos reservados que unían en los años treinta a quienes se sentían identificados o próximos a la cultura homosexual. "Hombre de mundo y elegante, sintió siempre, sin embargo, una querencia hacia las clases bajas y cultivó amores con todo tipo de jóvenes de humilde extracción" comentó Gonzalo Núñez.[241]

---

240 http://luisantoniodevillena.es/web/articulos/la-homosexualidad-en-federico-garcia-lorca/ (21.07.2022) Villena añade, no obstante: "Curiosamente Lorca dejó un testimonio escrito de esa palabra en un soneto dedicado al modernista uruguayo Julio Herrera y Reissig, prototipo de alambicado simbolista, decadente y aún protosurrealista, pero no "*epente*", que sepamos. Como de 1934 (pero puede ser aún posterior) se fecha el soneto "En la tumba sin nombre de Herrera y Reissig en el cementerio de Montevideo" en la edición de "Sonetos" de Lorca que editó en 1996 la editorial Comares y la Fundación Federico García Lorca, en Granada. El primer endecasílabo del citado soneto (hecho como otros poemas al uruguayo para un número homenaje que la pensaba dedicar, pero no hubo tiempo para hacerlo, la revista de Neruda "Caballo verde para la poesía") dice así: "Túmulo de esmeraldas y *epentismo*.... .Ahí está el término y no lo conozco escrito en ningún otro sitio de la época. "*Epéntico*" (no *epentismo*) viene en el diccionario de la RAE, pero como adjetivo de "*epéntesis*", que es una figura de dicción, que consiste en añadir un sonido. Como se ve, nada que ver con "*epentismo*" (que no epéntesis) o "*epente*" que no "*epéntico*". No creo que los matices lingüísticos fueran a propósito, pero salieron bien".

241 "*Epentismo*. Así era la masonería gay del 27", https://esnoticia.co/noticia-108711-epentismo-asi-era-la-masoneria-gay-del-27 (06.12.2022)

Cierto que Morla estaba casado, todo hace pensar que felizmente, con Bebé, con la que había tenido hijos, pero no deja de llamar la atención observar cómo, a vuelapluma, en una y otra página de sus diarios, hace referencia a diversos hombres en los que destaca su galanura y atractivo físico de una forma tan explícita y carente de prejuicios que resulta infrecuente e insólita en aquellas calendas. Veamos algunas citas. En la primera de ellas, refiriéndose a José Antonio Primo de Rivera, comenta su decisión de presentarse en 1931 a las elecciones al Congreso con el declarado objeto de defender la memoria de su padre, el Dictador, y elogia su galana apostura:

> "28 de septiembre
>
> "Disipa las sombras creadas por el relato de esta tragedia la irrupción en el salón de un nuevo grupo de contertulios que hablan todos a un tiempo. Discuten el tema de la presentación de José Antonio Primo de Rivera a la elección del próximo domingo como candidato a diputado en la vacante producida por renuncia de una de las actas de Melquíades Álvarez. El hecho ha provocado en el ambiente republicano estupor, una «indignación» que no creo sincera y un «aplauso» disimulado, pero tan evidente como irresistible.
>
> José Antonio Primo de Rivera me es extremadamente simpático. Todo un varón fuerte, viril, decidido, con rostro y fisonomía de niño bueno. Nunca mejor aplicada para definirlo que la expresión andaluza de «tiene cielo».
>
> Su actitud —muy discutida— es noble y levantada, y no habrá republicano —por fanático que sea— que, en el fondo de su ser íntimo, no lo sienta así. Estoy cierto de ello"[242].

Las citas pueden aludir a un torero, como ocurre en la entrada del 6 y 7 de febrero de 1932: "Pero de ahí que surge de improviso, procedente de Salamanca, el hermano menor de Curro Puya, el Gitanillo Chico: Rafaelito. No es guapo, ni mucho menos, como

---

242 Morla Lynch, Carlos, *En España con Federico García Lorca (Páginas de un diario íntimo 1928-1936)*, Renacimiento, Madrid, 2002, pp. 126-127.

lo era mi inolvidable Gitanillo de Triana, ni tiene su apostura que era tan llena de gracia y tan flexible"[243].

Otro torero le llama la atención más adelante: "Entre los invitados figura un muchacho medio gitano, Antonio Calero, hijo de labradores, que constituye un complemento del escenario. Aparece con un amplio pantalón de cuero repujado y una camisa de seda blanca de cuello abierto. Elegancia campestre con olor a toro y a cortijo. El efecto que me produce el muchacho es mejor que bueno, una especie de Cagancho guapo, moreno, de facciones agudas como esculpidas en madera, franco con un leve ribete de cinismo... pero irresistiblemente simpático. Tutea a todo el mundo, cuenta chistes graciosos todos, brusco y fino al mismo tiempo, mal educado y sin embargo galante con las damas"[244].

Entre vapores cálidos se producen encuentros gratos. El 6 de julio de 1934 apunta: "He ido al baño turco. Luis Batiste, el valenciano, cantaba la rapsodia húngara con una voz magnífica. Era un hombre guapo con un cuerpo espléndido, lleno de medallas de la Virgen colgadas al cuello"[245]. Y el 28 de enero de 1936: "Baño turco. En el horno está Luis Sagi-Vela, el conocido barítono. Es un muchacho alto y guapo, con algo dulce en todo su ser"[246].

Puede ser acaso un encuentro programado: el 25 de agosto del mismo año consigna "Después de una breve espera, aparece Bertu, bien afeitado y guapo..."[247].

243 Morla Lynch, Carlos, *En España con Federico García Lorca (Páginas de un diario íntimo 1928-1936)*, Renacimiento, Madrid, 2002, p. 111.

244 Morla Lynch, Carlos, *En España con Federico García Lorca (Páginas de un diario íntimo 1928-1936)*, Renacimiento, Madrid, 2002, p. 298.

245 Morla Lynch, Carlos, *En España con Federico García Lorca (Páginas de un diario íntimo 1928-1936)*, Renacimiento, Madrid, 2002, p. 398.

246 Morla Lynch, Carlos, *En España con Federico García Lorca (Páginas de un diario íntimo 1928-1936)*, Renacimiento, Madrid, 2002, p. 512.

247 Morla Lynch, Carlos, *En España con Federico García Lorca (Páginas de un diario íntimo 1928-1936)*, Renacimiento, Madrid, 2002, p. 415

ENTRE PILLUELOS Y LETRAHERIDOS

Aunque Morla manifestó su curiosidad por conocer a todo tipo de creadores, no deja de llamar la atención el nivel de complicidad que alcanzó con alguno de acusada y pública identidad homoerótica, como el poeta Luis Cernuda del que dice el 20 y 21 de abril de 1932: "Segunda visita de Cernuda. Me pregunto a qué misterioso impulso obedecen las simpatías y antipatías espontáneas que nos inspiran en forma irresistible, de buenas a primeras, los seres con quienes nos encontramos. Me siento tan confortable con él hoy, como ayer. Lo recibo en mi despacho. Sala pequeña. Luis ha acercado un sillón y se ha sentado a mi lado. Nos hemos confiado hechos y sentires que solo se libran los amigos íntimos en instantes de perfecta correlación fraternal"[248]. Un leguaje completamente inusual, a fuer de sincero.

Claro que Morla también encuentra también motivo de gratificación visual entre los pilluelos callejeros. El 29 de diciembre de 1935 reseña:

"Me paseo por la plaza Mayor y la de Santa Cruz llenas de pavos de todos los tamaños. En el bar Cancionera me encuentro con un chico que he visto otras veces y siempre he rechazado sus servicios. Sus ojos son grandes, es limpiabotas y me ofrece lustrar las mías, sin rencor, muy serio. Le invito a tomar algo después y nos sentamos. Tiene interés: contemplo sus manos largas y sus ojos negros maravillosos de largas pestañas. Se llama Luis Martínez. Va a dejar su caja y regresa con las manos limpias... Conversamos. Me hace consideraciones inteligentes sobre política. Naturalmente, es izquierdista y me cuenta que odia a los guardias de asalto, mientras devora bocadillos de calamares.

---

248 Morla Lynch, Carlos, *En España con Federico García Lorca (Páginas de un diario íntimo 1928-1936)*, Renacimiento, Madrid, 2002, p. 236. Philip Silver, catedrático de Filología Hispánica en la Universidad de Columbia dijo en una entrevista publicada por *El País* que "dejó ver como nadie en lengua española su condición de homosexual. Era muy tímido y pudoroso, pero este aspecto quedó claro." https://elpais.com/diario/2002/10/13/paisvasco/1034538018_850215.html (29.11.2022)

Pasa el «Gramola», un golfo que sonríe con su boca torcida y rota. Me he encontrado con él varias veces y nunca me ha inspirado confianza. Luis me habla de los demás golfos. Todos tienen apodos.

—¿Cómo te llaman a ti? —le pregunto.

—Es un nombre muy feo —me responde.

—Dímelo.

—Me da vergüenza.

—Dímelo —insisto.

—Le pide un lápiz al camarero y escribe lentamente sobre el mármol de la mesa «el Ojazos». Merece ese nombre... Vive con su tío"[249].

Sería interesante saber cómo se comentó en aquel Madrid chafardero y provinciano la iniciativa que tuvo de alternar en la plaza Mayor o exhibirse púbicamente, como hizo el 23 de marzo de 1936 en la plaza de toros de las Ventas, nada menos que acompañado en un tendido por el "Ojazos" y otro limpiabotas: "Me he venido a pie desde la plaza de toros. Asistí a la corrida con un par de limpiabotas a quienes pagué la entrada. Algunos son como golfos de zarzuela, a saber, «el Ojazos» con su boina ladeada sobre la oreja y su nariz de orificios anchos que parece tragar aire"[250].

EL ADOLESCENTE GALLEGO

Hubo un curioso personaje reiteradamente citado en los diarios de Morla. Se trata de cierto muchacho gallego de curiosa e interesante biografía que respondía al nombre de Serafín Fernández Ferro. Blanco-Amor le recuerda con "veinte años, coruñés, menudo, belleza popular, golfantillo intelectualizado, con aire de elfo rizado, y moreno, cuyo breviario —se lo sabía de memoria— eran los *Cantos de Maldoror*, de Leautremont; de relación honda y

---

249 Morla Lynch, Carlos, *En España con Federico García Lorca (Páginas de un diario íntimo 1928-1936)*, Renacimiento, Madrid, 2002, pp. 506-507.

250 Morla Lynch, Carlos, *En España con Federico García Lorca (Páginas de un diario íntimo 1928-1936)*, Renacimiento, Madrid, 2002, p. 527.

contrariada con Luis Cernuda, en la que uno figuró sospechado de interpósito y celos del aire, sin comerlo, ni beberlo, lo juro... hombre de «salidas» y de abruptas conclusiones, como todo lector de un solo libro...»[251].

Según Antonio Rivero Taravillo[252] nació en Sada, provincia de La Coruña, el 12 de agosto de 1914 «en el seno de una familia numerosa proclive al anarquismo», aunque otro autor, Ernesto Guerra da Cal[253], aseguró que era originario del barrio de Monelos de Oza, municipio próximo a La Coruña. Finalizada la escuela primaria, Serafín marchó a Madrid para unirse a sus hermanos Amadeo y José que trabajaban como electricistas en la instalación de anuncios luminosos en fachadas de edificios. Con ellos, militantes de la CNT y de la FAI, se aproximó al movimiento libertario. Pero lo cierto es que desenvolvía por las calles de villa y ex corte con una mano delante y otra detrás:

"Rafael Martínez Nadal ha contado cómo una noche de 1931, en un garito madrileño, *El Universal*, un muchacho gallego, guapo, sin dinero y desempleado, que había llegado andando desde su tierra, pidió a García Lorca, que tomaba café con coñac, que le invitara a un pepito de ternera porque hacía mucho tiempo que no comía. Parece ser que el chico, Serafín, se insinuó a Lorca, pero este le invitó al bocadillo sin otras intenciones, rechazando el ofrecimiento carnal. «Es casi un niño y ya ha probado el lado más amargo de la vida», le dijo Lorca a Martínez Nadal la mañana siguiente. Entonces Lorca, al parecer, pensó en dos amigos a los que podría interesar tener trato con el chico: uno fue Aleixandre, y el otro Cernuda. Aleixandre contó a Luis Antonio de Villena que no quiso nada con el muchacho, pues

251 Blanco-Amor, Eduardo, «Federico, otra vez; la misma vez», *El País, Arte y pensamiento*, VII, 1 octubre 1978.

252 Rivero Taravillo, Antonio "Vida de Serafín. El alevín gallego de la Generación del 27", https://revistaclarin.com/962/vida-de-serafin-el-alevin-gallego-de-la-generacion-del-27/ (06.12.2022)

253 Nacido Ernesto Pérez Guerra, adoptó como propio su seudónimo literario al nacionalizarse en Estados Unidos.

«no tenía especial simpatía por la prostitución. Entonces —en casa de Aleixandre y con Serafín al lado— Federico redactó un billetito que le dio al joven para Luis»[254]. No concierta del todo esta versión de Aleixandre con la de Martínez Nadal, que cuenta que Lorca le dio varias cartas de presentación con la idea de conseguirle trabajo y que aprendiese un oficio. Así, una de las cartas era para Altolaguirre y Concha Méndez (que, efectivamente, llegaron a colocarlo en su pequeña imprenta). Y con las cartas, y «unos durillos» para ayudarlo los primeros días, Serafín fue a buscar a sus protectores. La nota que envió Lorca a Cernuda incluía la críptica frase «he estado luchando con tres plumas» (¿alusión a la propuesta de relación con el muchacho?)"[255].

La recomendación a Altolaguirre y Méndez surtió efecto, y a principios de 1932 Serafín trabajaba como linotipista en la imprenta de su propiedad. Por otra parte, según Rivero Taravillo: "Cernuda se enamoró perdidamente de Serafín, y parece que lo llevó a vivir consigo, quedando huella de esta relación en el torrencial *Los placeres prohibidos*. Además de constituir la inspiración general del libro, le dedicó «Como leve sonido» (dedicatoria luego suprimida), poema fechado el 23 de abril de 1931 y publicado en el número 1 de *Héroe* (1932)"[256].

Todo hace pensar que dicho conocimiento pudo ocurrir en torno a septiembre u octubre de 1931 y que la relación continuó hasta la primavera del año siguiente, aunque siguieron viéndose ocasionalmente, como cuando acompañó a Cernuda en el viaje que realizó a Cifuentes (Guadalajara) del 28 de octubre al 3 de

---

254 "Querido Luis: tengo el gusto de presentarte a Serafín Fernández Ferro (he estado luchando con tres plumas) Espero lo atenderás en su petición. Un abrazo de Federico" (García Lorca, Federico, *Epistolario completo* Cátedra, Madrid, 1997, p. 707-708.)

255 Rivero Taravillo, Antonio "Vida de Serafín. El alevín gallego de la Generación del 27", https://revistaclarin.com/962/vida-de-serafin-el-alevin-gallego-de-la-generacion-del-27/ (06.12.2022)

256 *Ibídem.*

noviembre de 1932. En todo caso "a Cernuda le pedía dinero y sabía cómo manipular sus sentimientos". O sea, que el muchacho sobrevivía a la sazón ejerciendo de chapero, pese a lo cual "años después de su relación, Cernuda lo seguirá recordando con devoción, preguntará por él a los amigos, y el chico le recordará a las figuras del Partenón cuando visite el Museo Británico". Pero se reveló un amor imposible: "Cernuda sufrió con Serafín, pues éste era bisexual y, según Villena, receptor de confidencias del ambiente homosexual madrileño, el chico prefería a las mujeres".

Morla da cuenta de su presencia el 2 de mayo de 1932:

"Serafín, rezagado en un rincón, escucha atentamente y sus ojillos de azabache brillan como carboncillos encendidos. Me conmueve en él esa tristeza indefinida que contrasta con su extremada juventud, y, preocupado por su aislamiento, abandono un momento el torneo de alta filosofía que se ventila en el salón para conversar un rato con él. Ha sufrido tanto ya. Ha pasado hambres y toda clase de penurias. Sus padres son humildes, sanos y buenos, pero de recursos escasos, y son catorce hermanos, con los cuales el chiquillo poco se aviene. Se ha ido, pues, de la casa para, con un bulto menos —dice—, aliviar a los demás.

Pero tiene en su vida una fobia que se ha transformado en una tortura. La fobia «de la noche». Duerme mal porque le teme al ambiente nocturno. Los crujidos de los muebles en la oscuridad, ese hálito que se siente en las habitaciones privadas de luz, le angustian … y evocan en él la idea de la muerte. Prefiere entonces vagar por las calles donde hay faroles encendidos.

Sufre también sublevaciones íntimas.

Me ha dicho «que hay dos clases de seres: los que son ceros a la izquierda y los que son ceros a la derecha».

Los «ceros a la derecha» constituyen de por sí un valor y una fuerza. No así los que se hallan colocados en el lado opuesto. No se conforma —terminó diciendo— de haber sido colocado en el lado malo.

No sé si creo todo lo que me dice y si realmente se considera como un ser fracasado.

Desde luego no se puede serlo antes de ser un hombre. ¡Es tan fácil para él —dada la gracia que tiene— interesar y conmover!

—Créele la mitad —me aconseja Federico, a quien confío mis dudas— y luego le agregas un poco de indulgencia y de buena voluntad.

—Cuando quieras venir —le digo al chico— puedes hacerlo sin anunciarte..., y si no hay nadie en casa, te quedas leyendo en mi despacho... o vuelves más tarde.

—Gracias —contesta sencillamente—. El día que no tenga dónde ir, ni qué comer puedo venir aquí... te lo agradeceré.

Repito que no sé si creerle o no. Me parece tan inverosímil que un niño como él pueda «no tener alguna vez ni dónde ni qué comer». Preferiría que mintiera antes que fuera así"[257].

Escribe de nuevo sobre él el 27 de junio y revela sus aptitudes canoras: "Llama mientras cenamos el chiquillo Serafín, el amigo de Federico y de Luis Cernuda. Vendrá a cantar después de cenar. No tenía idea de que cantara y es una revelación para mí. Canta sin acompañamiento y transmite gran emoción. He de acompañar al piano sus cantares y después quizá haga canciones para él"[258].

El 5 de julio de 1932 le suscita manifiesta ternura: "Un té snob en casa, muy elegante; aristocracia y embajadas... Serafín, que también ha venido a cenar, me apoya tímidamente (en una discusión con Federico sobre el estreno en Madrid de La Barraca) Posee el chico su pequeña personalidad —que yo aprecio— pero no tiene dónde asentarla. ¡Es tan desamparado el pobre niño! Solo cuenta para defenderse de la vida su fisonomía privilegiada y su inteligencia espontánea"[259].

257   Morla Lynch, Carlos, *En España con Federico García Lorca (Páginas de un diario íntimo 1928-1936)*, Renacimiento, Madrid, 2002, p. 244.

258   Morla Lynch, Carlos, *En España con Federico García Lorca (Páginas de un diario íntimo 1928-1936)*, Renacimiento, Madrid, 2002, p. 273.

259   Morla Lynch, Carlos, *En España con Federico García Lorca (Páginas de un diario íntimo 1928-1936)*, Renacimiento, Madrid, 2002, p. 277.

Mientras que el 8 de noviembre, también de 1932, le hace un regalo insólito para quien sobrevive prácticamente de la mendicidad:

"Soirée de familia, en que cada cual hace lo que le da la gana.
Noto al niño Serafín como pensativo y cabizbajo. Me acerco a él.
—Me da pena tu casa —me dice—, porque me doy cuenta después, cuando me voy, de lo triste que es no tener hogar.
Pobre chico, en el momento de la retirada le regalo un paquete de cigarrillos y dos corbatas"[260].

Pese a todo, el muchacho tiene sentido común y demuestra sibilina intuición en captar la naturaleza de los personajes que rodean a Morla, como relata éste el 15 de octubre de 1933:

"En el andén de la estación, mucha gente. Entre otros, Rafael Alberti, que ha perdido en llaneza. Cuando venía a casa, recién llegados a España, tenía tanto talento como ahora y era, sin embargo, más sencillo. Él y su compañera —que es inteligente y hermosa— se han declarado comunistas convencidos. Nada tengo contra ello. Pero se puede ser comunista, monárquico o republicano, como creyente o ateo, sin que sea necesario proclamarlo a cada instante y hacer de ello alarde. Parece ser que cantan el «Himno de Riego» y «La Internacional» —que es el más hermoso de los cánticos, musicalmente hablando— cada cinco minutos; y lo peor del caso es que han contagiado a Cernuda, Manolito y Concha, que también lo cantan varias veces al día.
Serafín, el chiquillo, que anda a menudo con ellos, me ha asegurado que en todo aquello hay mucho de «teatro». A veces considero que este pobre chico es el más cuerdo de todos. Con su aspecto de perrito triste dice a menudo verdades que son de una precisión gráfica"[261].

260 Morla Lynch, Carlos, *En España con Federico García Lorca (Páginas de un diario íntimo 1928-1936)*, Renacimiento, Madrid, 2002, p. 307.
261 Morla Lynch, Carlos, *En España con Federico García Lorca (Páginas de un diario íntimo 1928-1936)*, Renacimiento, Madrid, 2002, p. 369.

Al muchacho le tocó hacer el servicio militar coincidiendo con la revolución de Asturias, tal como reseña Morla el 17 de octubre de 1934: "estoy preocupado por el chiquillo Serafín Fernández, amigo mío y de los Altolaguirre, que se encuentra en el Regimiento de Infantería nº 3 de Oviedo. Los soldados de dicho Regimiento se han batido como fieras. Pero los rebeldes fueron, durante varios días, dueños de la situación... Me pregunto que habrá hecho el chiquillo. Conozco sus ideas, tan exaltadas siempre"[262]. Dos meses después, el 2 de diciembre, ha regresado ya a Madrid y le lleva de paseo:

"Hace un par de días que llegaron mis hermanas acompañadas de sus hijas y una amiga que las adora y las sigue como fascinada.
Converso con Ximena que dibuja en su cama. Salgo un momento a la calle a dar un paseo con Serafín, que hace poco regresó de Asturias, donde estaba destinado en el Regimiento nº 3 de Oviedo. Ha vivido la revolución de Asturias y junto a todos sus compañeros se ha batido valientemente. Lo encuentro triste y descuidado, pero tengo gusto de verlo..."[263].

Y tres días más tarde: "Lo mejor del día se produce en la noche. Ximena está en cama y llega de improviso García Lorca. Más tarde aparecen Neruda y Delia. Le llamo al chiquillo Serafín y le digo que venga. No era justo que fuera el único que no conociera a mis hermanas. Llega bien peinado y afeitado y todos lo encuentran simpático y con «cielo»..."[264].

Meses más tarde, el 31 de mayo de 1935, intercede en favor de sus emolumentos militares:

262 Morla Lynch, Carlos, *En España con Federico García Lorca (Páginas de un diario íntimo 1928-1936)*, Renacimiento, Madrid, 2002, p. 429.

263 Morla Lynch, Carlos, *En España con Federico García Lorca (Páginas de un diario íntimo 1928-1936)*, Renacimiento, Madrid, 2002, p. 438.

264 Morla Lynch, Carlos, *En España con Federico García Lorca (Páginas de un diario íntimo 1928-1936)*, Renacimiento, Madrid, 2002, pp. 441-442

"Hace unos días que me llevo ayudando, tanto a la gente que quiero como a la que menos me importa. Heme aquí dirigiéndole cartas al coronel jefe del Regimiento de Infantería nº 3 de Oviedo donde el chiquillo Serafín Fernández —amigo desde que le conocí en casa de los Altolaguirre— hacía su servicio en los días de la revolución de octubre de 1934.

Expuso su vida el chico a pesar que no mató a ningún rebelde y tiene derecho a la cuota de doscientas cincuenta pesetas de suscripción nacional. Hoy, por fin, ha contestado el coronel que Serafín está incluido en las listas. He pedido que me envíen el dinero a mí, ya que el chico es un vagabundo empedernido, sin domicilio...

Por otro lado, Paquito, el chico andaluz[265], me pide que le obtenga un cargo cualquiera para el cual no haya que rendir examen ¡su terror! Hablaré con el alcalde durante el gran banquete que se ofrece esta noche en nuestra Embajada al presidente de la República"[266].

En 1935, Serafín regresó a La Coruña y se dedicó al teatro dirigiendo el grupo Kletya y publicó en la revista *Nós* un poema titulado «Noite». El inicio de la guerra civil le pilló en su región natal que desde el inicio de la contienda estuvo en manos de los insurrectos. Se alistó en la Legión y, destinado en el frente de Madrid, aprovechó para desertar y pasar a zona republicana, donde se enroló en el Ejército Popular y alcanzó el empleo de teniente. Colaboró con las revistas *Nova Galiza* y en *Hora de España* e intervino, ya en zona republicana, como actor en la película *L'espoir* de André Malraux.

Morla, que le había perdido la pista, la recuperó el 6 de mayo de 1940 cuando le llegó a Berlín una carta en la que Fernández Ferro le explicaba: "Quise irme a Chile cuando me encontraba en

---

265 Francisco Solá Luján fue un joven al que protegió Morla y para el que consiguió un empleo de guardia urbano en el Ayuntamiento de Madrid. Incorporado a las milicias republicanas durante la guerra civil, se asiló en la Embajada de Chile y, finalizada la contienda acudió a Berlín con Carlos, hijo del matrimonio Morla, donde permaneció invitado cierto tiempo con esa familia.

266 Morla Lynch, Carlos, *En España con Federico García Lorca (Páginas de un diario íntimo 1928-1936)*, Renacimiento, Madrid, 2002, pp. 480-481.

Francia después de toda la tragedia y le escribí a Pablo Neruda con este motivo (en la carta le recordaba yo que le había conocido en vuestra casa) y no me contestó. Quizá también por esto estoy en México, pero la verdad solo Dios lo sabrá. Hace tres años que no sé nada de mi familia. Me mataron un hermano en la guerra. Dos están en Francia en los campos de concentración y todo el resto de mi familia con Franco... Tampoco sé muy bien qué deciros, ni qué hablar, pero al menos que sepáis de mí"[267]. Lo más curioso es que la carta está escrita sobre papel del hotel Ritz de Méjico D.F. Morla apostilla: "Cuántas veces lo he recordado, así como esos viajes que hicimos en tercera, sin rumbo definitivo, en las noches de invierno, nevando"[268]. Acabó su vida en el exilio y sumido en la pobreza en 1957. Todo ello hizo de él un "extraño personaje, tan atractivo en sus rasgos biográficos como suponemos que en cuerpo y figura"[269].

COMPLICIDAD CON FEDERICO Y LOS *EPENTES*

Innecesario será añadir que hubo una complicidad manifiesta entre Morla y Lorca:

"Agosto (1934). Paseo con Federico; solos los dos.... (en Somo, Santander) Después del almuerzo, nueva charla en el jardincillo que se halla situado detrás de la fonda. Luego damos un paseo Federico y yo —los dos solos— por la carretera que asciende y que, después de salvar una cuesta áspera, se interna en la campiña. Tarde serena y plenitud de paz. Confidencias. Qué a gusto me siento con él, unidos ambos en la «verdad» del paisaje en la «verdad» de hallarnos solos,

267 Morla Lynch, Carlos, *Diarios de Berlín, 1939-1940*, Renacimiento, 2023, pp. 808-810.

268 Morla Lynch, Carlos, *Diarios de Berlín, 1939-1940*, Renacimiento, 2023, p. 607.

269 Rivero Taravillo, Antonio "Vida de Serafín. El alevín gallego de la Generación del 27", https://revistaclarin.com/962/vida-de-serafin-el-alevin-gallego-de-la-generacion-del-27/ (06.12.2022)

andando y paseando lentamente, sin rumbo. Uno al lado del otro, hacia la montaña, dejando atrás el mar y confiándonos mutuamente la «verdad» de lo que sentimos y la «verdad» de lo que pensamos".[270]

Para Núñez "estos «*epentes*» no eran moco de pavo: Lorca, Vicente Aleixandre, Luis Cernuda, Carlos Morla Lynch, Eduardo Blanco-Amor, una galaxia a la que se sumaban como satélites aquella cofradía de amigos homosexuales de distinta extracción (a veces hasta buscavidas o torerillos) que tenían algo en común: el pecado nefando"[271]. Es decir, que dicho autor da por sentado la condición de «*epente*» de Morla, algo que desmiente, o al menos pone en duda, Inmaculada Lergo "sorprende ver la ligereza con que en algunos momentos se habla de él, como lo hace el autor del reciente artículo aparecido en *La Razón*, que claramente no conoce ni ha leído sus diarios... Se afirma también que la tertulia tenía lugar porque formaba parte de la «masonería gay», sin conocer que, mucho antes, la madre de Carlos Morla, mujer cultísima, mantuvo una tertulia en la que igualmente reunió a todo tipo de artistas, escritores e intelectuales"[272].

¿Dónde está la verdad? Lo cierto es que Morla, al que de niño su madre hizo pasar por niña[273], continuaría manifestando, con mayor contundencia y desparpajo si cabe, su querencia por los hombres atractivos en los diarios berlineses. Finalizada la gue-

---

270　Morla Lynch, Carlos, *En España con Federico García Lorca (Páginas de un diario íntimo 1928-1936)*, Renacimiento, Madrid, 2002, p. 408.

271　https://esnoticia.co/noticia-108711-epentismo-asi-era-la-masoneria-gay-del-27 (06.12.2022)

272　https://www.elimparcial.es/noticia/202995/los-lunes-de-el-imparcial/carlos-morla-lynch:-diarios-espanoles.-volumen-i-1928-1936.html (06.12.2022)

273　"...me colocaron en un *kindergarten* junto con mis dos hermanas. Como yo era hijo único, muy bonito, me hicieron pasar por mujer, vestido de igual manera que mis hermanas. Así pasaron las cosas hasta el día en que, acosado por la necesidad, me levanté la faldita y oriné contra un árbol. Estupefacción de las monjas y descomunal escándalo" (Morla Lynch, Carlos, *Diarios de Berlín, 1939-1940*, Editorial Renacimiento, p. 603)

rra civil española, Morla Lynch fue enviado a la capital alemana como ministro y encargado de negocios de su país entre mayo de 1939 y junio de 1940. Sus cuadernos de memorias de esta etapa constituyen un material valiosísimo para conocer el ambiente diplomático, político y social de la Alemania de la *drôle de guerre*, el primer período de la segunda guerra mundial en el que, iniciadas las hostilidades con Gran Bretaña y Francia, no se produjeron grandes campañas más allá de la invasión de Polonia y del reparto de su territorio con la Unión Soviética, etapa que finalizaría con la invasión de Bélgica y Holanda, la derrota francesa y, finalmente, la entrada de Italia en la contienda.

En las páginas dedicadas a esta etapa, Morla alude sin reserva, explícita y reiteradamente, a la belleza de los adonis germanos. Cliente asiduo también en Berlín de los baños turcos "donde hay espías hasta desnudos"[274], queda extasiado ante la clientela que le acompaña: "Se bañan muchos oficiales del ejército que llegan de uniforme y luego aparecen desnudos como espléndidos animales blancos y dorados ¡Hermosa raza germánica!"[275]. Y compara el aspecto "grotesco" de Hitler con su "guardia magnífica, formada por muchachos que bordean los dos metros de alto, guapos, varoniles, de soberbia apostura, verdaderos ejemplos de machos reales"[276]. Tampoco aquí menospreció en absoluto a los jóvenes de modesta condición, "los camareros amables y guapos"[277], de los que dice: "me fijo en las figuras magníficas y en las manos de los jóvenes camareros que sirven. Raza físicamente superior"[278]. Llegó a establecer una relación continuada con un tal Hansi Sieg, al que conoció con 17 años cuando trabajaba en el bar del Hotel Adlon y al que ayudaría y acompañaría por diversos lugares de

---

274   Morla Lynch, Carlos, *Diarios de Berlín, 1939-1940*, Renacimiento, 2023. p 251.

275   Morla Lynch, Carlos, *Diarios de Berlín, 1939-1940*, Renacimiento, 2023. p. 485.

276   Morla Lynch, Carlos, *Diarios de Berlín, 1939-1940*, Renacimiento, 2023. p. 505.

277   Morla Lynch, Carlos, *Diarios de Berlín, 1939-1940*, Editorial Renacimiento, p. 353.

278   Morla Lynch, Carlos, *Diarios de Berlín, 1939-1940*, Editorial Renacimiento, p. 322.

Berlín. "Acaricio —dice el 14 de abril de 1940— la salida que haré que haré con el chico alemán... el niño se divierte, se ríe y de cuando en cuando me aprieta el brazo... "[279].

Todo ello invita a pensar que el diplomático chileno fue un hombre de mentalidad abierta y sin prejuicios, adelantado a su tiempo y capaz de aceptar conductas que en aquellos tiempos no eran normativas y ello al punto de dar pábulo de que hubiera quienes fuesen capaces de llegar a suponer que pudiera compartirlas. Pero no hay pruebas fehacientes de que su manifiesta admiración por la belleza masculina fuese más allá de lo estético... ¿o sí?

MORLA Y EL ASESINATO DE FEDERICO

El diplomático chileno consigna en sus diarios en julio de 1936 su salida de Madrid en dirección a Alicante para desde allí embarcarse con destino a Ibiza con el fin de disfrutar de las vacaciones en compañía de su familia. Anota: "18 de julio. Salimos temprano rumbo a Alicante en viaje de veraneo a Ibiza. Hemos preguntado anoche por Federico. Había marchado a Granada"[280]. Consiguen, no sin tropiezos y paradas, llegar a la ciudad levantina, donde quedan atrapados: no es posible continuar viaje a la mayor de las Pitiusas, pero tampoco regresar a la capital. Al final pueden conseguirlo y Morla se reincorpora a su trabajo en la legación diplomática. El 1 de septiembre le llega la fatal noticia:

"En la plaza Mayor, que como el resto de la ciudad se halla llena de milicianos, me limpio los zapatos para darle a ganar algunas «perras» al último limpiabotas que todavía arrastra su cajón de un lado

279 Morla Lynch, Carlos, *Diarios de Berlín, 1939-1940*, Editorial Renacimiento, p. 583.
280 Morla Lynch, Carlos, *En España con Federico García Lorca (Páginas de un diario íntimo 1928-1936)*, Renacimiento, Madrid, 2002, p. 540.

a otro. Pasan corriendo, dando voces, varios chavales vendedores de periódicos:

—¡¡¡Federico García Lorca!!! ¡¡¡Federico García Lorca!!! ¡¡¡Fusilado en Granada!!!

Recibo como un golpe de maza en la cabeza, me zumban los oídos, se me nubla la vista y me afirmo en el hombro del muchacho que sigue arrodillado a mis pies...”[281].

La confirmación tarda algunos días:

“18 de septiembre. Recibo un cable de Chile con una sola palabra «Federico».

Al mismo tiempo se abre la puerta y alguien se detiene en el umbral y luego inclina la cabeza en silencio... Y por primera vez tengo la sensación de que el timón se me escapa de los dedos... como que pierdo pie... y que me voy a caer.

Hace frío de repente en la estancia y diríase que un velo negro, oscuro como un abismo... descendiera frente a mi...

Fusilado... Asesinado... ¿Cuándo? ¿Dónde? ¿Cómo? ¡Dios mío! Yo que lo consideraba invencible, triunfador siempre; niño mimado por las hadas, querido de todos —más que querido, ¡adorado!— ¡Y feliz más allá de lo humano!”[282].

CARLOS MORLA LYNCH,
“ÁNGEL DE LA GUARDA” DE AZULES Y ROJOS

En Madrid, y en toda España, se habían acabado las fiestas y los guateques, y lo que es mucho peor, aquella convivencia de la que se había gozado en lugares como la casa de los Morla, donde podían coincidir para cenar o conversar personajes con ideologías dispares e incluso contrarias. Se desató una orgía de sangre que

281 Morla Lynch, Carlos, *En España con Federico García Lorca (Páginas de un diario íntimo 1928-1936)*, Renacimiento, Madrid, 2002, p. 542.

282 Morla Lynch, Carlos, *En España con Federico García Lorca (Páginas de un diario íntimo 1928-1936)*, Renacimiento, Madrid, 2002, p. 543.

afectó no solo a los frentes de batalla, sino también en una y otra retaguardia. A Morla le tocó hacer de «ángel de la guarda» y proteger bajo la bandera chilena a muchos de los perseguidos en la zona republicana. Cuando el embajador Núñez Morgado marchó de vacaciones en abril de 1937 y el gobierno de Valencia le impidió regresar, nuestro hombre quedó como encargado de negocios hasta el final de la guerra y durante tres años ofreció amparo en viviendas bajo la bandera chilena a más de dos mil personas perseguidas por los republicanos.

Pero en el momento en que los nacionales ocuparon Madrid y finalizaron los combates, cambiaron las tornas: salieron los refugiados a los que había salvado la vida y entonces entraron otros de distinto signo, cuyos nombres le había facilitado Alberti. Resistió valerosamente las presiones del nuevo régimen para que los entregara, se negó —con el apoyo del gobierno de Santiago de Chile— a hacerlo y, cuando Morla fue trasladado a Berlín, los nuevos asilados pudieron permanecer bajo la protección del que había sido representante chileno ante el gobierno de Burgos, Enrique Gajardo, hasta la llegada del nuevo embajador, Germán Vergara Donoso, quien pudo por fin culminar las gestiones para la obtención del salvoconducto que les habría de permitir su salida de España.

Después de una azarosa peripecia diplomática que le llevó a la Alemania nazi y seguidamente a Suecia, Holanda, la UNESCO y Francia, Morla, una vez jubilado, regresó a España. "El largo tiempo que vivió en Madrid tuvo gran influencia en su forma de ser. Su amor por España creció de tal manera que quiso pasar allí sus últimos años". Y en efecto, en Madrid residió hasta su fallecimiento en 1969 habiendo encontrado reposo eterno en la Sacramental de San Justo"[283].

El 28 de abril de 2017 el Ayuntamiento de Madrid le dedicó en El Pardo una calle que anteriormente se había llamado del Primero de octubre[284].

---

283 https://dbe.rah.es/biografias/86412/carlos-morla-lynch (06.12.2022) y Macías Brevis, Sergio, «Relaciones literarias entre Chile y España», en Morla Lynch, Carlos, *En España con Federico García Lorca*, Ediciones Renacimiento, Madrid, 2008, p. 15. Sus memorias berlinesas incluyen reiteradas alusiones al tiempo que permaneció en España con innumerables recuerdos de los amigos que tuvo y expresiones de cariño por nuestro país y sus gentes, particularmente las más modestas.

284 http://www.elpardo.net/2017/04/28/carlos-morla-lynch-nuevo-nombre-calle-primero-de-octubre-de-el-pardo/#:~:text=Carlos%20Morla%20Lynch%2C%20hombre%20que,del%20poeta%20Federico%20Garc C3%ADa%20Lorca (07.12.2022)

VII

LA REPÚBLICA: UN AMOR EN GRANADA

El 14 de abril de 1931 España cambió de piel. El adverso resultado cosechado por las candidaturas dinásticas en las grandes ciudades del país en las elecciones municipales celebradas dos días antes revelaron la desafección de una mayoría de la población con respecto al régimen monárquico, incapaz de remontar la crisis del sistema constitucional operada como consecuencia de la anuencia del rey Alfonso XIII con el pronunciamiento que había protagonizado el 13 de septiembre de 1923 el general Miguel Primo de Rivera. El desgaste de la Dictadura hizo inviable el subsiguiente intento de recuperar en 1930 la normalidad constitucional de 1876 y el resultado habido en las citadas elecciones movió al monarca a resignar voluntariamente el ejercicio de su alta magistratura, por lo que no le quedó otra salida que la de exiliarse. Se proclamó por segunda vez en la historia de nuestro país la República en un generalizado ambiente de esperanza no carente, sin embargo, de incertidumbres.

VIAJE A MARRUECOS

Uno de los miembros del primer gobierno provisional fue el socialista rondeño Fernando de los Ríos, catedrático de la Universidad de Granada, ciudad en la que había anudado una buena amistad con la familia García Lorca y era conocedor por tanto de la actividad literaria y teatral de Federico. Tras unos meses como titular de la cartera de Justicia, en diciembre de 1931 fue designado ministro de Instrucción Pública y Bellas Artes.

Pocos días después de dicho nombramiento se desplazó a Ceuta para seguir luego hacia el Marruecos español con el fin de conocer el desarrollo de la acción educativa tanto en la ciudad norteafricana, como en el protectorado. Quiso que le acompañaran en función de personas de su confianza su sobrino Rafael Troyano de los Ríos y el joven Federico García Lorca. Con ellos y con su mujer Gloria desembarcó el 27 de diciembre en Ceuta. De los Ríos fue a continuación a Tetuán, capital de la zona de influencia española y sede del alto comisario Luciano López Ferrer, el primer civil que ocupaba dicho cargo, y se desplazó luego a Alcazarquivir, Larache y Xauen, pero no a la zona oriental del protectorado, ni tampoco a Melilla.

Habida cuenta del carácter vicario del papel de Federico, no hay constancia documental de qué es exactamente lo que hizo, aunque parece que su función, como la de Troyano, fue la de ayudar a de los Ríos como secretario particular y colaborar en la redacción de los discursos que hubo de pronunciar. Miguel Caballero, en el opúsculo que ha dedicado a este viaje de García Lorca, alude al que el ministro dio en el Casino Español de Tetuán y, analizando su texto, en el que citó a San Juan de la Cruz y a Fray Luis de León, sugiere: "Posiblemente en esta alusión a los poetas se deja traslucir la intervención del secretario García Lorca. El poeta los admiraba. San Juan de la Cruz influyó claramente en su poesía como es el caso de los *Sonetos del amor oscuro*"[285].

Por la escasa duración del viaje —para la Nochevieja los miembros de la comitiva ya estuvieron de regreso en Madrid— y la función estrictamente oficial que desempeñó Federico, no hay más datos sobre su estancia en territorio marroquí y en todo caso no parece que tuviera oportunidad de disfrutar de algún momento de esparcimiento y libertad.

UN AMOR EN GRANADA (POR CORRESPONDENCIA)

Poco tiempo después Federico se desplazó a su ciudad natal y conoció a un joven granadino llamado Eduardo Rodríguez Valdivieso que se ganaba la vida como empleado del Banco Español de Crédito, pero gustaba de escribir poesía y ejercía ocasionalmente de actor. Según Villena "de vuelta a España (y a las venalidades) surge Eduardo Rodríguez Valdivieso, granadino, y al que Federico conoce en 1932. Valdivieso —que se mantuvo muchos años en silencio— parece que fue como el «amor» local de Lorca, pero nunca posee la misma pasión que los que llamaremos «importantes». Ni Martínez Nadal, ni Aleixandre hablaban de él"[286]. Añade, como restando importancia a esta relación que, sin embargo, tuvo continuidad y a tenor de la correspondencia que se conserva, da la impresión que estuvo revestida de sentimientos particularmente intensos y expresados de forma bastante evidente, dentro de las limitaciones propias de la época. Rodríguez Valdivieso explicó muchos años después cómo se produjo el encuentro entre ambos:

285 Caballero Pérez, Miguel, *Lorca en África. Crónica de un viaje al Protectorado español en Marruecos*, Patronato Cultural Federico García Lorca, Granada, 2010, p. 45.
286 http://luisantoniodevillena.es/web/articulos/los-imposibles-novios-de-federico-garcia-lorca/ (11.11.2022)

"Conocí a Lorca por puro azar, en una madrugada carnavalesca. La jarana del carnaval lo llenaba todo. En un intervalo de la fiesta, en el centro de la vacía pista de baile, apareció una máscara de dominó amarilla, cubierto el rostro con antifaz negro, que parecía dudar cual camino seguiría.

La máscara resultó ser García Lorca. El grupo del que yo formaba parte coincidió con el poeta granadino en el ambigú, donde se bebió tanto que, al día siguiente, pocos se acordaban de la pasada aventura.

Era el primer año republicano: euforia en una parte y resquemor en la otra. Como tantos, me veía sometido al provincianismo rutinario, conformista y carente de inquietudes. Mis aficiones y anhelos para nada coincidían con los que pudieran tener los compañeros que la suerte me adjudicó. Transcurrieron varios meses y una tarde de agosto encontré a Federico. El poeta, más receptivo, conservaba bien la impresión de lo sucedido en la ya lejana noche de carnaval. Nuestro reconocimiento fue inmediato.

Paseamos con Federico, y los que con él íbamos, quedamos con la boca abierta, admirados por su fácil elocuencia, reconocida por los muchos y valiosos amigos suyos con rara unanimidad. Ese paseo terminó en la plaza de Bib-Rambla, lugar escogido por los granadinos para aliviar los rigores del verano.... Federico daba muestras de un humor excelente, que comunicaba a cuantas ideas exponía. Se refirió a sus experiencias yanquis y habló del horror que Nueva York le produjo. Como defensa ante lo monstruoso creó la magistral respuesta de *Poeta en Nueva York*, libro quizá preparado en aquel momento..."[287].

Las circunstancias no permitieron que la amistad surgida en esa noche de Carnaval pudiera desarrollarse con normalidad porque Eduardo estaba atado a su trabajo y Federico vivía permanentemente en la capital. Se reencontraron, sin embargo, en Granada algunos meses más tarde con motivo de la estancia del grupo teatral *La Barraca* cuya visita organizó Federico. El grupo universitario acudió a la ciudad del Darro el 7 y 8 de octubre de 1932[288] y

---

287 *El País, Babelia*, 12 junio 1993.

288 García Lorca, Federico, *Epistolario completo*, Cátedra, Madrid, p. 744, nota 946.

montó representaciones de los *Entremeses* de Cervantes y *La vida es sueño* de Calderón. Parece que el esfuerzo no obtuvo el eco que hubiera merecido, como recordó Rodríguez Valdivieso:

"Después de lo narrado, sucede la visita de *La Barraca* a Granada, delicada atención que el poeta tuvo con su pueblo, brindándole tal preferencia y acudiendo con su teatro en uno de sus primeros viajes. No comprendió Granada tal deferencia, o no quiso entenderla. La ciudad volvió la espalda a tan formidable agrupación, en gesto de muy laborioso discernimiento. Los hechos fueron inexplicables, en especial la casi general indiferencia; aunque, por supuesto, muchos entusiastas admiradores aplaudieron su presencia. Al frente de *La Barraca*, con Federico, vinieron Eduardo Ugarte y Benjamín Palencia. Unos pocos amigos de Lorca nos unimos al elenco y a su lado permanecimos todo el tiempo que la agrupación estuvo en Granada..."[289].

Finalizadas las actuaciones del grupo teatral universitario, Federico regresó a Madrid y Eduardo continuó con su vida cansina y poco gratificante en el cerrado ambiente granadino. No les quedó otro remedio que mantener una relación de carácter epistolar de la que se conservan dos grupos de cartas: las que Eduardo envió a García Lorca, que se custodian en la Fundación que lleva sus apellidos, y las que recibió de su corresponsal, calificadas como "íntimas y tiernas"[290] que conservó su destinatario como un tesoro. Dos de estas últimas epístolas manuscritas se reprodujeron muchos años después en el suplemento cultural de *El País*.

Es difícil establecer un ordenamiento cronológico de esta correspondencia puesto que en las misivas que envía Rodríguez Valdivieso no suele poner la fecha —sí Federico en las suyas— aunque el contenido de las mismas invite a situarlas en uno u otro momento de su relación.

---

289 *El País*, Babelia, 12 junio 1993.

290 https://www.universolorca.com/personaje/rodriguez-valdivieso-eduardo/ (2023.04.02)

Acaso la primera de ellas sea la que citamos seguidamente y que Eduardo pudo enviar a Lorca tras la visita de éste a Granada con La Barraca. En ella se lamenta de la partida de su amigo y le manifiesta la tristeza causada por su ausencia: "ocho días hace que te marchaste y aún me creo que estás aquí porque después de nuestro enorme distanciamiento la impresión que me produjo verte de pronto como quizás menos los esperaba (que dentro de todas mis cosas me ha dado una nueva fuerza las muchas inquietudes que continuamente me afligen) fue tan viva que aún durará hasta que nuevamente podamos vernos". No quiere resultar pesado y le plantea "una duda me acongoja: yo quisiera que me dijeras si no te molesto si mis cartas no te desagradan, porque sufriría mucho de saber que pudiera yo pasar a la categoría de amigo parásito, ya que eres, a mi parecer, el único amigo del que he recibido pruebas de verdadero afecto y cariño, pues como tú sabes muy bien el mundo no está lleno más que de ingratitudes y egoísmos, de los que quiero huir a toda costa para lo cual me refugio en mí mismo y espero anhelante los cortos días en que puedo gozar de tu compañía y de tu amistad. En esto es en lo que quiero tener seguridad y mi deseo es de que dure este sentimiento tanto como nosotros, para lo cual te digo: Federico siempre seré tu amigo y dispuesto estoy a demostrarte esta verdad, a pesar del tiempo y de las distancias. No puedes figurarte la satisfacción que siento cuando me entero de tus triunfos. Vivo momentos verdaderamente felices que no son turbados más que por la tristeza de no poder compartir contigo esos gloriosos acontecimientos... y también me da pena no poder vivir la vida tuya que es lo que a mí me atrae hasta fascinarme".

A estas rotundas declaraciones añade que "si yo pudiera romper las cadenas que me atan trabajaría en procurarme una independencia económica que me permitiera seguir viviendo donde yo quisiera y marchar contigo por el mundo, fomentando y afianzando esta amistad que tan raro don de los dioses es y de la que me siento orgulloso. Escríbeme enseguida y dime con toda franqueza todo lo que sientas y si en verdad me consideras como tu amigo. Espero tu carta con alegría..."[291].

García Lorca respondió ese mismo otoño de 1932 y le agradeció "que te hayas acordado de mí, pues yo creía que casi me habías olvidado. Yo, como siempre, te recuerdo, quiero saber de ti y tener lazos de unión contigo. Creo que eres sincero y es ésta una virtud que, junto con la lealtad, forman la base del sentimiento de la amistad que yo cuido y precio como una forma rara".

Federico se compadece de la vida de su amigo en la provinciana ciudad andaluza: "Comprendo, querido Eduardito, lo mal que lo pasarás con esa gente absurda que te rodea y por eso pienso más en ti". Y le subraya en un tono un tono sugerente: "Tú y yo nos conocemos poco todavía ¿verdad?, pero espero que esta simpatía haga que queden al descubierto las flores de nuestra amistad". Aprovechó la oportunidad para explicarle sus actividades y proyectos, entre ellos la oferta que recibió de dirigir el Teatro Lírico Nacional y el inicio de los ensayos de *Bodas de sangre*, y le propone una visita a la capital de España: "Yo lo organizaré muy bien y te diré la mejor época". Por si las moscas, le aconseja juiciosamente "no leas mis cartas a nadie, pues carta que se lee es intimidad que se rompe"[292].

Eduardo debió responder puesto que se conserva una nueva carta de Federico en diciembre de ese mismo año en la que le informa de haber estado en Galicia dictando conferencias y le anuncia que tiene previsto ir seguidamente a Barcelona para hacer lo mismo en el Conferencia Club. García Lorca le da su opinión sobre algunos textos que le habría enviado su corresponsal: "Recibí tus poemitas. El romance estaba deshecho y carecía en cierto modo de interés. El poema en prosa era más bonito. Daba

---

291 Archivo Fundación García Lorca, COA-872.

292 Carta datada en octubre-noviembre de 1932. Los editores del *Epistolario completo* se basan para ello en las informaciones que contiene (García Lorca, Federico, *Epistolario completo*, Cátedra, Madrid, p. 744, nota 946)

cierta idea de poema traducido del inglés. Pero estaba mejor escrito y revelaba apasionamiento. Te he recordado mucho y me extraña que no me hayas escrito a pesar de no haberlo hecho yo. Y esto me revela que tienes como cierto cumplimiento conmigo y esto no está bien.". Le dice que anda unos día enfermo y le invita a ir a Madrid, indicándole su nueva dirección (Alcalá, 102) y diciéndole que cuando le visite en la capital le llevará a Toledo, Ávila y el Escorial. Todo ello en un tono muy paternal: "Ahora estás en la edad de asimilar cosas para enriquecer tu alma[293].

Debieron seguir algunos meses de silencio, que habría roto Federico en marzo de 1933 sobre recado de escribir del café Lion. El tono es ahora mucho más efusivo y cariñoso:

"Hoy, ya tranquilo y contento por haber tenido el primer gran triunfo de mi vida[294], te escribo y te digo: Eduardo, yo siempre te quiero, yo soy el mismo y no te he olvidado, sino que es ahora cuando más te recuerdo. ¿Por qué no me has escrito tú? Todos me han escrito y felicitado menos tú. ¿Es que estás disgustado? Dímelo porque sería triste para mí y yo deseo darte toda clase de cariños y explicaciones. Contéstame a vuelta de correo una larga carta, aunque sea de quejas. Quiero invitarte a que vengas a ver mi obra. ¿Podrías venir? Yo deseo que vengas y, como te digo, no te sería gravoso en absoluto. Contéstame. Sabes que te quiero y te abrazo con tierna emoción." Y al pie añade: "He pensado en ti mucho más que si te hubiera escrito, porque he pasado remordimiento de no escribirte; pero siempre decía «mañana» y no lo hacía. Hoy, por fin, abro mis brazos con alegría"[295].

Eduardo no tarda en responder. Lo hace cuando ya había pasado algo más de un año desde que se conocieron y le manifiesta su satisfacción por haber recibido, al fin, noticias suyas y se sincera

---

293   García Lorca, Federico, *Epistolario completo* Cátedra, Madrid, 1997, p. 748.

294   Debió ser con toda seguridad el estreno de *Bodas de sangre* que tuvo lugar en marzo de 1933 en el teatro Beatriz de Madrid por la compañía de Josefina Díaz de Artigas.

295   García Lorca, Federico, *Epistolario completo* Cátedra, Madrid, 1997, p. 753.

sobre las muchas cosas, incluso de carácter delicado, que podría explicarle: "no podrás nunca imaginarte en verdad cuánto he sentido tu prolongado silencio, pero al fin veo que eres el mismo de siempre y que tu mutismo tiene una explicación; el mío también, ahora que son cosas más escabrosas (y que por tanto sería precio que las habláramos de palabra)".

Le expresa la satisfacción que le producen sus éxitos teatrales y lamenta no poder ir a Madrid tal como el poeta le había propuesto porque el trabajo le mantiene atenazado: "En cuanto a ir yo a Madrid no sé cuándo podrá ser (agradeciendo tu amable invitación) porque estoy sujeto a este endemoniado Banco y no me va a ser cosa fácil el conseguirlo. Por esto podrás deducir que si la anterior vez, cuando todo lo tenía dispuesto para el viaje no lo hice fue porque el mismo día que tenía señalado para marcharme dijeron que no podía disponer del permiso ¡la rabia y el enojo que yo sentí no es para (ser) descrito! ¡de buena gana hubiera ahogado al Sr. Interventor! Luego (fue) pedirlo para más adelante y también me fue negado, por lo que ya desistí, en vista de mi mala suerte, de hacer el viaje".

Le confiesa el destino que había dado a sus ahorros para ese viaje: "me lo he gastado hasta el último céntimo en el Carnaval" aunque se lamenta del ambiente que detectó en esas fiestas, tan diferente al del año anterior: "he sacado una impresión triste de él; no he encontrado una persona a la que pueda hablar, solamente niñas estúpidas a la caza del novio y niños todavía más estúpidos que se dejaban cazar. Yo esperaba que vendrías tú porque me acordaba del pasado Carnaval en que nos conocimos, pero no fue así y lo siento mucho porque no puedes imaginarte las ganas que tengo de verte a ti, a una persona como tú consagrada como una gloria, que das tu amistad a un infeliz oficinista que no alcanza a merecerla, ni muchísimo menos"[296]. Palabras estas últimas que manifiestan con humildad la admiración que el joven condenado

---

296 Archivo Fundación Federico García Lorca, COA-871

a una vida provinciana y cansina profesa ante quien ha triunfado en la capital.

El 8 de abril y antes de salir en dirección a Salamanca con La Barraca Federico escribe de nuevo a Eduardo y lo hace con una carta extraordinariamente cariñosa y expresiva:

"Creo que me conoces lo suficiente para saber la verdad de todo esto que te digo y por eso me irrito [con] que pueda alguien despreciarte, a ti por quien yo cortaría las mejores rosas de mi ensueño.

Quiero que lo sepas. Puedes contar con mi corazón y con mi alegría y con mi pena y con todo lo mejor de mi pensamiento. No quiero que estés triste. Tu carta me ha emocionado mucho y me ha hecho quererte mucho más. Te veo solo, lleno de amor y de espíritu y de belleza, y siento tu soledad como un hermoso paisaje donde yo me dormiría para siempre.

También yo estoy solo, aunque tú me creas acompañado porque triunfo y recibo coronas de gloria, pero me falta la corona divina del amor.

No quiero seguir hablándote. Amigo mío lejano, deja que coja tus manos y nota tú en mi silencio la expresión más honda de mi sentir.

Solo el silencio testigo
ha de ser de mi tormento,
y aún no digo lo que siento,
en todo lo que no digo.

Así hablaba Calderón.

Ahora tengo una enorme gana de verte, un deseo de hablar contigo, de viajar contigo, de llevarte a mundos que no conoces, donde tu alma se ensancharía sobre los cuatro vientos.

Pero estamos los dos atados, y aunque tenemos por fuerza que romper las cadenas, son muchas las horas en que estamos el uno sin el otro.

De todos modos, siempre me asalta la idea de si tú no me querrás como yo a ti. Eso no lo sé. De todos modos, dímelo. Mi amistad vuela como un águila y tú puedes matarla con un tiro de rifle.

Escríbeme a vuelta de correo. Yo estaré fuera cuatro días. Quisiera a mi vuelta, que es Jueves Santo, tener dos cartas tuyas. ¿Lo harás? Ahora tenemos que estar siempre unidos ... y si quieres dímelo, Eduardo, no me engañes.

Cómo me gustaría gozar contigo el aire de la primavera granadina, el olor pagano de los templos, las ráfagas verdes que manda la Vega vestida de novia por los habares.

Pero quiero ir en seguida contigo. ¿Me recibirás bien? Porque si no quieres, no voy"[297].

A finales del mismo mes de abril de 1933 y a su regreso de la excursión teatral de Semana Santa por Castilla y León, Federico le escribe de nuevo:

"No tenía estos días más que una preocupación y eras tú, amigo mío lejano a quien yo quiero y a quien no podía escribir. Así, pues, esta mañana hermosa de primavera en que los cristales de Madrid brillan como fuentes de oro y un aire delicado acaricia mis manos con la ternura de un gran perro amigo e invisible, yo me levanto de mi cama para escribirte y decirle que no te [he] olvidado ni un instante.

Tú y yo somos distintos de la gente vulgar y anodina que nos rodea y por eso soy tu amigo, porque tienes un alma hermosa que yo he visto muchas veces en la delicadeza de tu profunda mirada.

Tu carta me hizo pensar mucho y me dio pena que dijeras que yo daba mi amistad a un "infeliz oficinista". No, Eduardo, tú eres mucho más para mí, tanto, que hoy eres el único amigo que se levanta vivo en mi recuerdo de Granada y probablemente de todos sitios.

Ahora vivo un momento de mucho triunfo y estoy cercado de gente que aparenta quererme mucho y yo sé que no puede ser verdad en la medida que lo dicen, y es por eso por lo que vuelvo los ojos a Granada, donde tú estás y donde yo sé que me recuerdas tierno y leal.

Por carta no se pueden hablar cosas delicadas de espiritualidad, porque la palabra escrita está casi muerta y falta del calor y comunicación. Dentro de unos días tengo que ir a Santander para dirigir allí a Lola Membrives, que va a poner mis *Bodas de sangre* en Buenos

---

297   García Lorca, Federico, *Epistolario completo* Cátedra, Madrid, 1997, pp.754-756.

Aires. Después ... quiero ir a verte a Granada y una vez allí ver si puedo conseguir que vengas unos días conmigo a Madrid.

Luego, todo el verano lo pasaremos juntos, pues tengo que trabajar mucho y es ahí, en mi huerta de San Vicente, donde escribo mi teatro más tranquilo. Todas las tardes saldremos juntos y haremos excursiones. ¿Qué te parece? Y te leeré muchos libros, pues toda mi alegría es enseñarte cosas de las que estás alejado"[298]

Eduardo consigue, por fin, viajar a la capital de España en la primavera de ese mismo año y quedó deslumbrado de los ambientes en que se movía su amigo Federico, convertido ya por aquel entonces en un dramaturgo reconocido y en un personaje solicitado:

"Aparece en el recuerdo mi breve y primer viaje a Madrid adornado por la cordial acogida de doña Vicenta y de Federico. Almuerzo en un merendero de Cuatro Caminos, popular y simpático, menú excelente y conocimiento de Rafael Martínez Nadal, perenne amigo desde ese día. Más tarde acudimos al teatro Español, ensayo final del montaje organizado para la conferencia que Rafael Alberti pronunciaría, que sería ilustrada por canciones armonizadas por Lorca, interpretadas por Argentinita, acompañada al piano por el mismo Federico. Finalizado el ensayo, pasamos al saloncillo del Español, donde tuve el emocionado honor de estrechar las manos de Encarnación López y el mítico matador de toros Ignacio Sánchez Mejías, de Alberti y de María Teresa León..."[299].

Rodríguez Valdivieso debió recibir una nueva carta de Federico en un otoño no precisado, puesto que hace referencia a la estancia de éste en la capital cántabra, a donde acudió varios veranos con La Barraca[300], y le agradece el programa de mano que le habría enviado de alguno de sus últimos espectáculos. Se lamenta de nuevo de su triste destino: "ya ves, yo aquí recluido en esta ¿*reclusión, prisión? (ilegible),* desapercibido y aún despreciado por

---

298 García Lorca, Federico, *Epistolario completo* Cátedra, Madrid, 1997, pp. 757-759.
299 *El País, Babelia,* 12 junio 1993.
300 En 1933, 1934 y 1935.

gente a los que yo a mi vez desprecio profundamente, que me creo algo sin ser nada, con la cabeza llena de fantásticas ilusiones y soberbios castillos, todos en el aire, que al menor soplo de la realidad vienen abajo con gran estrépito moral y me aplanan y aplastan por algún tiempo, aunque en seguida me revuelvo y los levanto otra vez, y así siempre, porque la lucha que tengo con el ambiente que me rodea es grande y a pesar del miedo que tengo a que se apodere de mí este ambiente insano, que cual una enfermedad tropical y voluptuosa tiene una fuerza enorme, no quiero ceder. Pero... perdona que te diga cosas que ya sabes. Es que es mi eterna idea, desembarazarme para siempre de todo esto, para buscar en otra parte algo que llene mis aspiraciones, aunque solo sea en parte. Cuando leo tus cartas, tan bonitas, tan llenas de afecto y de poesía, me siento otro y soy feliz, aunque es por poco tiempo pues me sirven de bálsamo que cauteriza por un momento mi enfermedad; y luego pienso que tú te acuerdas de mí y que eres mi amigo y me queda un dulce recuerdo siempre; que esto sí que no pasa porque es fuerte y sincero"[301].

No pudo faltar la más entusiasta felicitación a Federico de su corresponsal granadino tras haber recibido éste noticia del triunfal estreno de *Yerma*. Habida cuenta de la fecha del estreno —finales de diciembre de 1934—, debió ser escrita a principios de 1935. "Con toda la emoción que tu grandioso triunfo ha producido en mí —le dice— yo quiero que también mi felicitación, humildísima, pero con toda la sinceridad de mi alma, vaya a formar en el tropel de las que ya has recibido. He vivido momentos y días de emoción grandísima, pues o podía dejar de recordar que esa *Yerma*, que hoy ha elevado tu nombre a la fama, la oí en una tarde que en que tú leías la maravilla de tus versos". Le ruega: "acuérdate de mí y escríbeme alguna vez; yo soy el mismo de siempre, el amigo en el que siempre puedes pensar como en algo firme que no varía nunca. Ahora te veo rodeado de aplausos y

301 Archivo Fundación García Lorca, COA-873

de gloria y pienso que quizá no estés solo, como me decías otra vez, en tus *Bodas de sangre*" ¡por eso quiero que esta carta te eleve como el perfume de mi amistad...!". Y concluye con una expresión de suprema humildad: "Puedes hacer de este sentimiento lo que quieras... Él es para ti y su destino es implacable..."[302].

El tono utilizado por ambos corresponsales invita a pensar que la relación que hubo entre ambos corresponsales fue, a pesar de la distancia, sincera y, aún en la distancia, continuada, cómplice, incluso apasionada, aunque muy posiblemente en el caso de Federico y si se observa la coincidencia de fechas, compartida o solapada con otras.

---

302   Archivo Fundación García Lorca, COA-874.

VIII

LA BARRACA Y RAFAEL RODRÍGUEZ RAPÚN

Hemos citado la visita que hizo a Granada en 1932 el grupo teatral La Barraca y éste es un tema que merece una referencia mucho más pormenorizada. La relación de amistad entre la familia García Lorca, y en particular de Federico, con el catedrático y destacado político socialista Fernando de los Ríos, que había sido nombrado por la República titular de la cartera de Instrucción Pública y Bellas Artes, permitió al dramaturgo, que para entonces residía de modo permanente en Madrid[303], hacerle partícipe de un sueño largamente acariciado: llevar el teatro clásico a los rincones más recónditos de nuestro país, completamente marginados entonces de cualquier inquietud y servicio cultural, en una línea análoga a la que habían emprendido las Misiones pedagógicas con la colaboración de Alejandro Casona. Este teatro ambulante recibió el nombre de La Barraca.

---

303 Según Gibson "a mediados de febrero de 1931 se produce en la vida del poeta un importantísimo cambio cuando alquila un estudio en la calle de Ayala, número 60 (más tarde 72) en el barrio de Salamanca" (Gibson, Ian, *Caballo azul de mi locura. Lorca y el mundo gay*, Planeta, Barcelona, 2009, p. 277)

Luis Sáenz de la Calzada[304], uno de sus miembros, ha explicado que, según Marcelle Auclair, el 2 de noviembre de 1931 Federico se presentó en casa de los Morla y dijo que había que darle al teatro español un público que debía ser el pueblo al que habría que llevar no solo los clásicos, sino también autores noveles y que debería funcionar con carácter itinerante utilizando un tablado capaz de ser instalado hasta en las aldeas más humildes. Contaba para ello con la ayuda de Eduardo Ugarte, y cuando Auclair le preguntó sobre el dinero necesario para poner ese proyecto en marcha:

"Federico pareció no darle importancia al asunto: eso no era más que una cuestión de detalle y se resolvería fácilmente; lo importante era pensar sobre el nuevo carro de Tespis y ver el modo de llevar al pueblo lo que al pueblo le correspondía. La UFEH[305] dio el visto bueno al proyecto y su presidente, Arturo Sáez de la Calzada, lo sería asimismo del consejo de administración de La Barraca. El consejo como tal comprendía cuatro estudiantes de Filosofía y de Derecho: Emilio Garrigues, Díez Canedo, Luis Meana y Miguel Quijano; este último se haría cargo de la secretaría; posteriormente y a no tardar mucho se la traspasaría a Rafael Rodríguez Rapún; por otro lado, existían cuatro supervisores arquitectos o estudiantes de Arquitectura: Gamir, Fernando Lacasa, Luis Felipe Vivanco, poeta, además de estudiante de Arquitectura —posteriormente gran amigo de Luis Rosales; siempre andaban juntos, por lo que les decían Rosanco y Vivales— y Arturo Sáenz de la Calzada, quien fue asimismo actor y representó al Fuego en el auto sacramental *La vida es sueño*. El director artístico era, por supuesto, Federico; ayudante de dirección, codirector, supervisor o algo así sería Eduardo Ugarte, concuñado

---

304 Se incorporó a La Barraca ejerciendo inicialmente como chófer y luego actor. Fue médico estomatólogo y se distinguió a la vez como "pintor de infrecuente talento y de profunda e inquieta formación cultural, cuya obra alcanza una singular y a veces contradictoria belleza, dentro de un concepto plástico, de indudable raíz literaria" según el crítico Mario Antolín (https://dbe.rah.es/biografias/62871/luis-saenz-de-la-calzada, 20.09.2023)

305 Unión Federal de Estudiantes Hispanos.

de Bergamín, el director de la revista *Cruz y Raya*. La subvención fue de cien mil pesetas.... En realidad, de ese dinero había que deducir diez mil pesetas que la UFEH había de destinar a otras actividades culturales —cine club, por ejemplo—. Hubo, naturalmente, que comprar un camión para transportar los decorados y el tablado, así como los cestos de los vestuarios y atrezzo; la Dirección General de Seguridad prestó un autobús para los actores, así como los chóferes que se precisaran"[306].

Según Francisco García Lorca, se habían pedido 300.000 pesetas, pero la Administración fue más cicatera. "Fueron nombrados directores Federico y Eduardo Ugarte, quien ya había estrenado con éxito algunas obras teatrales propias en Madrid. La personalidad de Federico tendió a eclipsar la participación de Ugarte, a quien Federico escuchaba siempre con gran cariño y amistoso respeto"[307].

Entre 1932, año en que inició su funcionamiento y abril de 1936, La Barraca realizó un total de doce campañas que comprendieron prácticamente la totalidad del territorio peninsular con excepción de Extremadura, así como Ceuta, Tetuán, capital del Marruecos español, y la ciudad internacional de Tánger, llevando un repertorio que incluía *Fuenteovejuna*, *La vida es sueño*, *El caballero de Olmedo*, *El burlador de Sevilla*, la *Égloga de Plácida y Victoriano*, *El retablo de las maravillas*, y algunos entremeses de Cervantes y pasos de Lope de Rueda. El montaje de la estructura escénica era esquemático y sencillo:

"Sesenta y cuatro pueblos y ciudades españolas presenciaron las representaciones de La Barraca; la mayor parte de las funciones fueron representadas sobre el tablado portátil; éste era de madera, de seis metros por ocho, seis de profundidad y ocho de embocadura; carecía de pendiente, de la pendiente que suelen tener los escenarios de los

306 Sáenz de la Calzada, Luis, *La Barraca, Teatro Universitario*, Publicaciones de la Residencia de Estudiantes, Madrid, 1998, pp. 58-59
307 García Lorca, Francisco, *Federico y su mundo*, Alianza Tres, Madrid, 1981, p. 439.

teatros, pendiente tendente a evitar que los pies de los actores que trabajan en segundo término, sean comidos por la altura de las baterías. Como quiera que, en general, nuestro público presenciaba las actuaciones a pie firme, no era fácil que con un metro veinte que el tablado tenía de altura ocurriese tal cosa"[308].

Aunque a veces también actuaron ante espectadores digamos selectos, como entre los asistentes a los cursos de la Universidad Internacional de Santander en el palacio de la Magdalena, sus principales públicos fueron mayoritariamente rurales, siendo de admirar la curiosidad y atención con que este público nada habituado al teatro participaba en las funciones: "El campesinado tenía un profundo respeto por nuestro teatro, oscuramente, en las raíces de sus conexiones nerviosas primarias, tal vez se aglutinaran los enlaces existentes entre religión y arte; asistía a las representaciones de La Barraca como si estuviera en misa y se daba cuenta de que lo que nosotros decíamos en el escenario se dirigía a él, a él y a sus manos llenas de callos y a sus músculos cansados"[309].

No faltaron anécdotas chuscas, como la actuación, durante su estancia en Barcelona en la primavera de 1936, ya sin Lorca, en un local del legendario Barrio Chino, con visita posterior de los universitarios, invitados a tal efecto, a uno se los cabarés más canallas de la ciudad que estaba especializado en lo que entonces se denominaba "imitadores de estrellas", es decir, transformistas o travestis, donde a punto estuvieron de recitar a Lope según García Lasgoity:

"En 1936, en Barcelona, una de nuestras representaciones fue en un teatro del Barrio V, o sea del Chino. El Centro Republicano de dicho Distrito nos dio un banquete en el que me pillaron de sorpresa y

---

308 García Lasgoity en Sáenz de la Calzada, Luis, *La Barraca, Teatro Universitario*, Publicaciones de la Residencia de Estudiantes, Madrid, 1998, p. 176.

309 Sáenz de la Calzada, Luis, *La Barraca, Teatro Universitario*, Publicaciones de la Residencia de Estudiantes, Madrid, 1998, p.33.

me vi obligada por mis compañeros a dar las gracias al final (fue así como debuté en la oratoria) Por la noche nos llevaron al famosísimo local nocturno Wu-Li-Chang y fue donde las «estrellas» del local nos pidieron que interpretáramos algún trozo de *Fuenteovejuna*. No nos pareció muy santo representar en tal lugar, pero quién sabe si a Lope no le hubiera disgustado"[310].

UNA CONVIVENCIA ESTRECHA

La pertenencia al equipo de La Barraca implicaba para todos sus componentes el establecimiento de una convivencia estrecha que se iniciaba en Madrid con ocasión de la preparación de las giras, pero que se acentuaba durante el desarrollo de éstas. Dicha convivencia daba lugar a la natural emergencia de amistades y complicidades y, en algún caso, posiblemente al establecimiento de relaciones de mayor intimidad. Con el fin de evitar situaciones incómodas y, sobre todo, chismes y maledicencias, que no faltaron, se adoptaron algunas cautelas y Sáenz de la Calzada recuerda que en sus inicios se contrató la presencia de una señora de respeto que cuidaba de vigilar la moralidad de las relaciones entre uno y otro sexo: "Al principio, una señora de compañía, a la que, naturalmente, se pagaba, hacía las veces de carabina o algo así; cuando yo entré en La Barraca había una que se llamaba doña Pilar; tal vez haya muerto, ya que pienso que, por entonces, sobrepasaba la cincuentena; después de ella nadie cubrió su puesto, ya que era totalmente innecesario"[311].

Como cabe suponer de un grupo tan compenetrado que compartía días y noches por las trochas y aldeas de la España profunda, este tipo de relaciones no constituían un secreto para nadie

---

310 García Lasgoity en Sáenz de la Calzada, Luis, *La Barraca, Teatro Universitario*, Publicaciones de la Residencia de Estudiantes, Madrid, 1998, p. 300.

311 Sáenz de la Calzada, Luis, *La Barraca, Teatro Universitario*, Publicaciones de la Residencia de Estudiantes, Madrid, 1998, p.59.

y todo hace pensar que se aceptaban con naturalidad y sin excesivos remilgos. Según Auclair "en La Barraca nadie ignoraba las inclinaciones de Lorca, me dice L. Pero si sus relaciones con uno de nosotros eran conocidas, no había nada de chocante en la actitud de ambos. Le gustaba evocar la amistad de Aquiles y Patroclo y declarar que lo esencial es tener un amigo con el que olvidar las preocupaciones cotidianas"[312]. Lo cierto es a Federico "se le ocurrió hablar de los homosexuales en la época en que vivía una gran intimidad con los jóvenes, en La Barraca"[313]. Esa tolerancia interna no se tradujo, desde luego, en una actitud análoga más allá del colectivo de la farándula, por lo que, según Reina, a La Barraca "en los círculos más reaccionarios llamaban la *Sodoma sobre ruedas*"[314].

No es de extrañar que el triunfo de las derechas en las elecciones parlamentarias de noviembre de 1933 y la subsiguiente constitución de gobiernos de este signo, con el consiguiente cambio en la titularidad del Ministerio de Instrucción Pública y Bellas Artes, supusiese un claro enfriamiento del interés de la Administración por la labor de La Barraca, circunstancia que se manifestó en una progresiva disminución de la consignación presupuestaria asignada y conllevó, como consecuencia, la disminución de su actividad, hecho que, paralelamente, coincidiría con el rápido despegue de la actividad teatral profesional de García Lorca. Según Sáenz de la Calzada en 1934 "la consignación de La Barraca disminuiría en un cincuenta por ciento"[315]. Francisco García Lorca añade que solo una gestión realizada por José Antonio Primo de

---

312   Auclair, Marcelle, *Vida y Muerte de García Lorca*, Ediciones ERA, Méjico, 1972, p. 106.

313   Auclair, Marcelle, *Enfance et mort de García Lorca*, Editions du Seul, Paris, 1968, p. 110

314   Reina, Manuel Francisco, *Los amores oscuros*, Temas de hoy, Madrid, 2012, p. 84.

315   Sáenz de la Calzada, Luis, *La Barraca, Teatro Universitario*, Publicaciones de la Residencia de Estudiantes, Madrid, 1998, pp. 209-210.

Rivera permitió salvar la subvención a La Barraca cuya continuidad pudo poner en peligro el nuevo gobierno radical cedista.[316]

Rafael Rodríguez Rapún, "Tres erres"

Pero no nos precipitemos. El tiempo que pasó Federico en La Barraca está unido al nombre de otro de sus componentes, el estudiante de ingeniería Rafael Rodríguez Rapún, al que el poeta, con su habitual ingenio, bautizó como "Tres erres". Según Alberto Conejero, que conoció a su hermano Tomás y a la hija de éste, Margarita, los padres, Lucio y María, eran de Jaca. Asentados en Madrid, en la calle Rosalía de Castro número 25, su progenitor trabajaba en una empresa francesa de gasolina y la hermana era costurera.[317] Gibson, por su parte, apunta que había nacido en Madrid en 1912 y "era de constitución atlética y buen futbolista. Estudiaba ingeniería, militaba en el PSOE y estaba afiliado a la Casa del Pueblo madrileña"[318] y a la Juventud Socialista[319]. Sáenz de la Calzada da, en cambio, una descripción más fotográfica:

"Cabeza más bien grande, braquicéfala, cabello ensortijado, frente no muy amplia surcada por una profunda arruga transversal; nariz correcta emergiendo casi de la frente, lo que le daba, en buena medida, perfil de estatua griega; boca generosa de blanquísimos dientes con mordida ligeramente cruzada; ello hacía que, al reírse, alzara una comisura mientras descendía la otra. Barbilla enérgica, cuerpo

316 García Lorca, Francisco, *Federico y su mundo*, Alianza Tres, Madrid, 1981, p. 453.

317 Conejero, Alberto, «La piedra oscura», en *Teatro 2010-2015*, Ediciones Antígona, 2017, p. 84.

318 Gibson, Ian, *Caballo azul de mi locura. Lorca y el mundo gay*, Planeta, Barcelona, 2009, p. 327.

319 El Centro Documental de la Memoria Histórica de Salamanca conserva su ficha de afiliado.

fuerte con músculos descansados, poco hechos al deporte; me parece que no sabía nadar; solía ir vestido de oscuro, color que hacía más luminosa su sonrisa. Pisar seguro y andar decidido"[320].

Gibson establece que "Rodríguez Rapún y Lorca se conocieron en el teatro de La Barraca, en Madrid"[321]. Rafael asumió en febrero de 1933 la administración del grupo teatral en sustitución de Miguel Quijano, cargo que desempeñó, según todos los indicios, con máximo rigor y eficacia y se convirtió en persona de la mayor intimidad de Federico. "Primordio de ingeniero de minas, era capaz de llevar con todo el orden, con toda la limpieza exigible, no importa qué asunto concerniente a La Barraca y a la administración estricta del dinero"[322]. Es indiscutible que entre Rapún y Federico surgió una fuerte y, a la vez, dificultosa relación, porque lo cierto es que "Tres erres" era heterosexual según declaró a Gibson Modesto Higueras, amigo de Rafael y compañero suyo en el grupo teatral itinerante[323] o acaso tenía una sexualidad algo compleja y desbordada, a juzgar por el testimonio de Sáez de la Calzada:

"He dicho que tenía sus tragedias; por lo menos así llamaba él a determinadas cosas que le acontecían y que yo no supe jamás: la que llegué a conocer no me parecieron tragedias, pero era violento y elemental, elemental por lo menos en ciertas cosas: por ejemplo, el orgasmo sexual que le sorprendía cuando nuestra furgoneta adelantaba a otro coche en la carretera; eso no era normal, pero él no podía evitar que la velocidad que nuestro buen Eduardo, el

320   Sáenz de la Calzada, Luis, *La Barraca, teatro* universitario, Residencia de Estudiantes, Madrid, 1998, p. 245.

321   Maier, Gonzalo, «Lorca en rosa», *Qué pasa*, nº 1984, 17 abril 2009, p. 64.

322   Sáenz de la Calzada, Luis, *La Barraca, teatro* universitario, Residencia de Estudiantes, Madrid, 1998, p. 244.

323   Gibson, Ian, *Vida, pasión y muerte de Federico García Lorca*, Plaza y Janés, 1998, Gibson, Ian, *Vida, pasión y muerte de Federico García Lorca*, Plaza y Janés, 1998, p. 421.

policía, imprimía a la furgoneta cuando iba a efectuar un adelantamiento, era, en cierto modo, algo así como la posesión de una mujer. ¡Menos mal que había poca circulación en nuestras viejas carreteras!"[324].

La heterosexualidad de Rapún quedó sin embargo y a lo que parece, comprometida por la irresistible seducción que ejerció Federico sobre él:

"Hacia finales de junio (de 1933) la bailarina (Encarnación López, La Argentinita) ofrece una representación especial de *El amor brujo* en la Residencia de Estudiantes. Hay entre el público esta noche un apuesto estudiante de ingeniería, Rafael Rodríguez Rapún... Hace cuatro meses que se ha incorporado a La Barraca y es ya su secretario...Parece probable que Rodríguez Rapún había acompañado a Lorca a Cádiz para el estreno de *El amor brujo* y que la fotografía en la que aparecen juntos en los jardines de hotel Reina Cristina de Algeciras corresponde a este viaje"[325].

Cuando Lorca marchó a Sudamérica, Rapún le acompañó en taxi hasta la estación de Atocha el 27 de septiembre de 1933 a fin de desplazarse en ferrocarril hasta Barcelona donde se embarcó en el paquebote italiano Comte Grande con destino final a la capital argentina.

La relación, que se mantuvo epistolarmente durante la estancia de García Lorca en el continente americano, se reanudó de forma presencial al regreso de América de Federico quien acudió con Rapún y otros amigos a las tertulias que tenían lugar en La Ballena alegre, el sótano del animado café Lion, local que, por cierto, también frecuentaba José Antonio Primo de Rivera.

---

324 Sáenz de la Calzada, Luis, *La Barraca, teatro universitario*, Residencia de Estudiantes, Madrid, 1998, pp. 245-246.

325 Gibson, Ian, *Vida, pasión y muerte de Federico García Lorca*, Plaza y Janés, 1998, Gibson, *Vida, pasión y muerte...*, P. 420.

A finales de septiembre de 1934 respondió desde Granada a la invitación que le había hecho llegar Enzo Levi: "Querido amigo mío: he recibido su carta y hoy recibo una de (Luigi) Pirandello y (Guglielmo) Marconi invitándome al Congreso de Teatro en Roma. Yo estoy muy contento y agradecidísimo de esta invitación por el alto honor que para mí representa...El congreso me invita a llevar a mi señora, pero como no la tengo ¿podría llevar conmigo al secretario de La Barraca, que es también secretario mío?"[326]. Naturalmente se refería a Rodríguez Rapún. Pero la invitación no llegó a buen término y ninguno de los dos se desplazó a la capital de Italia.

Mientras tanto, reincorporado a la dirección del grupo teatral universitario, había compartido con Tres erres la campaña que se desarrolló ese verano y que incluyó la actuación en la Universidad Internacional de Santander. A finales de 1934

"Federico trabajaba, ya terminada, en su obra *Yerma* , que le estrenaría Margarita Xirgu en el teatro Español el día 29 de diciembre (de 1934) Estábamos a la puertas del año 1935, año en que se haría ostensible el declive, la declinación en la que, lentamente, casi sin sentirlo, se adentraba La Barraca... Federico se sentía verdadero director, *voilà*; era normal, pues, que su labor se volcara íntegra sobre aquello que le apasionaba en aquellos momentos: su obra poética y su total realización como autor dramático. En estas condiciones La Barraca, tablado itinerante —por caminos y posadas— quedaría totalmente a la intemperie. Ya he dicho cómo la consignación de La Barraca experimentaría una sustancial merma por obra y gracia de Gil Robles, abogado, director o jefe de la CEDA... De esta manera, consagrado Federico a su propia obra, solicitado por el Club Anfistora —dirigido por Pura Ucelay y Fontanals— y con un presupuesto bastante más reducido, las espaldas de La Barraca se abrieron hasta

---

326 García Lorca, Federico, *Epistolario completo* Cátedra, Madrid, 1997, pp. 803-004. Y en nota 1093 se añade "Rafael Rodríguez Rapún".

el punto de que de ellas brotaría, casi a torrentes, la sangre del caballero de Olmedo"[327].

Esta situación dio lugar a cambios paulatinos en el funcionamiento de la agrupación teatral universitaria. Rapún concluyó sus tareas en la agrupación teatral como consecuencia, según Sáenz de la Calzada, de "una borrascosa sesión de la UFEH celebrada en diciembre —creo— del 35". Y Federico, cuya actividad en el teatro comercial había adquirido pleno protagonismo, decidió renunciar a las suyas: con un carta dirigida al Comisario General de la Unión Federal de Estudiantes Hispanos supuestamente enviada desde Madrid a finales de 1935 o principios de 1936 en la que le decía que "en vista de los asuntos desagradables que se le han desarrollado en La Barraca, y habiéndome pedido mi dimisión el señor (Rafael Rodríguez) Rapún, tengo a bien presentarla con carácter irrevocable"[328].

Según parece "el principio de estos "asuntos desagradables" quizás haya de localizarse en una carta del secretario (Ramos Martín) de la Sociedad de Autores Dramáticos de España, fechada el 25 de noviembre de 1935, donde éste comunica a Lorca que "hemos recibido una carta del Presidente del Teatro Universitario 'La Barraca' protestando del pago de los derechos de las obras que representa dicha agrupación. Rogamos a Vd. nos diga si, efectivamente, las obras clásicas representadas se hacen con texto auténtico, o si por el contrario son refundiciones hechas por Vd."[329]. Rapún fue sustituido por Antonio Román con quien "hubo nuevas gentes que entraron en el ámbito de La Barraca y

327 Sáenz de la Calzada, Luis, *La Barraca, Teatro Universitario*, Publicaciones de la Residencia de Estudiantes, Madrid, 1998, pp. 209-210.

328 García Lorca, Federico, *Epistolario completo* Cátedra, Madrid, 1997, p. 820

329 García Lorca, Federico, *Epistolario completo* Cátedra, Madrid, 1997, p. 820, nota 1120.

que, justo es decirlo, transformaron, aunque no en sentido peyo-rativo, su prístina esencia"[330].

Reina, sin embargo, pone en boca de Juan Ramírez de Lucas, último amante de Federico al que nos referiremos en el capítulo siguiente, que la renuncia de García Lorca a dirección de La Barraca fue a causa de sus obligaciones profesionales: "sé que algu-nos me acusaron del distanciamiento producido —sin ruptura, pero sí con los hechos— con La Barraca, pero en realidad era una decisión tomada por Federico antes de conocerme. Estaba en tal momento de trabajo que, inevitablemente, tenía que ir prescin-diendo de compromisos, y el grupo de La Barraca, en el que tan-tas energías había puesto, ya funcionaba solo, sin él"[331].

En un ambiente tan lenguaraz como era el del Madrid de los años treinta se habían extendido las habladurías sobre la con-ducta sexual de Federico. Reina atribuye a Ramírez de Lucas este comentario:

"Corría de un lado a otro —sobre todo por los sectores más retrógra-dos de la tertulia de La Ballena Alegre— la leyenda negra de cómo Lorca corrompía a jovencitos incautos que caían deslumbrados por su fama y palabra fácil. Entre los que se señalaban como últimas víc-timas figuraba un joven ingeniero muy apuesto y futbolista de cierto éxito, de nombre Rafael Rodríguez Rapún. No sé si fue el hecho de ser también un afamado socialista, o de que las mujeres suspirasen por él a su paso, o todo ello junto, pero en cualquier caso la amistad entre él y el poeta resultó objeto de todo tipo de chanzas, a pesar de que se suponía que Madrid era una ciudad más abierta y cosmopoli-ta que mi ciudad de origen. A Rapún lo llamaban la novia de Lorca, con tal desprecio que, sin conocerlos, me encendía en cólera"[332].

330 Sáenz de la Calzada, Luis, *La Barraca, Teatro Universitario*, Publicaciones de la Residencia de Estudiantes, Madrid, 1998, p. 281.

331 Reina, Manuel Francisco, *Los amores oscuros*, Temas de hoy, Madrid, 2012, p. 253.

332 Reina, Manuel Francisco, *Los amores oscuros*, Temas de hoy, Madrid, 2012, p. 70.

Para Gibson "hay indicios de que a Lorca le preocupaba en estos momentos (otoño 1935) su relación con Rapún y la infelicidad expresada en dos sonetos compuestos en Valencia parecen reflejarlo. Se trata de «El soneto de la carta»[333] y de «El poeta dice su verdad»[334], que garrapateó en unas hojas con membrete del hotel Victoria donde se alojó durante su visita (a Valencia para ver representar *Yerma* a la Xirgu)"[335].

Ambos pertenecen a *Sonetos del amor oscuro*, sobre los que Gibson dice, siguiendo a Aleixandre, que "si bien era indudable que los poemas habían sido inspirados por un amigo en particular —no estaba dispuesto a decir quién y más adelante veremos que su identificación es un tema discutido— no creía que la expresión *amor oscuro* tuviera para Lorca una connotación exclusivamente homosexual. Según Aleixandre, en ellos el amor es «oscuro» por atormentado, difícil, no correspondido, ni entendido, no por homosexual"[336], pese a lo que el biógrafo hispano-irlandés sí cree que los sonetos tienen esa connotación precisa.

El buen estudiante de Ingeniería debió vivir atormentado por una relación que entraba en abierta colisión no solamente con los estereotipos y convencionalismos sociales de la época, sino con una naturaleza que, en el fondo, era naturalmente heterosexual. Rivas Cherif había contado las confidencias que Federico le hizo tras una de sus depresiones: "Lorca estaba en una juerga con un amigo que, por lo visto, era muy especial para él, «su amigo el de La Barraca». Éste se había ido sin despedirse «con una gitana cualquiera». Al día siguiente Lorca no fue a los ensayos y nadie

---

333   Amor de mis entrañas, viva muerte, / en vano espero tu palabra escrita / y pienso, con la flor que se marchita, / que si vivo sin mí quiero perderte.

334   Quiero llorar mi pena y te lo digo / para que tú me quieras y me llores / en un anochecer de ruiseñores, / con un puñal, con besos y contigo.

335   Gibson, Ian, *Vida, pasión y muerte de Federico García Lorca*, Plaza y Janés, 1998, Gibson, *Vida, pasión y muerte...*, p. 493.

336   Gibson, Ian, *Vida, pasión y muerte de Federico García Lorca*, Plaza y Janés, 1998, Gibson, *Vida, pasión y muerte...*, p. 494.

sabía dónde estaba. Había desaparecido como si se lo hubiese tragado la tierra"[337]. Rivas Chérif lo encontró en un cafetín perdido con la cabeza entre las manos.

Todo hace pensar, no obstante, que en la relación mantenida por Federico con Rafael ocurrió algo análogo a lo que pasó con la que mantuvo con Aladrén, y es que tanto una como otra pudieron solaparse con otros encuentros incidentales o con el surgimiento de una nueva amistad. En el caso del estudiante de Ingeniería, a causa del descubrimiento de Juan Ramírez de Lucas. En todo caso, cuando Federico estuvo en Sevilla entre la Semana Santa y la Feria de abril de 1935, según contó su amigo Romero Murube al escritor Marino Gómez Santos, confidencia de la que se hizo eco Gibson, el director de los Reales Alcázares pudo observar una tarde cómo, en los jardines de dicho espacio Lorca "metía su mano debajo de la camisa de Rodríguez Rapún, le acariciaba el pecho y luego le besaba apasionadamente. No se lo pudo creer. No tuvo reparo en admitir que la escena le chocó profundamente: no había «sospechado» nada hasta aquel momento"[338].

Que Romero no sospechara nada resulta poco creíble. Por de pronto, parece que tuvo sobrada ocasión de malpensar a consecuencia de la recomendación que Federico le hizo antes de su llegada a la capital hispalense en favor de la colocación de cierto muchacho como camarero del principal hotel de la ciudad:

"Poco antes del viaje a Sevilla, envió una reveladora carta a Romero Murube que Jacobo Cortines y Juan Lamillar publicaron en la edición facsímil del ejemplar del *Llanto* que el poeta granadino envió al sevillano. En ella le pedía un favor: «Quiero que veas a D. Antonio

---

337 Sahuquillo, Ángel, *Federico García Lorca y la cultura de la homosexualidad masculina*, Instituto de Cultura Juan Gil-Albert, Alicante, 1991, p. 71.

338 Gibson, Ian, *Caballo azul de mi locura» Lorca y el mundo gay*, Planeta, 2009, pp. 331-332. Lo del beso apasionado en la Sevilla de los años treinta y en presencia de un testigo, por muy amigo y cómplice que fuera, resulta inverosímil, si se nos permite decirlo. Y en España lo seguiría siendo hasta finales del siglo XX, si no principios del XXI...

del Río, director del Andalucía Palace [se refiere al Hotel Alfonso XIII, que durante la República se llamó así] y si no lo conoces busca a alguien que lo conozca para que recomiendes de modo decisivo a Francisco Camarero, un muchacho muy amigo mío, persona de toda confianza que desea una plaza de rango para las próximas fiestas de Semana Santa. Creo que este señor Don Antonio del Río es socialista y como esta [aparece tachada la palabra relación] colocación me interesa estoy dispuesto a mandar carta de Don Fernando de los Ríos caso de que tú no puedas hacer nada». Como apuntan Cortines y Lamillar es curioso que estuviera tachada la palabra 'relación'. Parece que Lorca estaba especialmente interesado en que su amigo estuviera en Sevilla en esas fechas. «Este chico es profesional camarero y está trabajando en la actualidad en el Nacional en calidad de extra», añadía la carta"[339].

No hay datos de quien pudo ser el interfecto tan calurosamente recomendado para ejercer de camarero de hotel. Ahora bien, "de la estancia del poeta en Sevilla ha quedado el testimonio de una misteriosa aventura amorosa, una nota manuscrita del poeta con el siguiente mensaje: «He estado a buscarte, desasiéndome de mil personas. Esta noche te espero a la una y media en la Sacristía. Lleva a Antonio Torres Heredia o a Pepita o a la niña de los cuernos. Allí estaré. No faltes. Federico». A la cita de Sevilla quien no faltó, según Romero, fue Rafael Rodríguez Rapún, su amante y secretario de La Barraca"[340].

La amistad, fuera del tipo que fuese y tuviera la intensidad que tuviese, entre Lorca y Rapún superó cualquier crisis que pudiera haberse producido y llegó hasta que la separación entre ambos resultó inevitable por causas ajenas a la voluntad de ambos. Se

339   Rondón, José María, El día que Lorca estuvo en la feria, *El Mundo*, 25 abril 2015.   https://www.elmundo.es/andalucia/2015/04/25/553425ee22601d6b418b4574. html#:~:text=Es%20la%20ma%C3%B1ana%20del%2025,intelectualidad%20de%20 la%20Segunda%20Rep%C3%BAblica. (26.08.2023)

340   https://www.universolorca.com/personaje/romero-murube-joaquin/ (26.08.2023)

conserva una foto tomada en la verbena de San Pedro y San Pablo de Madrid del año 1936 "aparece Lorca radiante de felicidad. Está acariciando la frente de Rodríguez Rapún"[341]. ¿Broma, signo de complicidad o expresión de algo más profundo?

341 Gibson, Ian, *Vida, pasión y muerte de Federico García Lorca*, Plaza y Janés, 1998, Gibson, *Vida, pasión y muerte...*, P. 518.

IX

EL SEGUNDO DESCUBRIMIENTO DE AMÉRICA

Pero no nos precipitemos y retrocedamos algo en el tiempo. Convertido en una primera firma de la dramaturgia en lengua española, García Lorca se había desplazado una vez más al Nuevo Mundo tres años después de su primer viaje. El nuevo periplo fue consecuencia del éxito alcanzado durante el verano de 1933 por el estreno de *Bodas de sangre* por la compañía de Lola Membrives tanto en Montevideo, como Buenos Aires. Federico salió de Madrid a finales de septiembre de ese año —recordemos que Rapún le había acompañado en el taxi hasta la estación de Atocha para tomar el tren en dirección a Barcelona— y en la ciudad condal se embarcó en el Comte Grande con el escenógrafo Manuel Fontanals. Llegaron a la capital argentina el 13 de octubre y cuando Federico pisó Buenos Aires lo hizo como una figura destacada de la nueva dramaturgia española y ello gracias a Lola Membrives:

"De la noche a la mañana, García Lorca pasaría de ser un poeta y autor bien valorado en su país de origen a ser, hasta el punto que pueda serlo un escritor, un fenómeno de masas en Buenos Aires. Y el origen de tal cambio hay que buscarlo en el estreno de *Bodas de sangre* por la compañía de la actriz hispano-argentina Lola Membrives en el teatro Maipo de Buenos Aires en el invierno austral de 1933. La obra, que había venido siendo anunciada y recomendada por una serie de críticos bonaerenses a Federico, causó furor entre el público porteño. Este hecho impulsó a Membrives y a su marido, el empresario Juan Reforzo, a invitar a García Lorca a Buenos Aires para estar presente en el reestreno de *Bodas de sangre* al comienzo de la nueva temporada de la actriz en octubre de 1933[342]. Viajó para una estancia de dos meses y se acabó quedando seis."[343]

Permaneció en el cono sur americano hasta marzo de 1934 y en el transcurso de su estancia dirigió, además del citado drama, *Mariana Pineda* y *La zapatera prodigiosa* y una adaptación del *Retablillo de don Cristóbal*.

Pedro Larrea ha seguido la huella que la estancia que Federico dejó en los periódicos bonaerenses y de este modo ha podido decir que "esta inmersión en la prensa, que ni siquiera Gibson había abordado, me ha permitido sacar a la luz información vital sobre Federico, específicamente revelando dos viajes de los que no teníamos noticia, uno a La Plata con Lola Membrives y su compañía y otro, relámpago, a Montevideo[344] para pronunciar una conferencia"[345].

ESCARCEOS BONAERENSES

El expurgo de la prensa bonaerense permitió a Larrea detectar una curiosa —¿y sospechosa?— relación que el poeta y dramaturgo había establecido con dos púgiles españoles:

---

342   El reestreno tuvo lugar el 25 de octubre de 1933 en el teatro Avenida de Buenos Aires (Pedro Larrea, *Federico García en Buenos Aires*, Renacimiento, Sevilla, 2015, p. 131)

343   Larrea, Pedro, *Federico García Lorca en Buenos Aires*, Renacimiento, Sevilla, 2015, pp. 13-14.

344   Fue el miércoles 21 de marzo de 1934 (Pedro Larrea, *Federico García Lorca en Buenos Aires*, Renacimiento, Sevilla, 2015, p. 70)

345   Larrea, Pedro, *Federico García Lorca en Buenos Aires*, Renacimiento, Sevilla, 2015, p. 15,

"Una noticia que ha pasado desapercibida a los biógrafos es la amistad de García Lorca con dos boxeadores españoles que se encuentran en Buenos Aires: Ponce de León y el vasco Irastorga. No solo aparece Federico aficionado al boxeo, sino que, al parecer, el poeta alternaba a menudo con los deportistas, puesto que se les veía pasear con frecuencia por la avenida de Mayo. Sabemos que el poeta asistió a los combates que tuvieron lugar en una velada boxística el viernes 5 de enero en el Luna Park de Buenos Aires ¿Mantuvo García Lorca alguna relación sentimental con alguno de ellos? No he podido obtener más datos de estos boxeadores, ni García Lorca ha dejado mayores trazas sobre el tema, ni en su correspondencia, ni en sus dedicatorias"[346].

Innecesario es decir que aceptó todos los ligues que se le presentaron, aunque, a juzgar por lo que dice Gibson, hay pocos datos de ellos. En todo caso y como se verá, nunca hizo distinción en lo que se refiere a la categoría social de aquellas personas que le atraían. Podía ser un millonario como Amorim, o un modesto tranviario. Veamos:

"Se buscará en vano testimonios impresos acerca de los escarceos amorosos de Lorca en la capital argentina. Los hubo... ¿Qué amores tuvo Lorca o intuía que iba a tener en la capital argentina? Es casi imposible saberlo. Sí se sabe algo, muy poco, acerca de la relación del poeta con un joven de nombre Maximino Espasande. Chico indudablemente guapo, nacido en Asturias en 1911. Maximino era cobrador de tranvía, fervoroso comunista y aficionado al teatro. Parece ser que conoció a Lorca en el teatro Avenida, cuando actuaba como comparsa en alguna escena de *Bodas de sangre*. Según la familia de Espasande, Lorca se enamoró perdidamente del cobrador, persiguiéndole durante semanas hasta que el chico dijo que saldría con él. La

---

346 Larrea, Pedro, *Federico García Lorca en Buenos Aires*, Renacimiento, Sevilla, 2015, p. 66.

amistad se rompió luego al darse cuenta Maximino, que no era homosexual, de que el poeta quería tener con él una relación física"[347].

Por otra parte, y tal cual explica Villena, "trató a muchos homosexuales en Argentina como al poeta Ricardo Molinari, con quien ya estaba en contacto epistolar..."[348]. Cita a Espasande pero añade: "Gabriel Manes porteño y rico, sería otra de esas breves relaciones. A Manes le regaló el manuscrito del *Retablillo de Don Cristóbal y Doña Rosita*. Pero —cosas del tiempo— Manes, que sí era homosexual, nunca contó nada"[349]. De tales andanzas estuvo bien informado Mujica Laínez, a la sazón joven periodista, quien habría contado a Villena que "acompañó a Federico varias noches a tabernas de marineros en el puerto..."[350].

EL AMANTE URUGUAYO DE FEDERICO ¿UNA HISTORIA REAL?

Pero el personaje más interesante de su segunda y última estancia en América y sobre el que existen más referencias sobre la posible existencia de una relación íntima de Federico por aquellos pagos es Enrique Amorim, al que Villena describe de este tenor:

"Rico, casado, izquierdista y derechista, medio uruguayo, medio argentino, amigo un tiempo de Borges —que le dedicó el cuento *Hombre de la esquina rosada*— fue según todos los amigos uruguayos que he consultado (especialmente Cristina Peri Rossi, que conoce el tema y no cree a Roncagliolo) un criptogay que no salió del armario si no en muy estricta intimidad. ¿Hubiera sido amigo, si no, de un Borges tan claramente homófobo? Claro que Enrique Amorim, con nombre

347 Gibson, Ian, *Vida, pasión y muere de Federico García Lorca*, Plaza y Janés, 1998, pp. 443-444.

348 Villena, Luis Antonio de, *Los mundos infinitos de Lorca*, Tintablanca, 2023, p. 133.

349 Villena, Luis Antonio de, *Los mundos infinitos de Lorca*, Tintablanca, 2023, p. 135.

350 http://luisantoniodevillena.es/web/articulos/los-imposibles-novios-de-federico-garcia-lorca/ (11.11.2022)

en el Río de la Plata y poco conocido entre nosotros, conoció a Lorca, lo festejó y se hizo amigo suyo... Supongamos que se acostaron alguna vez. ¿Es eso "gran amor", ese que Federico nunca tuvo? Roncagliolo exagera, pero está bien porque saca a relucir más relaciones lorquianas, por efímeras sentimentalmente que fueran..."[351].

El citado Rocagoglio tiene otra opinión. Afirma Eduardo Silveyr:

"La editorial española *Alcalá*, dueña de los derechos de autor de Enrique Amorim, le encargó la escritura de un libro en el año 2011 al escritor peruano Santiago Roncagliolo —quien se presenta como un sicario de la industria editorial— con el fin de despertar curiosidad sobre la obra muerta del uruguayo. Si la vida de Amorim ya tenía ribetes fabulosos, parece ser que Roncagliolo los acrecentó al convertirlo en el amante de García Lorca, si bien sus familiares y algunos allegados niegan la homosexualidad del mismo, el intercambio epistolar existió y la existencia de una foto y un registro fílmico de Lorca en *Las Nubes* también, lo cual echaría por tierra tales negaciones"[352].

Roncagliolo explica en *El amante uruguayo. Una historia real* que Amorim nació en 1900 en Salto, Uruguay, en una familia de hacendados ganaderos y estudió en Buenos Aires en el Colegio Sudamericano primero, y luego en el Internacional de Los Olivos, en donde destacó como poeta. Intentó hacer la carrera de Derecho, que no terminó y se dedicó a desarrollar una intensa actividad literaria. "Amorim era un camaleón. No solo practicaba múltiples géneros literarios, sino también asumía múltiples identidades, que sumaban seudónimos a su lista... No obstante, de todas sus identidades posibles, a la crítica literaria solo le interesaba una: la real, la del hombre del campo que él se negaba a ser". Le

---

351 http://luisantoniodevillena.es/web/articulos/los-imposibles-novios-de-federico-garcia-lorca/ (11.11.2022)

352 http://revistaperronegro.com/eduardo-silveyra-enrique-amorin-bigamo-dandy-comunista/ (31.10.2022)

define como "sexualmente ambiguo en una sociedad machista"[353]. Y añade:

"Mientras más famoso se hacía (como escritor) el uruguayo se preocupaba más por ocultar su homosexualidad. Cultivó fama de mujeriego. Sin rubor alguno, contaba a los periodistas historias de sus aventuras sexuales. Declaró que había tenido que dejar Salto en su adolescencia porque le gustaban demasiado las mujeres. Llegó a inventar que una amante obsesionada con él le había robado un manuscrito de su siguiente libro, y le pidió públicamente que se lo devolviese. Sus entrevistas, en general, expelían un delicado aroma a testosterona"[354].

Roncagliolo se refiere a cierto episodio que habría ocurrido durante la estancia en el cono sur de otro dramaturgo español tan famoso como Federico y también como éste reconocidamente gay: Jacinto Benavente. Cuando el autor de *Los intereses creados* visitó Buenos Aires en 1922, Amorim, que colaboraba ya por entonces en diversas publicaciones, le visitó con otros estudiantes y parece que intimó con él, al punto que el autor sugiere que llegaron a algo más:

"Benavente era un homosexual discreto, pero sospechosamente soltero a sus cincuenta y seis años, que llegó al Río de la Plata en la cúspide de su fama, y muy dispuesto a pasárselo en grande. Una foto que le dedicó y firmó a Amorim lo muestra, en efecto, rodeado de jovencitos. Pero no cabe duda de quién era su preferido. La magnitud de los apetitos de Benavente por Enrique queda registrada con sonrojante claridad en sus cartas. La primera lleva el membrete del Grand Hotel Lanata de Montevideo, y Benavente la escribió al terminar su visita poco antes de partir:

---

353 Roncagliolo, Santiago, *El amante uruguayo. Una historia real*, Alcalá Grupo Editorial, 2011, p. 40.

354 Roncagliolo, Santiago, *El amante uruguayo. Una historia real*, Alcalá Grupo Editorial, 2011, p. 66.

—Queridísimo amigo: mucho siento no verle antes de marchar. ¿No vendrá usted por aquí? ¡Cuánto me alegraría! Ud. no sabe el cariño, la simpatía que, sentida desde el primer momento, ha ido aumentando hasta ...

Benavente abandona así el primer párrafo, en puntos suspensivos, y luego pasa a describir con apasionada nostalgia un encuentro íntimo con Amorim:

—Por toda mi vida será un recuerdo imborrable, algo de lo que se duda si ocurrió o si se soñó, nuestro crepúsculo de dicha, nuestras confidencias, y sobre todo, algo espiritual que yo sentía alrededor nuestro. No lo olvidaré nunca. Hoy llena mi corazón por entero el recuerdo y la escena se prolonga en mi imaginación, y todavía le digo a usted muchas cosas, cosas que de seguro en presencia ni sabría decirle, son cosas sin palabras, eso, cosas ...

El subrayado del crepúsculo y los puntos suspensivos son del propio Benavente, que más adelante, añade:

—No me cambiaría por nadie solo por haber vivido esa tarde.

Benavente continuó viaje por Chile, Perú y Panamá. Amorim le escribió. La respuesta de Benavente lleva el membrete del hotel Gran París de Matanzas, Cuba. En ella, don Jacinto lamenta no haber llevado consigo a su joven amigo uruguayo por temer demasiado al qué dirán:

—¡Qué bien lo habría usted pasado! ¿Por qué seremos tan cobardes? Es tan hermoso lanzarse a la ventura sin pensar en mañana.

Sin embargo, Benavente no se ha aburrido en su gira:

—De ambiente intelectual todo esto anda mediano. ¡Pero qué falta hace! Hay unos ojos color de acero y unas bocas ... ¡Y cómo saben besar por estas tierras!

De todos modos, añora su tarde con Amorim, de la que ofrece más detalles:

—Yo le recuerdo siempre. Un recuerdo lleno de poesía y ... de crepúsculo. Le veo subir a aquella luz, a aquella altura... Estaba más cerca del cielo que de la tierra y aquel beso, el único que dejé en su frente y...

Esta última frase sugiere que el crepúsculo en cuestión tuvo más de romanticismo que de abierta carnalidad. Pero no deja lugar a dudas sobre los deseos de Benavente"[355].

El caso es que Amorim perdió interés por Benavente al extremo de no irle a ver cuando viajó a España, algo de lo que el dramaturgo se le quejó en una carta en la que le confesaba: "Si supiese que hasta versos le tengo dedicados que Ud .no leerá... ¡Que nadie leerá nunca!". Apostilla Rocagliolo: "Así terminó el crepúsculo de dicha y cayó la noche sobre la pasión de Benavente por Enrique Amorim"[356].

Roncagliolo recuerda que muchos homosexuales se casaban para disimular su condición, pese a que en ciertos ambientes liberales no se preocupaban de ocultarla a sus propias esposas. Amorim lo hizo con Esther Haedo, prima de Borges:

"Esther era consciente de la opción sexual de su esposo. Después de todo, él guardaba un archivo de cartas comprometedoras como las de Jacinto Benavente que después de su muerte ella revisaría, conservaría y mostraría sin pudor a los interesados en la obra de su esposo. Es poco probable que Amorim fuese bisexual, ya que en esa correspondencia se conservan cartas de amor con hombres, pero ni una sola de mujer... Otro indicio es que Amorim y Esther dormían separados. Ante sus familiares, el escritor justificaba este detalle con el argumento de que era muy maniático con los ruidos y que no soportaba dormir junto a nadie. Aparte de Amorim, hubo un grupo social que sí estaba al corriente de su homosexualidad: el gremio de los artistas.[357]".

---

355 Roncagliolo, Santiago, *El amante uruguayo. Una historia real*, Alcalá Grupo Editorial, 2011, pp. 46-47.

356 Roncagliolo, Santiago, *El amante uruguayo. Una historia real*, Alcalá Grupo Editorial, 2011, pp. 47.

357 Roncagliolo, Santiago, *El amante uruguayo. Una historia real*, Alcalá Grupo Editorial, 2011, p. 103.

Pero volvamos a Federico García Lorca, al que habíamos dejado en Buenos Aires donde, tras el éxito apoteósico de *Bodas de sangre* y el más moderado de *La zapatera prodigiosa*, la representación de *Mariana Pineda* fue un fracaso y Lola Membrives se vio obligada a retirarla a las tres semanas de haberla estrenado alegando que estaba agotada. Quiso presentar entonces *Yerma*, pero faltaba el tercer acto y con todos los homenajes y compromisos sociales Federico no tenía tiempo de terminar de escribirla, por lo que optó por recogerse en la cercana capital uruguaya donde ya estaba el 2 de febrero de 1934. El caso es que allí también tuvo que atender numerosos compromisos por lo que "durante las dos semanas que pasó en Montevideo, Federico no escribió una sola línea"[358]. Y continúa relatando Roncagliolo

"No obstante queda un recuerdo muy palpable de ese viaje, un testimonio muy completo, incluso íntimo. Se trata de un puñado de fotos, una serie en que Federico luce camiseta marinera a rayas y chaqueta blanca. Federico aparece en esas fotos llevando flores a la tumba de un pintor, reunido con un grupo de intelectuales, y paseando en un descapotable blanco, un lujoso Voisin importado de Europa. En la imagen más popular de esa serie, saluda alegremente la cámara. Es una instantánea alegre y relajada, un punto descocada, como la memoria que Sudamérica guardó del poeta.

También subsisten algunas imágenes cinematográficas de García Lorca en Montevideo, casi las únicas que hay de él tomadas con una Kodak de 16 mm. En ellas, un Federico en blanco y negro sonríe y mueve los labios. Aunque la película es muda, se nota que el poeta está de buen humor. Lleva cuello tortuga y chaqueta, y el pelo planchado hacia atrás. En un momento, le entrega el productor de Lola Membrives el manuscrito de una obra teatral, algo que, dadas las circunstancias, debía ser un pequeño sarcasmo.

El autor de todas esas imágenes, las fotos y la película fue la misma persona: un escritor uruguayo llamado Enrique Amorim.

---

358 Roncagliolo, Santiago, *El amante uruguayo. Una historia real*, Alcalá Grupo Editorial, 2011, p. 29.

Amorim, un elegante y engominado personaje que frecuentaba los círculos más exclusivos del Río de la Plata, residía en Buenos Aires. Ahí había conocido a García Lorca y había quedado obsesionado con él. Fue a recibirlo al puerto de Montevideo y, para desesperación de Lola Membrives, no se separó de él durante todo el viaje. Contrató una habitación en el hotel Carrasco, donde se alojaba el poeta. Le organizó un banquete. Lo paseó en su descapotable blanco por las playas de Atlántida y por el carnaval. Contrató una banda de negros condomberos para animar sus fiestas.

Amorim quería documentar su amistad con Lorca, mostrarle al mundo que había estado muy cerca del superfamoso. Le regaló al poeta la camiseta de rayas que luce en las fotos, sabiendo que así, esas imágenes destacarían entre las demás. Pero paradójicamente, para dejar testimonio de esa cercanía, debía desaparecer de la escena. El autor de una foto está siempre detrás de la cámara. Así que solo unas pocas instantáneas de ese viaje inmortalizan a Amorim"[359].

Curiosamente una de las fotos en las que Federico luce la famosa camiseta aparece junto a Amorim y tapando a un muchacho que lleva otra camiseta análoga, ésta imperio, y cuya mano se entrelaza sospechosamente con la del poeta y dramaturgo granadino...

La aceptación por Esther de la condición sexual de su marido facilitó mucho la relación de éste con Federico:

"Durante el viaje de García Lorca a Montevideo, ella estaba alojada con su esposo en el hotel Carrasco. Y su recuerdo de Federico era muy agradable, aunque no se le escapaba la relación que sostenía con su esposo:

—Enrique andaba para todos lados con él. Era un tipo encantador. La persona más despojada de vanidad que usted se puede imaginar. Era como un niño, siempre entretenido, siempre juguetón, siempre ocurrente. Tenía una gracia natural muy gitana.

Federico también simpatizó con ella. La nota que le envió a Amorim muestra que el poeta, aun cuando reclamaba la presencia de su amante, tenía detalles de simpatía hacia su esposa. Es interesante

359 Roncagliolo, Santiago, *El amante uruguayo. Una historia real*, Alcalá Grupo Editorial, 2011, pp. 31-32.

notar que Lorca le manda saludos, pero no la invita a la fiesta, ni espera que llegue con Amorim"[360].

De esta relación quedó constancia epistolar fehaciente. Así en la carta que envió a García Lorca en febrero de 1935 desde La Nubes:

"Federicoooooooooo......... Fedeeriquísimo......Chorpatélico de mi alma... Mi maravilloso epente cruel, que no escribe, que no quiere a nadie, que se deja querer, que se fue al fondo de la gloria y desde allá, vivo, satánico, terrible, con un ramito de laurel en la mano, se asoma por encima de los hombros de las nubes. Chorpatélico que te has ido dejando polvo de estrellas en el aire de América. Un lagrimear (sí, mear, querida máquina mía, has escrito bien, mear) de Tótilas Tótilas, todas llenas de cosméticos y botones ajados por la ... (ilegible, está roto el papel)...esta, esa babosa América que las embadurna y las lame.

Federicoooooooooo... Epente que ama las frentes leves y las ideas desmelenadas. Chorpatélico que levanta la columna de ceniza y se va tras los mares, mientras la poesía de América se queda machacando ajos, desmenuzando perejiles, atónita, y él, ÉL, corre por el mar y en Madrid *Yerma*, *Yerma* de aquella tarde en el Hotel Carrasco, *Yerma* se yergue e ilumina y limpia y libra! Federicoooooooo...! Ya no tendrás, ¿TENDRÁS? quien te quite la ronquera, como aquel cucurucho tierno y cálido. Que se sequen los eucaliptos de la tierra, para que nadie se alce a arrancar hojas, para el alma de tu voz.

Escribe, hombre sin entrañas, entraña sin luz, amigo más allá. Escribe. Y, mira si estaré enojado, que teniendo este espacio de papel que ves, no te pongo nada, nada, nada!."[361]

Según Roncagliolo "la carta muestra, una vez más, el talento de Amorim para escribir con el estilo de quien quiera, en este caso, con las ingeniosas asociaciones de ideas y la creatividad para acuñar nuevas palabras de Federico... "*epente*", la palabra con la que Amorim llama una y otra vez a Federico, significa "homosexual".

360 Roncagliolo, Santiago, *El amante uruguayo. Una historia real*, Alcalá Grupo Editorial, 2011, p. 104-105.

361 Mecanoscrito sobre papel blanco sin firma, pero con correcciones manuscritas. COA-42- Amorim. Archivo Fundación García Lorca.

Es posible que "*chorpatélico*" también, ya que las usa indistintamente. Cada vez que pone una, también está la otra. No se trata solo de un juego literario, o de un producto de la extraordinaria creatividad verbal de García Lorca. Era una obligación de supervivencia. Los gais necesitaban inventar palabras o giros que les permitiesen hablar sin riesgo sobre temas prohibidos, en particular, sobre sentimientos prohibidos. Las memorias del uruguayo sugieren que su affaire con García Lorca fue mucho más que una rápida aventura. Sabemos que se conocían desde Buenos Aires, y la apretada agenda de Amorim como escolta de García Lorca sugiere que su amistad ya era muy cercana durante los días de Uruguay. Pero para conocer los sentimientos de García Lorca hacia Amorim sería necesario leer sus cartas. Y esos documentos definitivos han desaparecido"[362].

Roncagliolo dice que Amorim las guardaba en la mesilla de noche de su casa de Salto y que allí fueron encontradas después de su muerte, que Griselda Rosano, asistenta del domicilio, las envió por orden de su viuda a la familia García Lorca pero "en todo caso en la Fundación García Lorca no existe rastro de tales cartas"[363]. Añade que Amorim escribió muchas cartas a Federico que quedaron sin respuesta. "No era extraño que Federico García Lorca olvidase a quienes lo querían. Lo hizo muchas veces a lo largo de su vida. Multitud de conocidos creían ser sus mejores amigos, pero él los olvidaba tan pronto se alejaba de ellos unos días. Incluso si Federico tenía en mente a Amorim cuando hablaba de su gran amor de Buenos Aires, incluso si escribió durante su viaje las apasionadas cartas de amor de que hablan los testigos, nada garantiza que siguiese pensando igual tan pronto zarpó de vuelta a casa"[364].

Y el autor concluye:

---

362 Roncagliolo, Santiago, *El amante uruguayo. Una historia real*, Alcalá Grupo Editorial, 2011, pp.55-56.

363 Roncagliolo, Santiago, *El amante uruguayo. Una historia real*, Alcalá Grupo Editorial, 2011, p. 57.

364 Roncagliolo, Santiago, *El amante uruguayo. Una historia real*, Alcalá Grupo Editorial, 2011, pp. 132-133.

"Podemos afirmar, con cartas o sin ellas, que Amorim se enamoró de Federico y fue correspondido. Lo que no sabemos es con qué intensidad. En la historia de Federico abundan los casos de amigos fascinados con Federico a los que él olvidaba después de unos días. Ahora bien, también podría haber ocurrido lo contrario: durante su estancia en Buenos Aires, Federico le confió a un amigo que había tenido un gran amor en esa ciudad, un amor al nivel de los mayores de su vida, que sus biógrafos han buscado hasta ahora sin éxito"[365].

Federico y Amorim volvieron a encontrarse dos años más tarde. Fue en España, en 1936, pero la relación se había enfriado notablemente:

"A comienzos del año 36 (Amorim) se plantó en España para ver a Federico García Lorca. El último encuentro entre los dos escritores es objeto de un enigma tan oscuro como el de su hija[366]. Solo dos

---

365 Roncagliolo, Santiago, *El amante uruguayo. Una historia real*, Alcalá Grupo Editorial, 2011, p. 58.

366 Roncagliolo hace a Amorim padre putativo de una niña: "En 1935 Enrique Amorim tuvo finalmente una hija. Y una vez más, el origen de la pequeña se pierde en las sombras... ni siquiera el nacimiento de la hija da fe de una relación heterosexual, porque la madre biológica de esa niña no era su esposa, Esther Haedo, sino otra mujer: la porteña Blanca Pastorello (prima de un pintor amigo suyo)... parece poco probable que Amorim se haya enamorado de ella. Pero, sobre todo, las fechas desmienten de plano que la haya embarazado..." Roncagliolo estudia las fechas y deduce: "Amorim solo podría haber sido el padre de Liliana si inmediatamente después de la muerte de su amada madre hubiese salido corriendo de Buenos Aires para dejar encinta a una mujer con la que no tenía nada que ver, cuyo embarazo duraría cinco meses. Parece complicado de encajar". Recuerda que el uruguayo "estaba obsesionado por ser padre" de modo que "Amorim se responsabilizó de la hija de Blanca Pastorello desde antes de su nacimiento y con muchos bríos... Cuando Blanca se empezó a notar la barriga, para disimular la situación y salvar su honra, Amorim la sacó de la capital. Los últimos meses del embarazo se realizaron en Federación, una pequeña localidad argentina a orillas del río Uruguay, cerca de Salto, donde ella esperó el parto sin que ningún conocido notase su estado. Blanca regresó a Buenos Aires llevando en sus brazos un bebé. A sus conocidos les dijo que la había recibido de una madre que no podía hacerse cargo de ella. El siguiente paso en el montaje fue que Amorim se mostró conmovido por su valor y su entrega y se ofreció a darle su apellido a la niña. Cambiaron el registro de nacimiento por uno nuevo con el apellido del escritor y la jugada quedó consumada".

documentos dan fe de esa reunión, dos huellas de lo que era una despedida, aunque sus protagonistas no lo sabían.

El primero de esos documentos se guarda en la residencia de Las Nubes, en Salto. Es una foto de Amorim y Lorca caminando por la Gran Vía. Llevan ropa de invierno, como corresponde, y se ven animados. Sin embargo, el segundo documento desmiente que hayan pasado una tarde muy alegre... según (escribió) Amorim, durante su paseo por la calle Alcalá[367] discutieron de política. Amorim añade poco más, pero hace una revelación sorprendente, mucho más importante que su tarde de poesía en las playas del Uruguay. Una revelación que, de ser cierta, cambiaría la historia de Federico García Lorca. Amorim la cuenta con viva angustia:

—En plena calle de Madrid, ante una temprana pregunta mía en vísperas de estallar la guerra civil, Federico me gritó indignado, como si mi curiosidad le hubiera ofendido: «Con Azaña, qué duda cabe... ¡con Azaña!» Siguiéndonos los pasos iba alguno de los que dispararon contra él. Sí: pisándonos los talones marchaba el fascista que lo iba a matar...

No era solo que temiese hablar de la homosexualidad del poeta, sino que recordaba aquella conversación en la que los había sorprendido el asesino de Lorca. Y por lo tanto, se consideraba responsable directo de su asesinato"[368].

No queda claro a qué personaje pudo referirse Amorim y en todo caso no cree que hubiese sido Ruiz Alonso.

FEDERICO Y NERUDA: NADA MÁS QUE ADMIRACIÓN

Durante su estancia en la capital argentina Federico conoció a Pablo Neruda, a la sazón cónsul de Chile en Buenos Aires, a donde había llegado en agosto de 1933. El escritor chileno, que para entonces ya había publicado *Veinte poemas de amor y una canción*

---

367 ¿Alcalá o Gran Vía? ¿o Amorim se refería a otro paseo anterior o posterior?
368 Roncagliolo, Santiago, *El amante uruguayo. Una historia real*, Alcalá Grupo Editorial, 2011, pp.143-144.

desesperada, *El hondero entusiasta* y *Residencia en la tierra*, ejercía de funcionario del servicio exterior y tras una etapa en Extremo Oriente como cónsul de Chile en Singapur y Batavia (Indias Orientales Holandesas) y una corta estancia en su país de origen, fue destinado a la ciudad porteña en la que permaneció poco tiempo ya que su deseo era ir a España. Se encontraron el 13 de octubre en casa de Pablo Rojas Paz en lo que fue el inicio a una profunda amistad. El PEN Club argentino les dispensó un homenaje que estuvo a punto de malograrse por las malas artes de los enemigos de ambos, pero que pudo finalmente llevarse a cabo. Aprovecharon la coyuntura para organizar un juego que provocó la estupefacción de todos los asistentes. Lo recordó con gracia el poeta chileno:

"Federico tenía contradictores. A mí también me pasaba y me sigue pasando lo mismo. Estos contradictores se sienten estimulados y quieren apagar la luz para que a uno no lo vean. Así sucedió aquella vez. Como había interés en asistir al banquete que nos ofrecía el Pen Club en el Hotel Plaza, a Federico y a mí, alguien hizo funcionar los teléfonos todo el día para notificar que el homenaje se había suspendido. Y fueron tan acuciosos que llamaron incluso al director del hotel, a la telefonista y al cocinero-jefe para que no recibieran adhesiones ni prepararan la comida. Pero se desbarató la maniobra y al fin estuvimos reunidos Federico García Lorca y yo, entre cien escritores argentinos.

Dimos una gran sorpresa. Habíamos preparado un discurso al alimón. Ustedes probablemente no saben lo que significa esa palabra y yo tampoco lo sabía. Federico, que estaba siempre lleno de invenciones y ocurrencias, me explicó:

«Dos toreros pueden torear al mismo tiempo el mismo toro y con un único capote. Ésta es una de las pruebas más peligrosas del arte taurino. Por eso se ve muy pocas veces. No más de dos o tres veces en un siglo y sólo pueden hacerlo dos toreros que sean hermanos o que, por lo menos tengan sangre común. Esto es lo que se llama torear al alimón. Y esto es lo que haremos en un discurso».

Y esto es lo que hicimos, pero nadie lo sabía. Cuando nos levantamos para agradecer al presidente del Pen Club el ofrecimiento del banquete, nos levantamos al mismo tiempo, cual dos toreros, para un solo discurso. Como la comida era en mesitas separadas, Federico estaba en una punta yo en la otra, de modo que la gente por un lado me tiraba a mí de la chaqueta para que me sentara creyendo en un equivocación, y por el otro hacían lo mismo con Federico. Empezamos, pues, a hablar al mismo tiempo diciendo yo «Señoras» y continuando él con «Señores», entrelazando hasta el fin nuestras frases de manera que pareció una sola unidad hasta que dejamos de hablar. Aquel discurso fue dedicado a Rubén Darío, porque tanto García Lorca como yo, sin que se nos pudiera sospechar de modernistas, celebrábamos a Rubén Darío como uno de los grandes creadores del lenguaje poético en el idioma español"[369].

La amistad se cimentó de tal manera que les llevó a un nivel de complicidad suficiente como para compartir una aventura que culminó en inesperada coyunda del chileno ante el desconcierto de su amigo español, que acabó ejerciendo de sorprendido —¡y accidentado!— *voyeur*:

"Recuerdo que recibí de Federico un apoyo inesperado en una aventura erótico-cósmica. Habíamos sido invitados una noche por un millonario de esos que sólo la Argentina o los Estados Unidos podía producir. Se trataba de un hombre rebelde y autodidacta que había hecho una fortuna fabulosa con un periódico sensacionalista. Su casa, rodeada por un inmenso parque, era la encarnación de los sueños de un vibrante nuevo rico. Centenares de jaulas de faisanes de todos los colores y de todos los países orillaban el camino. La biblioteca estaba cubierta sólo de libros antiquísimos que compraba por cable en las subastas de bibliógrafos europeos, y además era extensa y estaba repleta. Pero lo más espectacular era que el piso de esta enorme sala de lectura se revestía totalmente con pieles de pantera cosidas unas a otras hasta formar un solo y gigantesco tapiz. Supe que el hombre tenía agentes en África, en Asia y en el Ama-

369 Neruda, Pablo, *Confieso que he vivido*, Seix Barral, Barcelona, 1976, pp. 157-158.

zonas destinados exclusivamente a recolectar pellejos de leopardos, ocelotes, gatos fenomenales, cuyos lunares estaban ahora brillando bajo mis pies en la fastuosa biblioteca.

Así eran las cosas en la casa del famoso Natalio Botana, capitalista poderoso, dominador de la opinión pública en Buenos Aires. Federico y yo nos sentamos a la mesa cerca del dueño de casa y frente a una poetisa alta, rubia y vaporosa, que dirigió sus ojos verdes más a mí que a Federico durante la comida. Ésta consistía en un buey entero llevado a las brasas mismas y a la ceniza en una colosal angarilla que portaban sobre los hombros ocho o diez gauchos. La noche era rabiosamente azul y estrellada. El perfume del asado con cuero, invención sublime de los argentinos, se mezclaba al aire de la pampa, a las fragancias del trébol y la menta, al murmullo de miles de grillos y renacuajos.

Nos levantamos después de comer, junto con la poetisa y con Federico que todo lo celebraba y todo lo reía. Nos alejamos hacia la piscina iluminada. García Lorca iba delante y no dejaba de reír y de hablar. Estaba feliz. Ésa era su costumbre. La felicidad era su piel.

Dominando la piscina luminosa se levantaba una alta torre. Su blancura de cal fosforecía bajo las luces nocturnas.

Subimos lentamente hasta el mirador más alto de la torre. Arriba los tres, poetas de diferentes estilos, nos quedamos separados del mundo. El ojo azul de la piscina brillaba desde abajo. Más lejos se oían las guitarras y las canciones de la fiesta. La noche, encima de nosotros, estaba tan cercana y estrellada que parecía atrapar nuestras cabezas, sumergirlas en su profundidad.

Tomé en mis brazos a la muchacha alta y dorada y, al besarla, me di cuenta de que era una mujer carnal y compacta, hecha y derecha. Ante la sorpresa de Federico nos tendimos en el suelo del mirador, y ya comenzaba yo a desvestirla, cuando advertí sobre y cerca de nosotros los ojos desmesurados de Federico, que nos miraba sin atreverse a creer lo que estaba pasando.

—¡Largo de aquí! ¡Ándate y cuida de que no suba nadie por la escalera! —le grité.

Mientras el sacrificio al cielo estrellado y a Afrodita nocturna se consumaba en lo alto de la torre, Federico corrió alegremente a cumplir su misión de celestino y centinela, pero con tal apresuramiento y tan mala fortuna que rodó por los escalones oscuros de la torre. Tuvimos que auxiliarlo mi amiga y yo, con muchas dificultades. La cojera le duró quince días"[370].

En mayo de 1934 Neruda fue trasladado a Barcelona en idéntica función, pero en diciembre quedó agregado al Consulado de Madrid aunque sin abandonar sus tareas en la capital catalana, lo que sólo consiguió cuando fue designado para sustituir a Gabriela Mistral como cónsul en la capital de España en octubre de 1935. Para entonces ya había consolidado la buena amistad con García Lorca que había oficiado como su presentador en el recital y conferencia que Neruda impartió en la Complutense el 6 de diciembre de 1934.

A juzgar por sus recuerdos, no sería exagerado afirmar que Neruda se enamoró de aquel Madrid de los años treinta:

"Con Federico y Alberti, que vivía cerca de mi casa en un ático sobre una arboleda, la arboleda perdida, con el escultor Alberto, panadero de Toledo que por entonces ya era maestro de la escultura abstracta, con Altolaguirre y Bergamín; con el gran poeta Luis Cernuda, con Vicente Aleixandre, poeta de dimensión ilimitada, con el arquitecto Luis Lacasa, con todos ellos en un solo grupo, o en varios, nos veíamos diariamente en casas y cafés. De la Castellana o de la cervecería de Correos viajábamos hasta mi casa, la casa de las flores, en el barrio de Argüelles. Desde el segundo piso de uno de los grandes autobuses que mi compatriota, el gran Cotapos, llamaba «bombardones», descendíamos en grupos bulliciosos a comer, beber y cantar. Recuerdo entre los jóvenes compañeros de poesía y alegría a Arturo Serrano Plaja, poeta; a José Caballero, pintor de deslumbrante talento y gracia; a Antonio Aparicio, que llegó de Andalucía directamente a mi casa; y a tantos otros que ya no están o que ya no son, pero cuya fraternidad me falta vivamente como parte de mi cuerpo o substancia de mi alma.

¡Aquel Madrid! Nos íbamos con Maruja Mallo, la pintora gallega, por los barrios bajos buscando las casas donde venden esparto y es-

370   Neruda, Pablo, *Confieso que he vivido*, Seix Barral, Barcelona, 1976, pp. 161-163.

teras, buscando las calles de los toneleros, de los cordeleros, de todas las materias secas de España, materias que trenzan y agarrotan su corazón. España es seca y pedregosa, y le pega el sol vertical sacando chispas de la llanura, construyendo castillos de luz con la polvareda. Los únicos verdaderos ríos de España son sus poetas; Quevedo con sus aguas verdes y profundas, de espuma negra; Calderón, con sus sílabas que cantan; los cristalinos Argensolas; Góngora, río de rubíes"[371].

Durante su etapa madrileña tuvo incluso tiempo para dirigir, por encargo de Manuel Altolaguirre, una revista de poesía titulada *Caballo Verde* de la que aparecieron cinco números. Penón se interesó por la relación que se estableció entre Neruda y García Lorca e interrogó sobre dicho particular a Pura Ucelay:

"Pura se abre maravillosamente en esta ocasión y sigue:
—Durante mucho tiempo Federico estuvo obsesionado por Neruda. Neruda estaba ya casado y vivía en Madrid con su mujer, una mujer también muy especial. Pero yo no creo que entre Neruda y Federico existiera alguna relación de este tipo. Simplemente Federico adoraba su poesía, que siempre recitaba apasionadamente y con admiración.
Con Neruda y su grupo, Federico, que no era un bebedor habitual, se corría las grandes juergas. Era entre los años 1934 y 1935. Y es el período en que yo lo he visto beber más. Podía tomarse una botella de coñac entera sin que se le notaran los efectos. Se ponía algo chispa, muy efusivo, y quizá algo más locuaz de lo habitual. Toleraba muy bien la bebida"[372].

Por lo que cabe colegir que entre Neruda, indiscutiblemente hetero, y Federico nunca hubo, ni pudo haber, nada más que una buena amistad. Y que las cenizas del recuerdo de Aladrén seguían escondiendo rescoldos...

---

371   Neruda, Pablo, *Confieso que he vivido*, Seix Barral, Barcelona, 1976, p. 166.
372   Penón Ferrer, Agustín, *Miedo, olvido y fantasía*, Editorial Comares, Granada, 2009, p. 636.

X

ENTRE DOS (O MÁS) AMORES

Sabemos que antes de atravesar por segunda vez el Atlántico, en este caso para ir a Sudamérica, García Lorca había iniciado su amistad con una mujer fascinante llamada Pura Maortúa. Casada con el abogado Enrique Ucelay y madre de cuatro hijas —Luz, Matilde, Carmen y Margarita—[373], era conocida por el apellido de su marido. Fue una verdadera adelantada a su tiempo y, si se nos permite decirlo, una feminista *avant la lettre*, lo que le llevó a participar en la creación en 1926 del Lyceum Club Femenino de Madrid, entidad formada por mujeres con estudios superiores a las que trataba de agrupar para ofrecerles una forma de encontrarse y viabilizar sus aficiones intelectuales. Bajo el alto patrocinio de la reina Victoria Eugenia y de la duquesa de Alba, su primera presidenta fue María de Maeztu con Victoria Kent e Isabel Oyarzábal en función de vicepresidentas y Zenobia Camprubí, la mujer de Juan Ramón Jiménez, a cargo de la secretaria. La pertenencia a esta entidad prescindía de cualquier prejuicio referido a ideología, orientación sexual u origen social de sus socias, aunque es preciso reconocer que

---

373   Reina, Manuel Francisco, *Los amores oscuros*, Temas de hoy, Madrid, 2012, p. 285.

la mayor parte de ellas eran mujeres de posición acomodada. Entre otras mujeres eminentes que formaron parte de la sociedad cabe recordar, además de las ya citadas, a Clara Campoamor, Ernestina de Champourcín, Elena Fortún, María Teresa León, Concha Méndez, Margarita Nelken y María Lejárraga.

EL CLUB TEATRAL ANFISTORA

Separada Pura Ucelay del Lyceum Club Femenino en torno a 1930, en los dos años siguientes fundó con varias amigas de aquella otra entidad la Asociación Femenina de Cultura Cívica. Una de ellas fue María Lejárraga, dramaturga que, por mor de los condicionamientos de la época, ocultaba su prolífica y exitosa autoría teatral bajo el paraguas del nombre de su marido Gregorio Martínez Sierra. Fruto de esta nueva iniciativa fue la creación de un Club Teatral de Cultura formado por aficionados.

Como Ucelay hubiese quedado muy agradablemente sorprendida de *La zapatera prodigiosa*, que Xirgu había estrenado a Federico, se puso en contacto con éste en otoño de 1932 en el café Gijón y le propuso montar una obra suya. Lorca aceptó, pero exigió que, con *La zapatera prodigiosa*, que era una obra corta, debía completar el programa representando también otra más conflictiva, *Amor de Don Perlimplín con Belisa en su jardín*, una desenfadada *Aleluya erótica* que, sometida a censura en tiempos de Primo de Rivera, fue prohibida por la Dictadura y cuyos originales habían quedado sepultados en algún archivo recóndito de la Dirección General de Seguridad. Pura puso manos a la obra para rescatar el texto interdicto y consiguió su objetivo de modo que, con ambas obras, montó una función en el Español el 5 de abril de 1933[374] que mereció opiniones divergentes: si para los partidarios de Lorca fue un éxito, para sus detractores constituyó un fracaso[375]. Significó, en todo caso, el inicio de una colaboración fructífera que permitió a Pura bautizar el grupo con el nombre de Anfistora que había inventado Federico, quien anudó con ella y sus hijas una relación propicia a confesiones y complicidades.

Mientras Federico permanecía en Sudamérica, el club Anfistora, que había ensayado su primera función en un local de la plaza de las Cortes, estableció su sede en el edificio Capitol de la Gran Vía, pero no reanudó las actividades hasta su regreso. Lo hizo con una obra de Ferenc Molnar titulada *Liliom*, que se estrenó, también en el Español, el 13 de junio de 1934 bajo su dirección. Pero Pura Ucelay deseaba montar con Lorca *Peribáñez y el comendador de Ocaña*.

El grupo Anfistora estrenó la obra de Lope el 25 de enero de 1935 en la Sala Capitol de Madrid. Pero un mes antes, el 29 de diciembre de 1934, se había producido otro estreno, éste crucial en la carrera de Federico como autor teatral. Nos referimos al de *Yerma*, que habría de constituir, con *Bodas de sangre* y *La casa de Bernarda Alba*, la trilogía fundamental de su dramaturgia. La

---

374 Penón Ferrer, Agustín, *Miedo, olvido y fantasía*, Editorial Comares, Granada, 2009, p.628. En la Introducción a *Así que pasen cinco años* (Cátedra, 2023) se mantiene una tesis diferente y se dice que, en realidad, García Lorca, ante el secuestro y consiguiente pérdida del único original disponible de *Amor de Don Perlimplin*, reescribió esta obra durante su estancia en Nueva York: "Que la «Aleluya erótica» debió ser reescrita en primer lugar, es de suponer, ya que su incautación por la policía apenas cinco meses antes (el 5 de febrero de 1929 para ser exactos) parece haber dejado al autor sin texto alguno. El hecho de tratarse de una obra corta, recientemente ensayada, haría muy posible que la retuviese todavía fresca en la memoria. Es, pues, natural que se apresurase ante todo a terminar la nueva redacción, que pudo ser hecha en el mes de julio". (p. 19)

375 Según Filho, Claudio Castro, en «Las vértebras de la censura: Amor de don Perlimplín, una aleluya erótica lorquiana». *Revista de Letras*, nº 54, 2014, "Marañón, que asistía al estreno, se levantó de su butaca escandalizado por el erotismo y la debilidad varonil de Perlimplin".

protagonizó finalmente —Membrives, como sabemos, no pudo conseguirlo— Margarita Xirgu en el teatro Español en una velada que no estuvo exenta de tensiones y polémicas, aunque dominaron los plácemes y los aplausos.

RAMÍREZ DE LUCAS, ÚLTIMO AMANTE DE FEDERICO

Entre tanto, no acababa de progresar otro de los proyectos dramáticos de Federico. Nos referimos a *Así que pasen cinco años*. Esta obra parece que estuvo terminada en torno al verano de 1931 y que el 4 de octubre fue leída en casa de los Morla. Habló de ella con Xirgu, pero parece que a la eximia actriz no le llamó suficientemente la atención por lo que Federico decidió entregarla en torno a 1933 a Pura Ucelay considerando que podía resultar más apropiada para representarla en un grupo experimental como Anfistora. Pero lo cierto es que el proyecto fue prolongándose hasta 1936, si bien entre tanto Maortúa fue pensando en qué actores podía seleccionar para cada uno de los papeles tal cual recuerda su hija:

"De vuelta ya de su apoteósica estancia en la capital argentina, en abril de 1934, Lorca revisó la selección de actores hecha por Pura a cargo de los primeros ensayos tentativos. La mayoría del elenco de Anfistora pasó la prueba, pero el primer actor, el que debía desempeñar el papel del protagonista, fue abiertamente rechazado. Era, según explicó el poeta, demasiado guapo, su físico sólo le permitiría representar el papel de El Jugador de Rugby. Lorca definió entonces, muy claramente, el tipo humano que buscaba: El Joven había de ser «delicado pero varonil». Estas fueron sus exactas palabras. Pasó tiempo y desfilaron varios posibles intérpretes que fueron siendo rechazados uno tras otro. No fue fácil porque a las concretas especificaciones que exigían el aspecto físico del personaje, había que añadir voz y capacidad interpretativa. La verdad es que la selección de protagonista retuvo por dos años los ensayos de la *Leyenda del Tiempo*. Finalmente, y de manera inesperada, Lorca aceptó a uno de los nuevos actores que se habían incorporado últimamente al Club. Se trataba de Luis Arroyo[376], un muchacho joven que estaba a cargo del papel del protagonista en *El Trovador* de García Gutiérrez, que Anfistora presentaba a la sazón. Su interpretación del papel de Manrique, unido a su físico, habían obtenido la plena aprobación del poeta"[377].

Cuando Pura Ucelay estaba ultimando el montaje, que Federico pensaba conveniente estrenar finalmente después del verano de 1936, le llamó a éste la atención la presencia en Anfistora de un adolescente con buen palmito. Penón recuerda que Mortúa le explicó cómo se había producido este primer encuentro:

"Una vez, a la salida de uno de los ensayos, Federico le dijo: «Oye, Pura ¿pero de dónde sacas tú unos hombres tan guapos?». Parece que la última ilusión amorosa de Federico fue precisamente un joven actor del Club Anfistora, un muchacho muy guapo y con un gran atractivo. Se llamaba, Juan Ramírez, era de Albacete y pertenecía a una buena familia. Federico estaba loco por él. Le prometió que lo haría un gran actor, que lo llevaría al extranjero a todos los teatros, que se le aclamaría en el mundo entero..."[378].

El interfecto en cuestión se llamaba Juan Antonio Apolonio Ramírez Lucas —en su partida de nacimiento aparece sin el de—, había nacido en Albacete el 10 de abril de 1917, quinto hijo habido del matrimonio entre el médico forense Otoniel y su esposa Josefa. Había cursado los estudios primarios en el Colegio de las

376   Su nombre completo era Luis Rodríguez Arroyo e intervino en numerosas películas en la posguerra; entre otras, *Raza*, sobre guion de Francisco Franco.

377   Ucelay, Margarita, «Introducción» en García Lorca, Federico, *Así que pasen cinco años*, Cátedra, 2023, pp. 355-356

378   Penón Ferrer, Agustín, *Miedo, olvido y fantasía*, Editorial Comares, Granada, 2009, p.640.

Dominicas de su población natal y los secundarios en las Escuelas Pías, obteniendo a su término el título de Bachiller. En noviembre de 1935 decidió desplazarse a Madrid para estudiar la carrera de ayudante de Obras Públicas no tanto por vocación para ello, de la que carecía, como para encontrar una salida laboral rápida con la que contribuir a aliviar las necesidades económicas familiares, tal cual recordó años después en la memoria que redactó para el ingreso en la Escuela Oficial de Periodismo:

"Terminado el Bachillerato, llegó el momento decisivo de elegir carrera sin que tuviese una preferencia marcada por ninguna clase de estudios. Inexplicablemente me decidí por ayudante de Obras Públicas, elección nada acertada por mi poca afición a las matemáticas; mi decisión la motivó el que era una carrera de poca duración y deseaba cuanto antes dejar de gravar sobre mi familia... en noviembre de 1935 me trasladé a Madrid donde empecé mis estudios sin gran entusiasmo[379]... mis aficiones teatrales me llevaron a frecuentar el Club teatral Anfistora que dirigía Pura Ucelay y al que concurrían García Lorca, Regino Sainz de la Maza, Adolfo Salazar, Luis Escobar y otros muchos intelectuales y artistas que contribuyeron a la depuración de mis gustos y aficiones estéticas"[380].

Según explicó muchos años después, el 30 de abril de 2017, Jesús Martínez de Lucas, hermano de Juan, la primera impresión que recibió éste de García Lorca no fue excesivamente benevolente, aunque no tardó en cambiar de opinión:

"En sus memorias (Juan) cuenta que la primera vez que vio a Lorca no le llamó nada la atención, que le pareció, dice literalmente, «bajito, un poco gordo y cabezón». Pero después le atrajo el magnetismo que tenía Lorca, esto no solamente lo dice Juan Ramírez de Lucas, lo dice Luis Cernuda, lo dice Vicente Aleixandre, lo dice Luis Rosales...

379 Ramírez de Lucas, Juan, "Breve y parcial relato de mi vida", septiembre 1945, p. 7, AGA.83.00382.

380 Ramírez de Lucas, Juan, "Breve y parcial relato de mi vida", septiembre 1945, pp. 7-8, AGA.83.00382.

Era el magnetismo de que cuando él llegaba a una estancia llenaba y era el centro de atención. Y, sin embargo, esa primera reacción de frialdad pues quizá hizo a lo mejor que Lorca se fijara en él de otra forma. Digamos que partió de un rechazo inicial. Sí puedo decir que a Juan nunca le interesó la fama ni las cosas que la rodeaban, era una persona desprendida, generosa, intentando hacer el bien a todos los que le rodeaban"[381].

Manuel Francisco Reina le pone imaginación e idealiza aquel feliz encuentro en la voz en el muchacho:

"Yo noté pronto que Federico me miraba de soslayo, interesado, intentando averiguar qué se escondía bajo mi fachada de muchacho de diecisiete años. Una especie de escalofrío recorría mi espina dorsal como si se produjese entre nosotros una especie de comunicación química o eléctrica, que me daba frío y calor a partes iguales; que me erizaba la piel de una forma húmeda y voluptuosa"[382].

Margarita Ucelay, hija de Pura, advirtió al oído del adolescente, no sin cierta envidia al percatarse del interés que éste acababa de despertar en Federico:

"La mala gente dice que es un invertido y yo me pongo como una fiera cuando los escucho decir esas cosas. Lo que es, es un ángel maravilloso, y no me extraña que los hombres se enamoren de él. Y las mujeres, y las niñas y los gatos, y todo lo que tenga un mínimo de sensibilidad... A veces me gustaría ser un varón para poder tener la oportunidad de que se enamorase de mí"[383].

El caso es que la compenetración entre Federico y Juan fue consolidándose a expensas de la del primero con Rapún, o se solapó con ella, quién sabe. Pese a lo manifestado por Ramírez de Lucas en su memoria para el ingreso en la Escuela Oficial de

---

381 https://www.elperiodicoextremadura.com/mas-periodico/2017/04/30/jesus-ramirez-hermano-juan-ramirez-44299020.html (17.07.2022)

382 Reina, Manuel Francisco, *Los amores oscuros*, Temas de hoy, Madrid, 2012, pp. 91-92

383 Reina, Manuel Francisco, *Los amores oscuros*, Temas de hoy, Madrid, 2012, p. 93.

Periodismo, parece que existe un recibo de la academia Orad a su nombre anterior a 1935 y en cuyo dorso habría escrito Lorca el poema "Aquel rubio de Albacete", lo que haría verosímil la hipótesis de Reina según la cual pudo coincidir con Rodríguez Rapún en el estreno de *Yerma*, o la de que Juan y Federico asistieran juntos al mitin celebrado en Monumental Cinema el 2 de junio de 1935, preparatorio del Frente Popular en el que se produjo un enfrentamiento de García Lorca con Buñuel. Es más dudoso que fuese quien le acompañase en su viaje a Barcelona de otoño de 1935 para el estreno de *Yerma* por Xirgu y que ambos se hubiesen alojaron en el Hotel Majestic del Paseo de Gracia como afirma ese mismo autor[384]. Según Gibson Lorca siguió a Xirgu en su turné por Valencia y Barcelona y Rapún, que no le acompañó a la primera de dichas ciudades, sí lo hizo en la segunda.

Ahora bien ¿pasaron Juan y Federico juntos una Nochevieja, fuese la de 1934 o de 1935? Reina lo sugiere en este tórrido texto que no nos resistimos a reproducir:

"Federico tiró de mí hasta el ascensor, después de saludar a los vigilantes, que se hicieron los ciegos, y subimos hasta la última planta a la que llegaba el elevador. Por el camino, mientras el elegante ascensor subía, me contó que aquel hombre era el portero del edificio de su amigo Rafael Martínez Nadal, que lo quería mucho, casi como a un padre, y que era una de las personas más buenas y con el mayor sentido común que había conocido jamás. Buen amigo, se ofreció personalmente a franquearnos las puertas del edificio, a pesar de que tuviera que dejar la casa y a la familia para hacerlo. Pidió unos favores a unos y otros, ilusionado con celebrar juntos y en la intimidad la entrada del año, pero por todo lo grande. Como si estuviésemos en Nueva York, aunque más castizo, aseguraba ... Yo no entendía muy bien todo lo que sucedía, pero participaba de la euforia y de la juvenil alegría de Federico, que parecía como un niño a punto de descubrirme sus secretos.

---

384 Reina, Manuel Francisco, *Los amores oscuros*, Temas de hoy, Madrid, 2012, p. 432.

Cuando se paró el elevador, salimos y subimos por una pequeña escalera unos tramos más, hasta que Federico introdujo las llaves en la puerta y la abrió. Ante mis ojos, la terraza más elevada del edificio de Telefónica, iluminada con las brillantes luces de sus antenas, y bajo nosotros, todo el centro de la capital de España. Alguien había preparado una mesita, con un servicio y unas lucernas con velas, protegidas por quitabrisas, ya que a esa altura el viento podría haberlas apagado. También una especie de velador con unas lonas gruesas, blancas, fijadas con unos tensos cables de alambre, a modo de jaima. Federico descubrió la cesta, levantando el paño de lino crudo, y sacó una cubitera con hielo y unas botellas de champán. También había un par de copas y unos termos calientes, así como las rituales uvas que se había puesto de moda tomar en la noche de fin de año desde hacía unas décadas. Me miró con un amor que se desbordaba por sus ojos, y me dijo:

—Juan, quiero que esta sea nuestra fiesta de las Luminarias particular. Quiero que las estrellas sean testigo de este fin de año y el comienzo de nuestro amor, y que la ciudad de Madrid esté a tus pies.

—No sé qué decir —le respondí apabullado y preso de la emoción.

—Dime que eres feliz, ahora, en este momento, conmigo.

—Soy feliz ahora, en este momento, contigo —le repetí como una oración.

—¡Pues brinda conmigo y bebamos! —Y tras apurar la primera copa, nos besamos largamente con todas las luces de Madrid a nuestros pies, y las estrellas sobre nuestras cabezas.

Unos minutos después nos preparamos para las campanadas, que se oían a lo lejos, con la algarabía de la gente congregada en la céntrica plaza, como si celebrasen con nosotros, y por nosotros. Nos tomamos las doce uvas, con la risa entrecortada por la premura de los carillones y las campanadas dichosas. Y los gestos cómicos de Federico, inflando los carrillos con la fruta, como cuando en un absurdo comentario le llamé gordito...

—He pedido un deseo —le dije.

—Yo también, pero no lo digas para que no se malogre —me respondió, poniendo otro beso sobre mis labios—. Quiero leerte una cosa que he empezado a escribir. Es para ti. No te burles, por favor, ya sé que es muy sensiblero, pero no me importa ...

—No sé cómo voy a compensarte todo esto —le dije emocionado.

—Ya se te ocurrirá algo —me dijo sonriendo—. ¿Recuerdas que el otro día te dije que por ti comprendía a los clásicos y sus poemas de amor?

—Sí, claro —le respondí un tanto abrumado.

—¡Tenía mucho más sentido que el del primer impulso ... He comenzado a escribirte unos sonetos. Te leo uno a ver qué te parece.

—Y empezó a recitar como él sabía, deteniendo el aire y controlando la atmósfera como un mago ... Un poema sobre amantes en la noche, y profundas lejanías en la proximidad del amor y los cuerpos ...

Al terminar me preguntó:

—¿Qué dices, te gusta? —me preguntó como si realmente necesitase mi respuesta.

—¿Que si me gusta, dices? —Apenas podía aguantar las lágrimas de felicidad que escapaban de mis ojos.

—Pero no llores, Juanito, que si no te ha parecido bien, lo rompo ahora mismo —me provocó bromista, mientras me abrazaba y se mezclaba mi llanto con su risa— O se lo dedico a otro...

—¡No serás capaz, malvado! —Y él se revolcaba de risa por el suelo. Protestaba yo— ¡No se te ocurra tocar una coma, Federico! —Y le devolvía el abrazo y los besos—. Creo que ya se me ha ocurrido algo para pagarte esta noche...

Federico sonrió, pícaro, mientras yo tiraba de él hacia el suelo. Había unos cojines y un pequeño brasero para alejar un poco la rociada de la noche que ninguno sentíamos. Allí, sobre los abrigos y las mantas que alguien había dispuesto, con la luz del rascacielos y las estrellas, entramos el año, adentrándonos en el misterio del amor y del placer, que conduce a sus criaturas por las veredas de los cuerpos, tan sabiamente.

Vimos amanecer juntos, desde aquella privilegiada atalaya de Madrid. Los pájaros levantaban el vuelo sobre nosotros, saludando el nuevo día y el nuevo año. Federico me confesó que hasta ese momento conmigo no le gustaban las alboradas; que era la hora en la que los enfermos mejoraban súbitamente para morir luego.

—Creo que he estado muerto hasta ahora, Juan. Como en mi poema —me susurraba sin dejar de acariciarme y entregarme sus besos—: «herido de amor huido».

—Yo sé que no había vivido hasta conocerte, Federico. Que he vuelto a nacer hoy, con el año, entre tus brazos —le aseguré—. Que ya estoy «muerto de amor...».

Las palomas arrullaban entre los huecos de las antenas, refugiadas de la noche y los petardos de la celebración, y nosotros las asustamos con nuestros propios gemidos. Los latidos se acompasaron como una extraña y cálida sinfonía de pálpitos. Creíamos que éramos como dioses, en la cima del mundo, por encima de los tejados más antiguos de Madrid, flotando por la emoción, el amor y el deseo.

Como si fuéramos, también nosotros, esculpidos por la brumosa penumbra que precede al día, efigies o esculturas concebidas para las acroteras y cimeras de los edificios más fabulosos del centro de la capital. La luz del sol, ya elevándose en el horizonte, dibujaba el volumen de nuestros labios agotados de darse el uno al otro, aunque la sed no se calmaba tras de tantos besos. El temblor del frío se mezclaba con el del placer, ese estremecimiento que semeja una especie de muerte gozosa, mientras el cielo parecía aureolar nuestros cuerpos como ángeles que se amasen en el amanecer del mundo. Creo que hasta Dios, en su silencio absoluto, nos sonreía aquella mañana, alejándonos del sufrimiento del barro cotidiano"[385].

Pese a todo, como ya había ocurrido años atrás con Aladrén, el fantasma de Rapún siguió aleteando —o interfiriendo— en esta nueva y prometedora relación tal cual invita a pensar la foto de la verbena de San Pedro y San Pablo de Madrid de 1936 que hemos citado anteriormente. El *pillamoscas* granadino no perdía ninguna oportunidad....

EDUARDO BLANCO AMOR, UN GAY DESMADRADO

Habría que incluir un tercer personaje en el complejo mosaico de amistades homosexuales lorquianas de estos años: el escritor gallego Eduardo Blanco-Amor. El propio interesado escribió, muchos años después, que "de las habladurías, resultaba que yo era

---

385 Reina, Manuel Francisco, *Los amores oscuros*, Temas de hoy, Madrid, 2012, pp.227-230.

un *epente* (una de nuestras palabras clandestinas) indeciso y «muy elaborado», como «quien anda por dentro» si saber a qué carta de sexo quedarse"[386]. Gibson lo retrata como un "gay desinhibido y extravagante en su juventud, escandalosamente guapo, (y que) adquirió en la capital argentina aire cosmopolita y dandi que no le abandonaría nunca"[387]. Blanco nació en Orense en 1889 pero emigró a la República Argentina en 1919. De formación autodidacta, trabajó como periodista en la prensa gallega que se editaba en el cono sur americano y regresó a España durante un tiempo en 1928 como corresponsal de *La Nación*. Lo hizo de nuevo de nuevo con la República y en ocasión de este segundo viaje fue cuando conoció a García Lorca, así como a otros poetas y escritores de la generación de 1927. Blanco-Amor y García Lorca "no se conocieron personalmente hasta la primavera de 1933"[388] pero anudaron una buena amistad que tuvo sus altibajos. En 1934 visitó la Huerta de San Vicente, ocasión en que le regaló copias de poemas del *Diván del Tamarit*.[389] Dice Gibson:

"Blanco Amor se dedicó afanosamente a hacerse aceptar por el granadino. Su homosexualidad, a diferencia de la del poeta, era ostentosa, bastante *camp* y nada cauta, y algunos amigos de Federico, según me contó Guerra da Cal, se sentían ofendidos por sus modales, que le parecían insolentes y hasta vulgares. Lorca no les hizo caso, como tampoco había hecho cuando se metían con Emilio Aladrén, y llegó a considerarle divertido y estimulante. También le fue muy útil, como Guerra da Cal, a la hora de componer los *Seis poemas galegos*"[390].

---

386 Blanco-Amor, Eduardo, «Federico, otra vez; la misma vez», *El País, Arte y pensamiento*, VII, 1 octubre 1978.

387 Gibson, Ian, *Caballo azul de mi locura. Lorca y el mundo gay*, Planeta, 2009, p. 298.

388 García Lorca, Federico, *Epistolario completo* Cátedra, Madrid, 1997, p. 601, nota 553.

389 Universo Lorca. Quién Fue Quién, Blanco-Amor, Eduardo, https://www.universolorca.com/personaje/blanco-amor-eduardo/ (14.05.2023)

390 Gibson, Ian, *Caballo azul de mi locura. Lorca y el mundo gay*, Planeta, 2009, p. 298.

Perece, en efecto, que Federico no mantuvo el estrecho contacto que Eduardo hubiera deseado, algo de lo que éste se lamentó en una carta que le remitió el 15 de noviembre de ese mismo año en la que le dice:

"te he llamado diversas veces por teléfono y fui varias también al Anfisturium (sic) con el mismo fin. Ya me despido de encontrarte hasta el juicio final. Siento que me falta la enorme cantidad de abnegación necesaria para ser amigo tuyo. No es que tú seas malo o egoísta, ni desafecto, como dicen por ahí los que no tienen méritos para estar en tu corazón, para conocer tu corazón. Sencillamente te falta vida, tiempo. Para ser tu amigo en presencia y actividad hay que tener una personalidad muy fuerte para deslumbrarte o una falta de personalidad absoluta para no tener cuenta de tus dramáticas e inevitables (inevitables para ti mismo, claro está) zambullidas en el no ser, en un mundo mágico y desconocido al que te evades, envuelto en la capa de Fierabrás que has tenido la suerte de adquirir en un Rastro de gitanas brujas. Me conformo, pues, en ser tu amigo en pasividad y en ausencia... Ya sabes que la mejor poesía del alma de mi raza es la «voluntad de la resignación»."[391]

Hubo una segunda visita de Blanco Amor a García Lorca en Granada el verano de 1935 en el transcurso de la cual tomó fotos familiares con doña Vicenta, la madre de Federico, y éste le llevó con García Carrillo al Generalife, donde le dio por declamar teatralmente la *Oda a Walt Whitman*. Dando rienda a su imaginación, "Federico, como siempre, no les explicó su poema, pero sí que les habló de Walt Withman y de su vida seria y metódica hasta que, cuando tenía unos cuarenta años, un día vio en plena naturaleza a unos hombres que trabajaban en una mina abierta. El torso desnudo y sudoroso de aquellos mineros le hicieron descubrir la belleza del cuerpo masculino y se enamoró. Según García Carrillo, ésta es la versión que les dio Federico de la «conversión» de Walt

---

[391] Archivo Fundación Federico García Lorca, COA-120.

Withman"[392]. También presentó a Blanco-Amor a Rodríguez Valdivieso, su amante granadino por correspondencia.

En otoño de 1935 Eduardo escribió a Federico desde Logroño, a donde había tenido que huir para alejarse del asedio de sus enemigos. "¡Mira donde he venido a parar, hombre! —le dice— Me han traído unos amigos indianos pues, a su paso por Vigo, oyeron decir por casualidad que unos oficialillos iban a agredirme en pandilla y vestidos de paisano ¡Qué valientes!". Le anunciaba que había dejado listos para su publicación los *Seis poemas galegos* y aprovechó para felicitarle a raíz del estreno de *Yerma* en Barcelona: "Ya me enteré del venturoso escándalo de *Yerma*. ¿Qué te decía yo? Es muy grande, muy generosa y muy inteligente esa Barcelona. Me sumo de todo corazón al ¡Visca Catalunya! de Margarita, que supongo lo habrá dado en catalán. Y si esas derechas cabronas siguen impidiendo rehacer lógicamente a España, yo gritaría también ¡Visca Catalunya lliure! Por lo menos, que de todo este hundimiento, este asco, se salve un rezago de España que diga al mundo que, a pesar de todas las apariencias, hubo en este país un pueblo civilizado"[393].

---

392 Penón Ferrer, Agustín, *Miedo, olvido y fantasía*, Editorial Comares, Granada, 2009, p. 246.

393 *Yerma*, que se había estrenado en Madrid el 29 de diciembre de 1934 con gran escándalo, lo fue así mismo en Barcelona el 17 de septiembre del año siguiente (*La Vanguardia*, 17 septiembre 1935 y comentario de María Luz Morales 19 septiembre 1935 con grandes elogios a la Xirgu: "«*Yerma*» es Margarita Xirgu. Singularísimo talento el de esta actriz, que ha sabido — y ha podido — elevarse sobre sí misma y sobre su fama. Raro también, el arte con que logra —en esta «*Yerma*» que sin ella no comprenderíamos—, ser a un tiempo abstracción y mujer; humanizar su personaje hasta en la más honda fibra, y elevarlo hasta hacerlo sentimiento, idea. Es «*Yerma*» la mujer estéril; pero, en su hosquedad, en su desesperación, en su acritud, es la esterilidad misma. Figura, gesto, voz, escaparon a la actriz para hacerse personaje: ese personaje hierático agresivo, hostil por fuera, y rebosante, sin embargo, de no empleadas ternuras y suavidades, que coloca a «*Yerm*a» junto a las más altas figuras trágicas) Cabe, por tanto, colegir, que la carta de Blanco-Amor debió redactarse en fechas inmediatamente posteriores a dicho estreno.

Blanco-Amor regresaría a la Argentina poco después. "La última vez que estuve con Federico fue en diciembre de 1935 para despedirnos, y también para hablar de su segundo viaje a Argentina, ya que tanto había aconsejado el primero. Marchaba él a Barcelona para asistir al estreno de *Doña Rosita la soltera*, también con Margarita Xirgu que cuatro años después habría de reponerla en Buenos Aires en el teatro Avenida... En agosto, creo, de aquel mismo año, Federico nos había leído en Granada, a Pepe García Carrillo, amigo de niñez y de familia, y a mí, *Doña Rosita* ya terminada"[394].

Ello no obstante, antes de embarcar en su travesía atlántica "tuve que marcharme a Marruecos para escribir unas crónicas de encargo y, al mismo tiempo, obedeciendo a antiguas preocupaciones, para comprobar científicamente y sobre el terreno si los mancebos musulmanes practicaban el amor *odrí*, que es el platonismo arcaico, o el de las desvergüenzas reseñadas por André Gide en *Si le grain ne meurt*. De mis averiguaciones resultó que el mentado premio Nobel era un guarro que los hozaba, de paso y de pago, sin que en su gélido racionalismo quedase algún rasgo de deslumbramiento y gratitud para aquellos flancos de seda, ojos agacelados, vientres cóncavos, pechos cálidos e implumes, glúteos de improviso frescor y otra partes noblemente desproporcionadas para la edad y, empero, de tan grácil tacto"[395]. Vamos, que disfrutó sin tasa... Todavía tuvo tiempo, antes de embarcar para América, para despedirse de García Lorca con una postal que le remitió de embarcarse en Vigo "Ahora mismo, dentro de 10 minutos, me embarco. Abrazos..."[396] El matasellos indica que fue depositada en Correos el 6 de noviembre.

---

394 Blanco-Amor, Eduardo, «Federico, otra vez; la misma vez», *El País, Arte y pensamiento*, VI, 1 octubre 1978.

395 Blanco-Amor, Eduardo, «Federico, otra vez; la misma vez», *El País, Arte y pensamiento*, VII, 1 octubre 1978. Deja al galardonado escritor francés cual chupa de dómine y le califica de "bujarra cartesiano que cancelaba la admiración y la gratitud con un billete manoseado y de los más pequeños, pues, además, era un *cutre*, según se sabe". Ahí queda eso.

396 Archivo Fundación Federico García Lorca, COA-120.

Y aún habría una nueva misiva, ésta escrita ya desde Buenos Aires el 29 de ese mismo mes, en la que confesaba apesadumbrado el desengaño amoroso que le esperaba a su desembarco, atenuado, sin duda, por la cálida acogida profesional:

"Yo vine a Buenos Aires más que nada a buscar a quien estaba en mi corazón y en mi carne después de un beso que duró siete años, con sus noches, sus mares y sus angustias. Pues este abrazo que yo traía temblando en mis músculos con un ansia de tanta ausencia junta, no encontró ni siquiera el fantasma piadoso de esas mentiras que se nos cuentan para que sigamos viviendo. Nada. Una confesión bruta a la media hora de desembarcar, y otra persona en medio. Un horror, Federico querido. No sé ni siquiera cómo te lo cuento. Han pasado diez días y este espanto con todos sus insomnios, esperanzas que arden como papeles, proyectos sin sentido y venganzas sin valor siquiera teórico me traen y me llevan como un mar. De pronto me quedo con la vida vacía entre las manos y todo desmoronado dentro y fuera de mí. En contraste con esta brutalidad, para que sea más dolorosa, está el aire imprevisto de triunfo con que Buenos Aires me recibe de nuevo. Los periódicos hablando de mí y publicando interviús políticas durante una semana entera. Proposiciones de todas partes para escuchar mi palabra. Requerimientos para que acepte recepciones. Pedidos de colaboración... ¡Hasta veladas cartas de amor, todas temblorosas de adolescencia, con un aire muy suave de barrios grises y tristes que confinan con los álamos y sauces del río! Y yo desmoronado en este cuarto de hotel feo, todo rumoroso con las cohabitaciones de los matrimonios nacidos del fragor de las razones sociales que vienen a Buenos Aires a rehacer cierta luna de miel antigua y a comprar madapolanes y cacerolas. Procuro no (¿martirizarme? ¿mortificarme? palabra manuscrita ilegible) arrimando a la hoguera toda mi voluntad. Alfonso, con quien me he explayado, hace todo lo posible para distraerme. Por su consejo salgo mañana para Córdoba a pasar unos días con una familia amiga. Si después estoy más sereno, aceptaré la proposición de la estación nueva de radio, "El Mundo", que es maravillosa y tiene muy selectos programas".

Blanco Amor le transmitía la admiración que se profesaba allende el Atlántico por el a la sazón expresidente del Consejo de Ministros español y líder de Izquierda Republicana —luego presidente de la República—, del que el escritor gallego se consideraba también fervoroso seguidor:

"Yo siento por Azaña un cariño sin límites y una admiración que me da miedo porque invade una zona de mi ser que siempre estuvo libre para mis paseos interiores: mi self control crítico. Yo tuve fanatizado muchas veces, casi toda mi vida, mi corazón. Pero mi mente era mía. Ahora no. Estoy fanatizado integralmente. Esto me permite, sin yo haberlo querido, penetrarme de Azaña más que intelectualmente por medio de sutiles modos de conocimiento que más tienen que ver con la mística. De tal forma es así que cuando leo sus discursos o le oigo, se ponen en movimiento dentro de mí una serie de emociones y resonancias que ya me eran antiguas sin que yo la supiese en clara conciencia de sus palabras o ensueños exactos".

También le refería los elogios que Lola Membrives le prodigó por los "magníficos viajes por España que había hecho, inmóvil, leyendo mis cosas". Y le transmitió su deseo de que "ya que no le has dado *Yerma*, ni piensas darle *Doña Rosita* —con cuyo papel de criada sueña— que le destines por los menos *Casa de Maternidad* o que le escribas cualquier otra obra. Yo creo que debías hacerlo. Margarita está por encima de estos menudos celos teatrales y no se enfadaría, porque Margarita no es actriz más que por su gran talento y su angustiosa sensibilidad. Es actriz de escena y no de entre bastidores. Ella misma te aconsejaría que atendieses el pedido de Lola. Está desolada y me dice que todo cuanto le leen le parece azucarillo o percalina; que sueña con hacer una de tus mujeres y que este año no tuvo interés en hacer temporada porque le faltaba el entusiasmo que solo tú puedes devolverle. Piensa un poco en esto y contéstame. Pero contéstame. Soy aquí un poco tu representante espiritual y pienso dedicarle tanto tiempo a mis cosas como a velar, a defender y a exaltar las tuyas"[397].

---

397 Mecanoscrito sobre papel blanco firmado, pero con correcciones manuscritas. COA 124-Blanco Amor. Archivo Fundación García Lorca.

Aunque el contacto de Federico con Eduardo fue forzosamente breve, puesto que Blanco-Amor acabó regresando a Argentina, vale la pena subrayar el nivel de hondura y complicidad que llegó a conseguir esa amistad. Sabemos que Blanco-Amor fue el corrector y promotor de la edición de sus *Seis poemas galegos* pero, además, resulta notable subrayar el hecho de que, con la excepción de Rodríguez Valdivieso o de García Carrillo, que eran granadinos y conocidos de la familia y del norteamericano Cummings, no hay constancia de que Federico llevase de visita a la Huerta de San Vicente a ninguno de sus amantes o amigos y ni siquiera que su padre llegase a conocer a alguna de sus relaciones en cualquiera de sus visitas a Madrid. Eduardo, sin embargo, estuvo dos veces en el domicilio familiar y fotografió a su madre y sus sobrinas, Federico le dedicó con cariñosos términos alguna de estas imágenes y la correspondencia sostenida entre ambos revela un nivel sobresaliente de franqueza y complicidad. Sea como fuere, lo cierto es que Blanco-Amor y García Lorca no volvieron a verse nunca más y el escritor gallego habría de esperar a 1965 para regresar a su tierra natal.

En estos años y acaso fuese por los celos que le provocaba Rafael Rodríguez Rapún con el fin de afirmar su masculinidad o por el espacio dejado como consecuencia del alejamiento de éste de La Barraca, lo cierto es que se produjo una aproximación entre Federico y otro miembro de la agrupación universitaria, hecho que Villena recuerda sin citar el nombre del interfecto: "Unidos por el *epentismo* y la literatura, Blanco-Amor vio los amores de Lorca (ya en 1935) con un muchacho gallego que trabajaba en La Barraca. A ese chico Lorca le dedicó los «Seis poemas galegos» de ese mismo 1935, en los que Blanco-Amor hubo de ayudarle, pues Federico no sabía gallego..."[398]. Su nombre no trascendió y, por tanto, no ha pasado a la posteridad.

---

398 Villena, Luis Antonio de, El epentismo y algunos epénticos de la Generación del 27, https://diariodelendriago.blogspot.com/2016/10/el-epentismo-y-los-epenticos-de-la.html (11.11.2022) En la reproducción de *Seis poemas galegos* de la Fundación Blanco Amor no aparece ninguna dedicatoria.

XI

LAS MUJERES DE FEDERICO

Si hay algo en lo que la mayoría, por no decir todos los que conocieron a Federico García Lorca estuvieron de acuerdo es en su vitalidad, su arrolladora simpatía y su encanto personal. Lo reconoció con toda claridad, tal como sabemos, Moreno Villa, por lo que su capacidad de seducción fue arma más que suficiente para arrumbar —al menos en Madrid, porque en la provinciana Granada sería harina de otro costal— cualquier prejuicio y hacer que, pese a sus peculiaridades personales, fuese aceptado sin reservas en los ambientes de la bohemia universitaria en los que se movía. Miguel Cerón, amigo íntimo de Federico en Granada, le describió diciendo que "era moreno, cetrino, campechano, casi campesino algunas veces. De estatura mediana, con aires de gitano intelectual. Con el pecho abombado y las piernas inseguras. Casi siempre estrepitosamente alegre, alguna vez taciturno, siempre con ganas de bromas, que unas veces caían bien y otras no tanto. No demasiado culto, pero de una intuición que dejaba asombrado. El pelo, algo revuelto y unos ojos profundos"[399].

Si estas cualidades ciertamente innatas fueron suficientes como para que Federico pudiese seducir a un personaje de contextura

---

399 Molina Fajardo, Eduardo, *Los últimos días de García Lorca*, Plaza y Janés, 1983, p. 92

tan inequívocamente varonil como Rafael Rodríguez Rapún al extremo de, a pesar de la manifiesta e inequívoca heterosexualidad de éste, conseguir "llevárselo al huerto", qué no sería capaz de conseguir cuando se relacionaba con el sexo femenino y envolvía a sus contertulias con el embriagador encanto de sus artes discursivas y musicales.

Marcelle Auclair, la amiga francesa con la que compartió numerosas veladas en casa de los Morla en el Madrid de los años treinta, refería: "Le gustaba la compañía de mujeres. No solamente admiraba la belleza femenina, sino que era un amigo incomparable: característica de los hombres de su sexo"[400]. Algo que tuvo manifestación expresa en su obra literaria pues "a menudo se ha ensalzado la preferencia y la fascinación de Lorca por el carácter femenino. En sus obras teatrales, donde realiza un auténtico tratado psicológico de la mujer, y en su poesía"[401].

LA ADOLESCENTE INNOMINADA

Es cierto que los rasgos de ambigüedad sexual le pusieron las cosas difíciles en la adolescencia y particularmente en las aulas escolares. Ahora bien, sus incipientes tendencias homoeróticas no le hicieron inmune a la atracción de muchachas de su misma edad. Sus biógrafos hacen cumplida referencia a las amistades femeninas más fieles o continuadas que tuvo y la intensidad y alcance de cuya relación valoran según su respectivo criterio. Una vez más hemos de recurrir a Gibson para citar lo que dice sobre su primera aproximación a otro sexo con una adolescente de condición social manifiestamente inferior a la suya:

---

400 Auclair, Marcelle, Vida y Muerte de García Lorca, Ediciones ERA, Méjico, 1972, p. 105.

401 https://elpais.com/cultura/2009/03/08/actualidad/1236466801_850215. html?event_log=go (23.08.2022)

"Hay constantes alusiones, en primer lugar, a un apasionado primer amor que no pudo ser. La amada, nunca identificada por su nombre, es una chica rubia, de ojos azules. La primera referencia a ella aparece en una prosa fechada el 5 de enero de 1917, «La sonata de la nostalgia», donde el poeta escribe: «Las noches de septiembre son claras y frías. En una de esas noches vino al suelo la balumba de mis ilusiones [...] Septiembre tiene unas noches claras y con luna azul. Mi primer amor se desmoronó en una noche clara y fría de ese mes». En otra prosa, «Estado sentimental. Canción desolada», fechada «23 de enero» y casi seguramente del mismo año, los pormenores se acumulan: «En el frío y la oscuridad de una noche de otoño me mataste con lo que decías, mi cuerpo se aletargó, mis ojos querían llorar, y la vida futura cayó sobre mi espíritu como una gran losa de hielo... Las terribles palabras las dijiste llorando y, pasándome las tibias manos por la cara, suspiraste: «Así tiene que ser. La sociedad sanguinaria nos separa. A mí también se me destroza el corazón...».

Unas líneas después el poeta subraya que la separación se debió a «las espantosas conveniencias sociales». Y pregunta:

¿Por qué no me puedes pertenecer? ¿Por qué tu cuerpo no puede dormir junto al mío, si lo quisieras así? ¿Por qué tú me amas con locura y no nos podemos amar? La sociedad es cruel, absurda y sanguinaria. ¡Maldita sea! Caiga sobre ella, que no nos deja amarnos libremente, nuestra maldición.

¿Qué importa que haya diferencia de clases si nosotros somos una sola alma? ¿Qué importa que tu familia sea infame y esté prostituida tu madre si tú eres pura y eucarística...? Mi pecho quisiera estallar y muchas veces llamo a la muerte... pero no puede ser... La sociedad nos separa y nos mata».

¿Se habían opuesto los padres del poeta a que mantuviera relaciones con una chica de clase inferior a la suya? ¿Había llegado realmente a prostituirse la madre de la misma? ¿O estamos ante una ficción? El tema es tan recurrente e insistente en la *juvenilia* que la base autobiográfica parece fuera de duda, por mucho que luego se reelaborara literariamente.

Cuando, a mediados de 1917, surge torrencialmente la inspiración poética, no faltan ni el obsesivo tema del amor perdido —o «desmoronado»—, ni la insistencia del poeta en que está hablando de lo realmente experimentado (nada de ejercicios literarios). El 30 de diciembre de 1917 compone un poema, «Canción desolada», de título idéntico al subtítulo de la prosa que acabamos de citar. Allí apostrofa a los «poetas de falsa lira» cuyos cantos de amor son «siempre bellos / Y casi ninguno desgarrador» porque no han vivido las experiencias que evocan"[402].

María Luisa Natera

Con independencia de esta innominada criatura, existen discrepancias entre los autores sobre cuál fue la primera muchacha que suscitó el interés o la atracción de Federico. A la hija de la prostituta a la que se refiere la cita de Gibson se unen otros nombres. El primero, el de una muchacha llamada María Luisa, pero cuyo apellido indujo a la confusión. Dice Gibson:

"Llegado el verano de 1917 Lorca estaba enamorado, o creía estar enamorado, de otra muchacha, María Luisa Egea González, hija de un acomodado labrador oriundo del pueblo de Alomartes, no lejos de la Vega de Granada, cuyo hermano, Juan de Dios Egea, era contertulio del «Rinconcillo»[403], el grupo del poeta y sus amigos que se reunía en el café Alameda. María Luisa —rubia, como el amor perdi-

---

402 Gibson, Ian, *Lorca-Dalí. El amor que no pudo ser,* https://penguinaula.com/es/ver_fragmento.php?cod_fragmento=MES-072252 (09.01.2023)

403 "Los jóvenes «intelectuales» teníamos una tertulia en un café de la plaza del Campillo. Nuestras mesas estaban debajo de la escalera (del Café Alameda o Gran Café de Granada) por la que se subía a los billares. Fue bautizada con el nombre de «El Rinconcillo». Las horas perdidas —alguien diría ganadas— en aquella tertulia serían incontables. Allí se podía tomar café después del almuerzo y algún aperitivo de ocasión; pero el pleno funcionaba de noche, después de la cena. La historia del «Rinconcillo» sería la de la intelectualidad granadina de la época, pues no hubo persona que descollase en las letras o artes granadinas que no hubiese desfilado por aquella reunión como contertulio permanente u ocasional. Durante el verano las mesas se colocaban al amparo de los gigantescos plátanos que sombrean la plaza. De algún modo la ciudad tenía conciencia de nuestro existir un poco discrepante, al margen de las sociedades o instituciones establecidas". (García Lorca, Francisco, *Federico y su mundo,* Alianza Tres, Madrid, 1981, p. 103)

do de estos textos—, y cinco años mayor que él, era buena pianista y muy hermosa. Los sentimientos que abrigaba por ella, tal vez nunca declarados, le atormentaban durante su estancia de aquel julio en Burgos con el catedrático Martín Domínguez Berrueta, y aludió a ellos en varias cartas a su amigo José Fernández-Montesinos (cartas que, al parecer, no se han conservado). Por una de las respuestas de éste, sabemos que Federico le había dicho que María Luisa era «fría». Fernández-Montesinos quería saber a qué se refería el poeta con tal palabra, y procuró consolarle, al parecer sin demasiado éxito. Lorenzo Martínez Fuset, otro amigo, recibió parecidas confidencias, y le rogó que aclarase las enigmáticas alusiones a la muchacha contenidas en sus efusiones epistolares. ¿Quién era? Al recibir su ejemplar del primer libro del poeta, *Impresiones y paisajes* (1918), y ver la dedicatoria a María Luisa Egea («Bellísima, espléndida y genial... Con toda mi devoción»), no tendría ninguna duda al respecto. La «fría» María Luisa se fue pronto a vivir a Madrid, y cabe suponer que el no lograr entablar relación amorosa con ella (la tradición familiar confirma que no fue correspondido) contribuyó a ahondar la angustia del joven, cuya sed de plenitud erótica impregna todos estos textos. A partir de enero de 1918 se multiplican los poemas en que aparece el tema de la pérdida del primer amor, fundido con la convicción de que ya nunca será posible otro"[404].

Pero con posterioridad el mismo autor rectificó:

"En 1994 se publicaron los *Escritos juveniles* de Lorca, hasta ese momento inéditos, y en ellos se nombraba una y otra vez a una muchacha rubia que tocaba el piano, una niña de ojos azules. Y yo no podía creer que en unos cuadernos en donde un adolescente como Lorca anotaba sus obsesiones y ansiedades esa mujer fuera inventada. Eran muchas páginas. Pero lamentablemente no había forma de investigarlo. Hasta que hace unos años recibí una carta en donde me contaban que María Luisa Egea, la musa poética de Lorca, realmente fue una mujer rubia que tuvo una relación juvenil con él, que lo había conocido en un balneario que coincidentemente frecuentaba

---

404   Gibson, Ian, *Lorca-Dalí. El amor que no pudo ser,* https://penguinaula.com/es/ver_fragmento.php?cod_fragmento=MES-072252 (09.01.2023)

la madre de Lorca y que su apellido no era Egea, sino Natera. María Luisa Natera había existido en verdad"[405].

De esta María Luisa Natera ha quedado establecido que mantuvieron una correspondencia, que según su hija, fue destruida por la familia"[406]. Hechos que, sin embargo, tienen un punto de inverosimilitud puesto que "hay varias objeciones al encuentro de María Luisa y Federico. Primero, las cartas que intercambiaron no existen; segundo, no está documentado que la familia Lorca visitara Lanjarón en época tan temprana."[407] En efecto, según Isabel García Lorca "hacia el 15 de agosto, creo que desde el año 1923 o 1924, íbamos toda la familia a tomar las aguas de Lanjarón, que le sentaban muy bien a mi madre. A Federico le hacían feliz esos días y allí escribió algunos de los romances gitanos"[408].

En relación con la desaparecida o supuestamente inexistente correspondencia, parece que la interesada declaró años más tarde: "Las quemó mi padre. No creo que fuera por celos. Más bien lo hizo por miedo. Era republicano y temía que en un registro de la Falange descubrieran en su casa las cartas de un represaliado".[409] El temor debió de durar mucho tiempo puesto que "durante años, María Luisa Natera nunca les habló (a sus hijos) de aquel poeta simpático y con encanto, sensible y frágil que se enamoró de ella. Hasta que cuando corrían los años setenta y su hija empezaba a acudir a las fiestas del Partido Comunista, el nombre del artista salió en su presencia. «Me compré libros de Alberti, de Blas de

---

405   Maier, Gonzalo, «Lorca en rosa», *Qué pasa*, nº 1984, 17 abril 2009, p. 64.

406   https://www.universolorca.com/personaje/natera-ladron-de-guevara-maria-luisa/ (24.11.2022)

407   https://www.universolorca.com/personaje/natera-ladron-de-guevara-maria-luisa/ (24.11.2022)

408   García Lorca, Isabel, *Recuerdos míos*, Tusquets, Barcelona, 2022, p. 151.

409   https://elpais.com/cultura/2009/03/08/actualidad/1236466801_850215.html?event_log=go (23.08.2022)

Otero y de Lorca. Fue entonces cuando mi madre empezó a hablarnos de él. Nos dijo que fue su *pretendiente*»[410].

La relación que hubiera podido haber tuvo poco recorrido ya que, según Gibson, a María Luisa Federico "le parecía, pese a su simpatía y sus talentos artísticos, poco viril"[411].

EMILIA LLANOS MEDINA

Otra buena amiga de Federico, ésta sin problema alguno de identificación, fue Emilia Llanos Medina. Según le comentó ella misma a Agustín Penón, que la entrevistó durante su estancia en Granada, se conocieron en 1918[412]. Había venido a vivir a esta ciudad cuando era niña a raíz del traslado de su padre, Arturo, capitán de la Guardia Civil. Pero su progenitor falleció pronto y Emilia quedó en esa ciudad con su madre viuda y su hermana Concha. Perece que de joven tuvo una salud quebradiza, aunque a la postre resultó de hierro porque falleció con más de ochenta años, situación que le hizo aficionarse a la lectura y crear con ella inquietudes culturales que le aproximaron a los ambientes selectos de la ciudad, puesto que mantuvo relación con Manuel de Falla, Juan Ramón Jiménez, Oscar Esplá, Andrés Segovia y el pintor Ismael González de la Serna que fue el que le presentó a Federico, quien le regaló un ejemplar de su primera obra, *Impresiones y paisajes*, acabada de publicar en 1918. A partir de ese momento mantuvieron una estrecha amistad y cuando poeta se trasladó a Madrid continuó con una activa relación epistolar.

---

410   https://elpais.com/cultura/2009/03/08/actualidad/1236466801_850215. html?event_log=go - (23.08.2022)

411   Gibson, *Caballo azul de mi locura. Lorca y el mundo gay*, Planeta, 2009, p. 67.

412   Penón Ferrer, Agustín, *Miedo, olvido y fantasía*, Editorial Comares, Granada, 2009, p. 274

Isabel García Lorca la citó con afecto en sus memorias y recordó que fue Federico quien la había llevado a su casa:

"Nuestra amistad con Emilia fue muy continuada y cordial. Fue Federico el que la llevó a casa. Era una mujer muy sensible, amiga de todos los de la tertulia del «Rinconcillo», capaz de admiración y, sin duda, certera en valorar el talento y la originalidad de la gente. Vivía en un piso de la plaza Nueva, plaza también estropeada ahora, y era aficionadísima a las antigüedades. Su casa parecía un rastrillo. Federico iba mucho con ella por los anticuarios, a la famosa Genoveva de la plaza Nueva. Emilia Llanos era bizca, hasta que se decidió a ir a Barcelona a que la operara Barraquer. No era guapa, pero tenía buenísima facha y siempre iba bien vestida y elegante. Era mayor. Yo creo que en edad estaba más cerca de mi madre que de mis hermanos. Mi padre decía que era de su quinta, así que su edad fue siempre un misterio. La quisimos todos mucho y venía con frecuencia a casa a merendar. Siempre que pasaba alguna personalidad por Granada Emilia hacía de cicerone. Se conocía muy bien la ciudad que tanto amaba, donde era vista con cierto recelo porque su hermana había tenido un matrimonio difícil y tempestuoso. ¿Algún amante? Nunca lo supe"[413].

¿Qué es exactamente lo que hubo entre Emilia y Federico? Si nos atenemos a lo que dice Isabel, no parece que pudiera haber algo más que una amistad, habida cuenta que ella estaba más cerca de la edad de su madre que de su hermano y además tampoco parece que fuera particularmente atractiva. Según Penón, en su encuentro con Emilia "no ha pronunciado ni una sola vez la palabra amor refiriéndose a Federico, ha usado siempre al hablar sobre ellos dos la palabra amistad"[414].

---

413 García Lorca, Isabel, *Recuerdos míos*, Tusquets, Barcelona, 2022, p. 87.

414 Penón Ferrer, Agustín, *Miedo, olvido y fantasía*, Editorial Comares, Granada, 2009, p. 284.

EL PAPEL SUSTITUTORIO DE MARGARITA MANSO

Durante la estancia del poeta en Madrid se produjo la que acaso fue la única relación sexual con una persona de otro sexo. Ocurrió, tal como citamos de pasada en un capítulo anterior, como consecuencia del fracaso de Federico en su deseo tener sexo con Dalí y lo explicó el pintor muchos años después a Gibson en el transcurso del encuentro privado que mantuvieron el 15 de enero de 1986 en la torre Galatea de Figueras gracias a las gestiones de Antoni Pitxot. En un momento determinado de la conversación y como quien no quiere la cosa, el autor hispano-irlandés le interrogó sobre aquella surrealista situación:

"Dalí nos está hablando de la última vez que vio a Federico. Fue en Barcelona, en el otoño de 1935, cuando el granadino estrena triunfalmente *Doña Rosita la soltera*. Los dos no se habían visto en siete años y en una entrevista periodística, Lorca expresaría su alegría al constatar que, después de tan largo paso de tiempo, no había cambiado la intensidad de su mutuo afecto.

«Somos, le dice al periodista pensando otra vez, acaso en Cástor y Pólux, dos espíritus gemelos. Aquí está la prueba: siete años sin vemos y hemos coincidido en todo, como si hubiésemos estado hablando diariamente. Genial, genial, Salvador Dalí». Dalí recuerda ahora con profunda nostalgia aquel último encuentro, que tuvo lugar en *El Canari de la Garriga*, famoso restaurante, frente al Ritz, que frecuentaban escritores y artistas. Dalí iba acompañado del escritor inglés Edward James, luego conocido coleccionista de las obras del catalán, y hablaban de un proyecto de hacer una visita, dentro de poco, a Amalfi. "Me produce ahora un poco de remordimiento no haber invitado a Federico a acompañarnos", confiesa Dalí, pensando que, de haber ido con ellos el poeta, tal vez muchas cosas hubiesen sido distintas. Lo que sí hizo Federico fue acompañar a Dalí en una visita, repentinamente decidida, a Tarragona. Aquella noche, el poeta dio uno de sus famosos plantones y no apareció en un homenaje organizado en su honor en Barcelona... Y nos cuenta lo que antes ha dicho a varios entrevistadores, pero que esta vez brinda con un lujo de detalles que sobrecoge. Resulta que Lorca, frenéticamente enamorado de Dalí, quería intimar sexualmente con él ("Me quería dar por el culo dos veces"), pero que el pintor, pese a su deseo de complacer al amigo y a su esfuerzo por hacerlo, era incapaz de satisfacerle. Esto lo ha dicho siempre Dalí. Y también ha dicho que Lorca, la segunda vez, sacrificó en su lugar a una innominada muchacha, la primera con la cual habría tenido una relación sexual.

Pero ahora Dalí identifica por nombre y apellido a la chica. Ésta frecuentaba el grupo que alternaba entre la Residencia de Estudiantes y la Real Academia de Bellas Artes de San Fernando, y era sorprendentemente libre de represiones sexuales. Además, ofrecía para Federico la ventaja de tener pechos muy pequeños. «A Lorca le repugnaban sobre todo los pechos de las mujeres», aclara Dalí. «A usted tampoco le han gustado», le sugerimos. «Tampoco mucho, es verdad», admite el pintor, casi sonriendo, «pero en cambio he pintado pechos volantes». (Es cierto. En *Senicitas* —otro cuadro de la época lorquiana, hoy en el Museo Español de Arte Contemporáneo de Madrid— vuelan varios pares de senos liberados. Y en una carta a Lorca del año 1927, Dalí se refiere a un lienzo que está pintando y en el cual «hay también algún pecho extraviado; éste es todo lo contrario del pecho volador, éste está quieto sin saber lo que hacer y tan indefenso que emociona»)

La chica sin senos fue sumisamente al sacrificio, que tiene lugar delante del propio Dalí. «Federico estaba excitado al saber que yo le miraba», comenta el pintor ante nuestra extrañeza. «Traspasó su pasión a la muchacha». Consumado el acto, el poeta, en vez de tratar a ésta con desprecio —reacción que esperaba Salvador—, se comporta con exquisito tacto. Cogiéndola de las manos y mirándola, recita dos versos del romance Tamar y Amnon: "En las yemas de tus dedos, / rumor de rosa encerrada". No por casualidad, cabe suponer, recordaba el poeta, estos versos del poema que narra el incesto bíblico; poema, por más señas, que gustaba a Dalí —a diferencia de otras composiciones del *Romancero gitano*— porque contenía "pedazos de incesto" y, como el *Romance de Santa Eulalia*, transparentaba menos costumbrismo y elementos anecdóticos que los demás poemas de la inmediata célebre colección"[415].

Gibson subrayó seguidamente que "Dalí insiste en que, aparte de este acto, nunca repetido, no recuerda que Lorca tuviera contacto sexual con ninguna otra mujer. Sus últimas palabras, mientras le tengo agarrada la mano, son: «Era un honor para mí que Federico estuviera enamorado de mí. Aquello no era una amistad, era una pasión erótica muy fuerte. Eso es la verdad»"[416].

Según Tania Balló

"Después de cruzar fechas y lugares de los tres protagonistas, se podría afirmar que, si este acto existió realmente, es muy probable que transcurriera a lo largo de 1925. Dicho esto, a mi parecer el sexo compartido entre la musa y el poeta, bajo la atenta mirada del excéntrico pintor, se reduce a un simple juego erótico aceptado entre tres amigos, en un tiempo que resultó mucho más transgresor de lo que ahora desde este presente podemos llegar a imaginar"[417].

La chica se llamaba Margarita, había nacido en Valladolid el 25 de noviembre de 1908 en una familia de clase media, era hija de Luis Manso López, jefe de la oficina del taller de fundición Gabilondo y de Carmen Robledo Daguerre y fue la segunda de dos hermanos: Carmen y María Luisa. Fallecido el padre cuando ella contaba con cuatro años, la viuda no quiso volver a casarse nunca y prefirió ganarse la vida por sí misma. Balló dice que, como era modista, existe la "leyenda familiar" de que marchó a París y trabajó en los talleres de Cocó Chanel; lo cierto es en 1917 ya estaba empadronada en Madrid y que introdujo en España la moda francesa llegando a consolidar en los años veinte la marca Car-

---

415 Gibson, Ian, «Con Dalí y Lorca en Figueres», El País, 28 enero 1986, pp- 10-11.

416 Gibson, Ian, "Con Dalí y Lorca en Figueres", El País Domingo, 26 enero 1986, pp. 10-11.

417 Balló, Tania, Las sinsombrero, Espasa, 2016, p. 40.

men Robledo Alta Costura. Ingresó en 1923 la Real Academia de Bellas Artes de San Fernando.

"Allí coincide durante tres cursos (1923-1924, 1924-1925 y 1925-1926) con Ana María Gómez Mallo, más tarde conocida como Maruja Mallo, y Salvador Dalí, de quienes se hace muy amiga a pesar de que los futuros pintores se encuentran en un curso superior al de Margarita. En una entrevista que Mallo concede, allá por los años ochenta, a Paloma Ulacia, nieta de Concha Méndez, la artista le cuenta: «Cuando él era estudiante [Dalí] y yo también lo era, el *hobby* de él siempre era hacer un escándalo, llamar la atención, como si Dalí hubiera nacido antes del surrealismo [...], en el patio cuando daban descanso [en la Real Academia], el *hobby* de él era tomarnos de la mano a Margarita Manso y a mí, y a toda velocidad correr hasta que nos veía en el suelo. Entonces nos levantaba y a Margarita Manso le decía: tú eres la reina de Saba y a mí me decía que era la mezcla entre marisco y ángel, era el goce de él». A través de Dalí y de Mallo, Margarita conoce a Federico García Lorca, del que se hace amiga íntima: «Yo [Maruja Mallo], Lorca y Margarita íbamos siempre juntos por aquellos días»"[418].

Otra de sus gamberradas fue la de atreverse a pasear por la Puerta del Sol con varias amigas sin llevar sombrero[419]. Margarita consiguió finalizar sus estudios en 1927 "con los que adquirió una

---

418 *Las sinsombrero*, Ministerio de Educación y Formación Profesional, Nina Produccións y Jairo García Jaramillo

419 "Las sinsombrero" es el nombre con el que se conoce a un grupo de mujeres que formaron parte de la "generación del 27". Surgió de una travesura o provocación ideada por Dalí y García Lorca que consistió en alentar a algunas de sus amigas a romper los convencionalismos de la época y salir a pasear por la Puerta del Sol destocadas, es decir, sin sombrero. Esta actitud provocó la indignación de quienes las vieron, que les tiraron piedras y las insultaron. Entre las manifestantes estuvieron Maruja Mallo (quien recordó en TVE que les llamaron "maricones"), Margarita Manso y otras, aunque el concepto generacional incluye a un conjunto más amplio en que hay que citar a Ernestina de Champourcín, María Teresa León, Concha Méndez, María Zambrano, Rosa Chacel, Josefina de la Torre, Marga Gil Roesset y María Zambrano.

buena técnica, pero sin un talento manifiesto en el terreno artístico"[420] por lo que no se dedicó nunca profesionalmente a la pintura.

LAS MUJERES CUBANAS

Federico no permaneció ajeno a la intensa sensualidad tropical de la mujer antillana. Hemos hecho referencia a su relación con la familia Loynaz en la que había varias mujeres. A la que ha pasado a la posteridad con más fama, Dulce María, le sedujo menos el granadino que al resto de sus hermanos. Dulce María comentó al periodista cubano Ciro Bianchi: "Como hombre Federico era feo, muy feo, pero eso sí, muy abierto, muy alegre siempre. Yo creo que para él era pecado estar triste"[421]. Una de arena y otra de cal. Y ese mismo periodista recordó un acto que tuvo lugar en La Habana con Dulce María como protagonista a consecuencia de la concesión del premio Cervantes en 1992:

"En la Unión de Escritores le preguntaron cómo era Lorca... «Radiante —respondió— Yo fui de las pocas personas que conocieron a Federico y pudo escapar a su encanto. ¡Fascinaba! Era todo alegría; siempre lo vi como un ser lleno de bondad; gustaba hacer partícipe a los demás de su alegría... Yo no caí en ese encantamiento de Federico porque éramos caracteres muy distintos; él buscaba la luz y yo la penumbra, era tímida, me escondí. Discrepé con él. Federico simpatizó más con mi hermana Flor y con mi hermano Carlos Manuel. La amistad entre Federico y Flor fue una amistad difícil de lograr entre un hombre y una mujer»"[422].

---

420 Balló, Tania, *Las sinsombrero*, Espasa, 2016, p. 14.

421 Bianchi Ross, Ciro, *García Lorca. Pasaje a La Habana*, Puvill editor, Barcelona, 1997, p. 84.

422 Bianchi Ross, Ciro, *García Lorca. Pasaje a La Habana*, Puvill editor, Barcelona, 1997, p.71.

Con Flor frecuentó el café restaurante El Templete sito en la plaza de Armas de La Habana Vieja, donde "alguna vez el dueño ha regañado a un Federico achispado que, entre bromas y veras, ha pellizcado a un joven camarero mulato"[423]. Pero Amela pone en la voz de Federico estas palabras dirigidas a ella: "Flor... querida Flor: tú ya eres para tu sexo lo que yo soy para el mío"[424]. No puede, pues extrañar lo que Bianchi añade: "Subsiste también un comentario sobre la relación existente entre Lorca y Flor Loynaz. Sobre eso, la respuesta de Flor es tajante, pero serena. Muy dueña de sí, responde: Jamás hablé de amor con Federico"[425].

También conoció a Lydia Cabrera, acreditada etnóloga y experta en el patrimonio cultural afrocubano, al que dedicó obras que de referencia inexcusable sobre la santería. Era lesbiana y según Amela "se entendieron bien; se reconocieron en su singularidad, en su afectividad homosexual") Ciro Bianchi explicó al periodista barcelonés que fue ella quien presentó a García Lorca un entonces joven y prometedor escritor:

"¿Se vieron en La Habana Lydia y Federico?

—¡Claro! Ella llevó a Federico a una ceremonia secreta de santería afrocubana.

—¡Oh! Muy novelable... ¿Qué más?

—Hubo juergas, sensualidad, música y muchas amistades cubanas que te enumeraré, incluido el jovencito de diecinueve años que acabaría por ser el más grande escritor cubano.

—¡Anda! ¿Quién?

—José Lezama Lima. Fui su amigo, conversamos mucho..."[426].

423 Amela, Víctor, *Si yo me pierdo*, Destino, Barcelona, 2022, p. 230

424 Amela, Víctor, *Si yo me pierdo*, Destino, Barcelona, 2022, p. 206.

425 Bianchi Ross, Ciro, *García Lorca. Pasaje a La Habana*, Puvill editor, Barcelona, 1997, pp. 67-68.

426 Amela, Víctor, *Si yo me pierdo*, Destino, Barcelona, 2022, p. 34.

La mayor de las Antillas dio lugar a otra chafardería, que recordó Bianchi:

"Y Federico, puntualizaba (el musicólogo Adolfo) Salazar en 1938, se enamoró en Cuba de cierta mulata que de día posaba en un estudio de pintura y de noche regentaba una casa de comidas de segunda categoría. Se desconoce su nombre; nada se sabe de las peripecias de esos amores, platónicos o aristotélicos"[427].

Hubo, además, ocasión para una curiosa confidencia revelada en el transcurso de un acto que se celebró en la Universidad de la capital:

"Lorca parece estar en todas partes. Un día va a la universidad (de La Habana) y la noticia de su presencia corre entre estudiantes y profesores. El doctor Roberto Agramonte, de la cátedra de Sociología, decide suspender su clase porque «valdría la pena verlo y escucharlo», recuerda todavía el doctor José Antonio Portuondo, alumno entonces de la alta casa de estudios. El poeta, en efecto, está en el aula del profesor Luis A. Baralt, en el edificio José Martí, de Filosofía e Historia, y lo acompañan Marinello, Mañach y Cardoza, quien, a manera de presentación, lee el romance que dedicara a Federico. Toca el turno a Lorca y lee algunos poemas, y recita *La casada infiel* de memoria. Precisa Portuondo que entre los poemas que escuchó ese día se encontraba «Susto en el comedor» (Eras rosa, te pusiste alimonada ...) escrito para «una novia que me dio calabazas», afirmó el poeta, y rio mientras su figura se recortaba contra la tabla periódica de los elementos químicos de Mendeleiev"[428].

Acaso la novia que le dio calabazas fue la mulata de la que le habló Salazar.

---

427 Bianchi Ross, Ciro, *García Lorca. Pasaje a La Habana*, Puvil editor, Barcelona, 1997, p. 50.
428 Bianchi Ross, Ciro, *García Lorca. Pasaje a La Habana*, Puvil editor, Barcelona, 1997, p. 51

Intento de seducción en Buenos Aires

¿Tuvo, pues, Federico relaciones femeninas? No hay testimonios irrefutables de ello. Queda, eso sí, un intento frustrado ocurrido en su segundo viaje a América, al que hizo referencia Marcelle Auclair:

> "A su regreso de América Latina contó al estudiante (no cita su nombre, solo dice que es "hoy hombre maduro") y a Rapún que en Buenos Aires una mujer muy bella se había introducido en su cuarto, desnudándose y que él la había mandado a otros amores. El estudiante es uno de los que sostienen que el mismo Federico afirmaba que jamás había estado con una mujer. Otros aseguran lo contrario"[429].

---

429 Auclair, Marcelle, *Vida y Muerte de García Lorca*, Ediciones ERA, Méjico, 1972, p. 105.

XII

PEOR QUE UN CRIMEN, FUE UN ERROR

"Il a été pire qu'un crime, il a été une erreur" ("Ha sido peor que un crimen, ha sido un error") Así definió, unos dicen que Talleyrand, otros que Fouché, la decisión de Napoleón, entonces todavía primer cónsul, de ordenar la ejecución de Luis Antonio Enrique de Borbón-Condé, duque de Enghien, quien había sido jefe del Ejército realista y al que se había acusado sin pruebas del intento de asesinato del corso. Se le secuestró cuando estaba en territorio extranjero para devolverle a Francia, se le juzgó en un proceso lleno de irregularidades y se le condenó a muerte. La frase ha hecho fortuna y no solo ha pasado a la historia, sino que ha sido utilizada para calificar muchos otros hechos posteriores de análoga catadura.

Parece perfectamente aplicable al caso de Federico García Lorca, asesinado durante las primeras semanas de la guerra civil. El crimen fue tan escandaloso que ha generado una intensa e ininterrumpida labor de investigación histórica sobre las circunstancias que rodearon al caso, e incluso sobre el lugar en que pudo producirse la inhumación del cuerpo del poeta —cuestión todavía pendiente de esclarecimiento—, al extremo de que, según el escritor Santiago Roncagliolo "a veces parece que la muerte de García Lorca ha producido más libros que su vida"[430].

No nos correspondería entrar en tan polémica cuestión si la muerte de Federico no hubiera sido consecuencia de una serie de concausas que tuvieron alguna relación —acaso importante, pero casi con toda seguridad no decisiva— con su vida sentimental. Pero también es cierto que, si las cosas hubieran discurrido de forma distinta en el desarrollo de sus últimas relaciones amorosas, muy posiblemente hubiera podido eludir la vindicta de sus enemigos granadinos.

Una circunstancia adversa fue, sin duda, la inadecuada valoración de la situación española cuando, tras los asesinatos del teniente Castillo y del diputado Calvo Sotelo, García Lorca se empeñó en hacer caso omiso de los consejos de buenos amigos como Luis Buñuel, quien recordó en sus memorias:

"Cuatro días antes del desembarco de Franco García Lorca —que no podía apasionarse por la política— decidió de pronto marcharse a Granada, su ciudad. Yo intenté disuadirle, le dije:

—Se están fraguando auténticos horrores. Federico. Quédate aquí. Estarás mucho más seguro en Madrid.

Otros amigos ejercieron presión sobre él, pero en vano. Partió muy nervioso, muy asustado"[431].

Agustín de Foxá le dio un consejo mucho más terminante: «Si tú quieres marcharte, no vayas a Granada, sino a Biarritz»".

430 Roncagliolo, Santiago, *El amante uruguayo. Una historia real*, Alcalá Grupo Editorial, 2011, p. 152.

431 Buñuel, Luis, *Mi último suspiro*, Plaza y Janés, Barcelona, 1983, p. 154.

LA INVITACIÓN DE MARGARITA XIRGU
Y EL APLAZAMIENTO DEL VIAJE A MÉJICO

El caso es que, a principios de 1936 tuvo la oportunidad de viajar mucho más lejos que a Biarritz. Margarita Xirgu, amiga de Federico y protagonista de algunos de sus mejores éxitos teatrales, tenía previsto emprender una gira por la América española y le propuso que le acompañara. La idea le resultó sin duda atractiva pero no se decidió a unirse a la comitiva en el mismo barco que la compañía y pospuso el viaje, hecho que ha dado lugar a toda suerte de conjeturas sobre los motivos de tal retraso, aunque nadie duda de las consecuencias. De haber viajado con los cómicos, a Federico le hubiera pillado el estallido de la guerra civil a miles de kilómetros de distancia. ¿Por qué no se decidió a ir con ellos? García Carrillo, el amigo granadino de Federico, le dijo a Penón que la responsable fue la propia Xirgu:

> "(José María García Carrillo) cree que García Lorca no se había ido aún a América en aquel fatídico verano del 36 porque Margarita Xirgu quiso ir primero con su compañía. En aquellos días había una pugna entre España y Méjico por rivalidades entre toreros y ella creyó que sería mejor explorar si el ambiente era propicio para que Federico se les uniera. Y quedó en mandar un telegrama desde allí en cuanto fuera posible. García Carrillo recuerda el día en que estando él con Federico en el camerino de la Xirgu, antes de su partida, ella así se lo dijo. Y que después, volviéndose hacía José María, le rogó «Hazle trabajar, Pepe. Que no se olvide de la obra que tiene entre manos, que trabaje duro»"[432].

Esta curiosa causa la reafirmó años después el pintor Ángel Carretero, otro amigo granadino:

---

432 Penón Ferrer, Agustín, *Miedo, olvido y fantasía*, Editorial Comares, Granada, 2009, pp. 252-253.

"A finales de mayo y junio (de 1936) Federico manifestaba gran temor de estar en Madrid por las condiciones políticas de aquel tiempo. Ansiaba que se arreglara pronto el pleito que tenían los toreros en México, en el que estaba metido un tanto por amistad, deseando que pudieran intervenir en los ruedos los diestros mexicanos. Aquellas asperezas habían aplazado el que se hubiese marchado a México con Margarita Xirgu, a estrenar sus obras"[433].

Sin embargo, Pura Ucelay dudaba muchos años después de que Lorca recibiese la invitación de Xirgu, según le dijo a Penón. "Me ha comentado también, a lo largo de esta conversación, el último viaje que Federico quería hacer a Méjico. Ella dice que no está segura de que el telegrama de la Xirgu hubiera al fin llegado. Y desde luego no cree que la familia no se lo entregara"[434]. Comentó también que a Federico no le gustaba viajar solo. Que si alguien le hubiera acompañado quizás sí se hubiera ido. Que decía: «¡Qué horror! ¿Quién se va de viaje ahora...?». Que le daba pereza meterse en el barco[435].

Del mismo modo, existen dudas sobre si llegó a comprar o no el pasaje para dicha navegación. Según Villena "su hermano dirá que había comprado pasaje para México para unirse a la Xirgu, y también el propio Lorca lo llegó a decir, pero parece que la idea tentadora nunca fue real"[436].

El principal interrogante sobre el que discrepan los autores gira en torno a quién hubiera deseado que le acompañara. ¿Rapún o Lucas? Según Gibson "Margarita Xirgu declaró por esos días que Lorca la iba a acompañar a Méjico (a principios de 1936)... pero las cosas eran más complicadas de lo que parecían y sabemos por

433 Molina Fajardo, Eduardo, *Los últimos días de García Lorca*, Plaza y Janés, 1983, p. 102.

434 Penón Ferrer, Agustín, *Miedo, olvido y fantasía*, Editorial Comares, Granada, 2009, p. 640.

435 *Ibídem*.

436 Villena, Luis Antonio de, *Los mundos infinitos de Lorca*, Tintablanca, 2023, p. 194.

Rivas Cherif que Margarita se daba perfectamente cuenta de que, si no encontraban la manera de que Rafael Rodríguez Rapún fuera con ellos, sería difícil que Federico embarcara. Pero Rapún se preparaba para unos importantes exámenes y de momento no podía viajar"[437]. Añade que, embarcada para La Habana el 31 de enero de 1936, insistió en que fuera con ella Federico, pero que resultó inútil porque "estaba inmerso en tantos proyectos que le resulta casi imposible moverse de Madrid. También es probable que la idea de separarse de Rodríguez Rapún le sigue siendo insoportable"[438].

Reina, en cambio se decanta por Juan:

"En una tertulia celebrada en la primavera de 1936 en el Hotel Palace, y mientras Federico toma Dry Martinis con Aleixandre, Cernuda y Lucas, invitados por Rafael de León tras su estreno de *María de la O* en el Alcázar de Madrid, informa a sus contertulios de su propósito de viajar a América con su novio (Juan):

"Ahora que estamos aquí tranquilos y que no tengo por qué disimular nada...

—¡Pues por la feliz pareja! —exclamó el sevillano con su gracia habitual y su naturalidad—. Esperemos que el viaje sea dichoso y que no nos tengáis mucho tiempo a los amigos sin vuestra presencia"[439].

Esa misma es la opinión de Jesús, hermano de Juan, quien debió vivir personalmente la iracunda reacción que la invitación recibida por su hermano despertó en el progenitor de ambos. Lo recordaba en una entrevista que le hicieron muchos años más tarde, el 30 de abril de 2017:

---

437 Gibson, Ian, *Vida, pasión y muerte de Federico García Lorca*, Plaza y Janés, 1998, Gibson, *Vida, pasión y muerte...*, P. 498.

438 Gibson, Ian, *Vida, pasión y muerte de Federico García Lorca*, Plaza y Janés, 1998, Gibson, *Vida, pasión y muerte...*, P. 593.

439 Reina, Manuel Francisco, *Los amores oscuros*, Temas de hoy, Madrid, 2012, pp. 507-508.

"Mi padre, la verdad, es que montó en cólera al saber que mi hermano quería marcharse a Méjico. Entonces la mayoría de edad eran los 21 años, mi hermano tenía 18 y Lorca, 38. Como no podía marcharse sin el consentimiento paterno (Juan) viajó desde Madrid a Albacete a ver si lo convencía, no fue posible porque empezó la guerra, Lorca se fue a Granada, lo fusilaron, y mi hermano continuó su trayectoria. Pero él estaba dispuesto a marcharse, y Lorca, también. ¿Qué se interpuso? La edad, porque entonces mi hermano era considerado un menor de edad. Dicen por ahí las crónicas negras que lo detenía la Guardia Civil, que lo metían en la cárcel... eso son historias. La realidad es que no tenía permiso paterno y no podía marcharse. Y en ese ínterin llegó la guerra, la tragedia"[440].

Penón, tras su conversación con Pura Ucelay, en la que ésta le reveló el súbito enamoramiento que habría surgido entre Federico y Juan, corrobora la sospecha de ella: "Me pregunto si entonces pudo ser también este nuevo amor lo que demoró su partida hacia Méjico..."[441]. Según Anson, Juan estaba seguro que él fue el involuntario responsable. "De alguna forma —nos dijo— se consideraba culpable del asesinato de Lorca. Si le hubiera acompañado en el viaje que proyectaba a México todo hubiera sido distinto, pero no se atrevió porque tenía 17 años y necesitaba de la autoridad de su padre para salir de España"[442].

Y puestos a rizar el rizo de las suposiciones, en el aplazamiento del viaje también pudo influir el padre de Federico. Fue él quien, según Emilia Llanos, habría hecho lo posible por disuadir a su hijo:

"(Emilia Llanos) me cuenta que Federico había tenido la oportunidad aquel verano de marcharse a Méjico... que Margarita Xirgu lo

---

440 https://www.elperiodicoextremadura.com/mas-periodico/2017/04/30/jesus-ramirez-hermano-juan-ramirez-44299020.html (17.07.2022)

441 Penón Ferrer, Agustín, *Miedo, olvido y fantasía*, Editorial Comares, Granada, 2009, p. 640.

442 Anson, Luis Maria, email 21 noviembre 2023.

había invitado, pero que su padre no había querido que se marchara. Precisamente ella había intervenido cerca de don Federico para que dejara marchar a su hijo. En el mes de abril, un día que fue a visitar a la familia García Lorca, Federico le pidió que hablara con su padre y ella así lo hizo cuando entró a verlo: «¿Y cuándo se marcha Federico a Méjico?», le preguntó. «Mientras viva yo, no» «¿Y por qué?» «Porque estoy ya muy viejo y no quiero morirme sin tenerlo a mi lado»[443].

El porqué del odio a Federico: causas familiares

Tras el estallido de la guerra civil se desataron furibundas e irracionales pasiones a uno y otro lado de los dos bandos en lucha. En el caso de Granada habría que tener presente en primer lugar, desde luego, el ambiente que imperaba en una ciudad en la que, aparte de la división entre derechas e izquierdas, pesaban infinitas razones personales y familiares capaces de enfrentar a los lugareños.

En el caso de Federico las hubo de todo tipo. Algunas familiares, tal como describe Pérez Caballero, quien sugiere la existencia de antiguas y larvadas rencillas a causa de diferendos que se remontarían a 1880 cuando los arrendatarios de tierras de la nobleza intentaron hacerse con la propiedad de aquellas aprovechando la crisis económica de sus propietarios ausentes. Es entonces cuando consiguen comprarlas, entre otras familias, las de García y de Roldán, así como la de Alba.

Como la pérdida de Cuba supuso la del azúcar producido en la isla, los propietarios de las tierras de la vega iniciaron el cultivo de la remolacha, actividad que les enriqueció, sobre todo con la paulatina industrialización de la producción azucarera. Cuando en 1905 el padre de Federico tuvo conocimiento de la instalación

---

443 Penón Ferrer, Agustín, *Miedo, olvido y fantasía*, Editorial Comares, Granada, 2009, p. 273.

en Asquerosa (luego Valderrubio) de la fábrica de azúcar San Pascual logró que, sin ser accionista, se instalara en sus terrenos, en perjuicio de los Roldán, que hubiesen querido que fuese en los suyos; y en 1931 García logró dificultar la azucarera de los Roldán denunciando el vertido de residuos en las acequias, lo que ocasionó la paralización de la actividad de éstos.

Paralelamente, García y Roldán consiguieron ser elegidos concejales en el Ayuntamiento de Ganada por el Partido Liberal y el Conservador respectivamente, aunque la comisión electoral puso en tela de juicio, a propuesta del primer partido, el resultado del segundo, al que acusó de haber cometido fraude. También hubo disensos a nivel universitario cuando coincidieron como alumnos en la Facultad de Derecho Francisco y Federico García Lorca y Horacio Roldán, sospechando la familia de este último que De los Ríos había favorecido las calificaciones obtenidas por los dos hermanos. Cuando se produjo la insurrección de julio de 1936 los Roldán, que eran amigos del gobernador Valdés, estuvieron comprometidos en ella.[444]

Y la cuarta más fue la imprudencia de Federico quien inspiró *La casa de Bernarda Alba* en una familia real de ese mismo apellido, tal como explicó Auclair:

"En Valderrubio —en esa época aún se llamaba Asquerosa— los hermanos García poseían, en la calle Ancha, dos casas.

En esa misma calle vivía una viuda, Frasquita Alba, con sus cuatro hijas. Después de la muerte del padre, la madre las secuestró detrás de las persianas cerradas. No salían nunca, salvo para ir a la iglesia, ocultas bajo velos negros y no podían respirar más que en el corral o en el patio, lugar muy chico, cuya puerta, apenas del ancho de un carrito, daba sobre una calle lateral.

La mayor de las hijas, nacida del primer matrimonio de Frasquita, era fea y rica. Atraído por su dote, Pepe de la Romila, el muchacho más guapo de Asquerosa, la pidió en matrimonio y fue autorizado

---

444 Caballero Pérez, Miguel, *Las trece últimas horas en la vida de García Lorca*, La Esfera de los Libros, 2011, pp. 28-33.

a hablarle de amores ante la reja de la ventana. Una vez este deber cumplido se reunía, en las tinieblas del jardín, con la hermana más joven, Adela, tan atrayente cuanto sin dinero.

Esta historia fue para Federico como para el pueblo, una delicia. La casa de su padre estaba enfrente de las Alba. En cuanto el poeta llegaba era la atracción de Asquerosa, tanto para las hijas de Frasquita como para las demás, y nada le divertía tanto como ver, cuando pasaba, como casi imperceptiblemente se movían las cortinas y las recluidas miraban. También se divertía cantándoles vestido de pijama azul y sentado en el umbral acompañado a la guitarra:

¡Asómense a la ventana!

¡No miren por las rendijas!

Junto a la casa de los Alba vivía el tío García y el poeta comprobó que desde un pozo seco que estaba en medio se oía todo lo que pasaba en el patio de la viuda: las conversaciones, las riñas de las mujeres, —madre, hijas y criadas—cuyo confinamiento atizaba los celos, los odios y los desprecios. Federico bajaba al pozo y apuntaba ¡Qué tema para un drama! Eso pudo decir: *La casa de Bernarda Alba* es un documento fotográfico...

... García Lorca sorprendió probablemente el secreto de sus vecinas en el año 1935... Arrebatado por el tema, tenía hasta la intención de dejar a la viuda el nombre de Frasquita:

—Mi madre me ha suplicado que la llame de otro modo: «Si representan la obra ¡figúrate qué escándalo!»

Frasquita se llamaría Bernarda, pero no pudo aceptar el sacrificio del apellido; ¡sonaba tan bien!"[445].

PARTIDARIO DE LOS POBRES, REPUBLICANO Y "DE IZQUIERDAS"

García Lorca perteneció a una familia inequívocamente republicana. Como recordaba su hermana Isabel "la única casa en

---

445 Auclair, Marcelle, *Vida y muerte de García Lorca*, Ediciones ERA, Méjico, 1972, pp. 293-295.

nuestra vecindad que puso colgaduras en los balcones el día de la proclamación de la República fue la nuestra. Estábamos muy señalados"[446]. Un detalle nada baladí en aquella sociedad abismalmente dividida. Y de hecho Federico puede ser calificado sin duda como hombre de izquierdas, acaso por la influencia que tuvo en su ambiente familiar el socialista De los Ríos. Francisco García Lorca puntualiza: "Generaciones posteriores han querido atribuir a la generación del 27 una postura esteticista y ausente de los problemas vivos del hombre. Esto, en el caso de Federico, es una falsedad. Es más, el reproche de apoliticismo es solo relativamente cierto. El ambiente que inmediatamente precedió a la guerra civil había politizado a toda España en un sentido u otro. Había que tomar posición. La posición de Federico era clara"[447].

Sin embargo, sus amigos granadinos le consideraban hombre más bien timorato en cuestiones ideológicas. Manuel Ángeles Ortiz, compañero de Federico en las tertulias del Rinconcillo y del Carmen de la Antequeruela en Granada comentó:

"Federico huía de la política y eso lo sé yo con una seguridad total. Además, en Federico, humanamente, su familia, sobre todo su madre, tenía una influencia grande. Y además de eso, Federico era un hombre con un miedo terrible a todo. A cuanto fuera una sublevación, una huelga. Si sabía que iba a haber una huelga en Granada, él se encerraba en su habitación y no salía siquiera al balcón. Tuvo siempre un miedo pánico a todo, al mar, a todo. Hay que haberlo conocido. Era hombre timorato, no era hombre para ser político. Para hacer política hay que ser osado, ser de otra manera. Y Federico no lo era. Él tenía miedo de todo. Por eso, conociéndolo tan bien, me da horror imaginar cómo debió de haber sido su muerte"[448].

---

446 García Lorca, Isabel, *Recuerdos míos*, Tusquets, Barcelona, 2022, p. 142.

447 García Lorca, Francisco, *Federico y su mundo*, Alianza Tres, Madrid, 1981, pp. 403-404.

448 Molina Fajardo, Eduardo, *Los últimos días de García Lorca*, Plaza y Janés, 1983, p. 91

En este mismo sentido, acaso algo más terminante, se expresó su amigo José María García Carrillo para quien "Federico no era un político, aunque se movía en ese ámbito de gente intelectual y progresista que rodeaba a Fernando de los Ríos, tuvo un buen entendimiento con todos ellos, pero García Lorca jamás pensó en dedicarse la política. Y nunca fue comunista, aunque sus simpatías estuviesen del lado de los partidos de izquierdas"[449].

Por si todo ello no fuera suficiente, Federico refrendó con energía su no militancia partidista a su hermana Concha, a quien no tenía por qué engañar. Concha recordó en sus declaraciones de 1969 a Alessandro Porro: "Cuando estalló la guerra civil, le pregunté: «Mira, Federico, no hablas nunca de política, pero la gente dice que eres comunista ¿Es verdad?» Federico se echó a reír. «Concha, Conchita mía, —había contestado— olvídate de todo lo que dice la gente. Yo pertenezco al partido de los pobres» Y me abrazó. Pero como la gente decía que Federico era comunista, pensamos que debería esconderse en casa de los Rosales, puesto que ese era el lugar más seguro que había en Granada"[450].

Que no tuviese carné de ningún partido no quiere decir que eludiese manifestar una postura política bastante clara. "El 1 de mayo de 1933 —dice Villena— Federico asiste en primera fila a una manifestación madrileña contra el fascismo, que Hitler, terriblemente, acaba de encarnar"[451]. Y este mismo autor recuerda su oposición al régimen implantado en Portugal por Antonio Oliveira Salazar[452].

---

449   Penón Ferrer, Agustín, *Miedo, olvido y fantasía*, Editorial Comares, Granada, 2009, pp. 235-236.

450   Declaración de Concha García Lorca a Alessandro Porro «Las últimas horas de García Lorca» publicadas en *El Tiempo* de Bogotá, 4 diciembre 1969 reproducidas en García Lorca, Francisco, *Federico y su mundo*, Alianza Tres, Madrid, 1981, XXVII.

451   Villena, Luis Antonio de, *Los mundos infinitos de Lorca*, Tintablanca, 2023, p. 146.

452   Villena, Luis Antonio de, *Los mundos infinitos de Lorca*, Tintablanca, 2023, p. 190.

Auclair reproduce la entrevista que le hizo Alardo Prats y que publicó *El Sol* el 15 de octubre de 1934 en la que manifestó con claridad que "en este mundo yo siempre soy y seré partidario de los pobres. Yo siempre seré partidario de los que no tienen nada y hasta la tranquilidad de la nada se les niega. Nosotros —me refiero a los hombres de significación intelectual y educados en el ambiente medio de las clases que podemos llamar acomodadas— estamos llamados al sacrificio. Aceptémoslo. En el mundo ya no luchan fuerzas humanas, sino telúricas. A mí me ponen en una balanza el resultado de esta lucha: aquí, tu dolor y tu sacrificio, y aquí, la justicia para todos, aún con la angustia del tránsito hacia un futuro que se presiente, pero que se desconoce, y descargo el puño con toda mi fuerza en este último platillo..."[453].

A medida que la situación española se fue enrareciendo, García Lorca aumentó su compromiso moral: firmó la convocatoria para la celebración en febrero de 1936 de una comida de homenaje a Rafael Alberti y María Teresa León organizada por el PCE al regreso de ambos de la URSS y leyó en el transcurso del ágape el manifiesto «Los intelectuales con el Bloque Popular» en favor del Frente Popular que se presentaba días después a las elecciones. No obstante, dice Villena: "parece ser (lo confirman de nuevo Aleixandre y un joven José Luis Cano que vio a Lorca negarse a firmar un manifiesto exclusivamente comunista) que Federico había llegado a cansarse de las presiones de los Alberti (en especial) para que se afiliase al partido. Había dicho cuánto le separaba del fascismo y acaso no quiso decir lo que le separaba del comunismo. Él quería dejar claro —y la situación no era óptima para la sutilezas— que si bien no era anticomunista tampoco era un compañero de viaje"[454].

---

453 Auclair, Marcele, *Vida y muerte de García Lorca*, Ediciones ERA, México, 1972, p, 285.

454 Villena, Luis Antonio de, *Los mundos infinitos de Lorca*, Tintablanca, 2023, p. 193.

En marzo de ese mismo año, el dirigente comunista brasileño Luis Carlos Prestes fue detenido por el gobierno de Getulio Vargas que le despojó de la graduación militar de capitán y lo condenó a 30 años de cárcel. María Teresa León recuerda haber pedido a García Lorca que participara en un mitin que, organizado por el Socorro Rojo Internacional, cuya representación en España presidía la escritora, se habría de celebrar en Madrid para pedir su liberación:

> "«Federico, ¿por qué no vienes al mitin que por la libertad de Carlos Prestes se va a celebrar en la Casa del Pueblo? Hablaremos nosotros, estará la madre del líder brasileño encarcelado. ¿Vienes? Fue y dijo uno de los poemas de su libro *Poeta en Nueva* York. Era el año 1936. Algo diferente se respiraba por las calles madrileñas. Federico se sentaba sin miedo junto a los políticamente comprometidos... Cuando el Madrid del Frente Popular empezó a sentir los zarpazos de los falangistas, la agresión organizada del señoritismo madrileño, cuando mataron a Juanita Rico y después a cualquier muchacho indefenso de los que vendían *Mundo Obrero*, Federico se emocionaba y hasta fue con nosotros y con Rapún al entierro de una de esas víctimas en medio de la desazón que iba ganando Madrid y de la que nadie podía librarse"[455].

Francisco García Lorca añade la intervención de su hermano en el homenaje a Valle Inclán con sentido político el 14 de febrero, su adhesión al Manifiesto Universal por la Paz que habían firmado Azaña, Álvarez del Vayo y Antonio Machado, su mensaje a los trabajadores españoles el 1º de mayo y su participación en el banquete celebrado el 22 de mayo en honor de los intelectuales enviados a España por el Frente Popular francés (Malraux, Cassou y Lenormand).[456]

---

455 León, María Teresa, *Memoria de la melancolía*, Renacimiento, Sevilla, 2020, p. 271.

456 García Lorca, Francisco, *Federico y su mundo*, Alianza Tres, Madrid, 1981, pp. 403-404.

En resumidas cuentas que, según Gibson, hubo un hecho que le había marcado desde finales de 1934 de forma indeleble: "Lorca, a partir del estreno de *Yerma*, era percibido por las derechas como acérrimo enemigo"[457].

PERO CON BUENOS AMIGOS FALANGISTAS

Lo más curioso del caso es que entre sus amigos los hubo de confesada condición falangista. Hemos citado antes a Agustín de Foxá, que tan atinadamente le aconsejó sobre la dirección que debía tomar en caso de salir de Madrid, pero al que caben añadir otros significados seguidores de José Antonio Primo de Rivera. Quizá el más antiguo de todos fuese un granadino, Alfonso García Valdecasas, compañero suyo de estudios en la Facultad de Derecho que, pese a que era algo más joven, acabó su carrera el mismo año que Federico. Participó en las veladas de la peña de «El Rinconcillo» y la amistad con García Lorca tuvo expresión en la dedicatoria que éste le hizo del romance de Thamar y Amnon. De su historial político recordaremos un hecho concreto: fue uno de los oradores que intervino en el mitin fundacional de Falange Española celebrado en el Teatro de la Comedia de Madrid el 29 de octubre de 1933. Al inicio de la insurrección militar de 1936 se encontraba en Alemania, desde donde se incorporó a la zona nacional en la que desempeñó diversos cargos durante y después de la contienda, aunque acabó distanciándose del régimen por su militancia juanista[458].

Otro amigo falangista fue Patricio González de Canales, quien no tuvo reparo en confesar:

---

457 Gibson, Ian, *Caballo azul de mi locura. Lorca y el mundo gay*, Planeta, 2009, p. 301.

458 https://www.universolorca.com/personaje/garcia-valdecasas-y-garcia-valdecasas-alfonso/ (01.08.2023)

"Yo era amigo de Federico García Lorca desde 1932. Iniciamos esta amistad desde un día en que en las carteleras de la Universidad Central de San Bernardo apareció una nota citando en el Aula Magna, a las cuatro de la tarde, a cuantos estudiantes quisieran formar parte del cuadro artístico de *La Barraca* para ensayar. Se iba a representar *La vida es sueño* de Calderón. Me aprendí un trozo de memoria, lo recité ante Federico, y éste, con toda franqueza, me dijo, después de oírlo, que no servía para actor y que, si insistía a pesar de todo, y de no tener condiciones, lo primero que tenía que hacer era corregir la pronunciación.

Desde entonces conservamos la amistad, aunque distanciada. Lo veía y saludé en Madrid varias veces, hasta nuestro encuentro en Sevilla en el año 1936[459], en abril. Federico estaba pasando veinte días con Romero Murube en el Alcázar y me manifestó que desde allí regresaría a Madrid.

En aquella ocasión hablamos de varios temas, destacando su entusiasmo por el teatro, no solo como escritor, sino globalmente, con sentido creador, renovador, en escena y en acción. Habló mucho Federico de Sevilla, pero yo le contesté: «Víctor Hugo dijo que la ciudad más bella de Europa sería Sevilla si no existiera Granada». Y le recordé a continuación que Carlos V afirmaba que la ciudad más bella del imperio era Granada. Y García Lorca, enamorado siempre de su ciudad, estuvo de acuerdo con estas apreciaciones. No supe más, por entonces, del poeta."[460].

Pero quizá el falangista con quien tuvo una amistad más larga y profunda, "llena de complicidad y camaradería"[461], fue con Joaquín Romero Murube, también poeta y que fue alcaide conservador del Real Alcázar de Sevilla. Federico, que ya conocía la ciudad por haber estado de visita en 1922 con su hermano Francisco y con Manuel de Falla, fue invitado por Romero a finales 1927 con

---

459   Fue en 1935.

460   Molina Fajardo, Eduardo, *Los últimos días de García Lorca*, Plaza y Janés, 1983, pp. 108-109.

461   Lamillar, Juan, *Joaquín Romero Murube. La luz y el horizonte*, Fundación José Manuel Lara, Sevilla, 2004, p. 64.

motivo de la celebración del centenario de Góngora y, en efecto, aparece en una foto tomada en el Ateneo hispalense junto a Dámaso Alonso. Guillén, Gerardo Diego, Rafael Alberti, Bergamín, Bacarisse y Chabás.

Regresó como conferenciante en marzo de 1932 y se alojó en casa de Romero Murube, quien acudió más tarde a Madrid y estuvo el 29 de diciembre de 1934 en el estreno de *Yerma* por Margarita Xirgu en cuyo transcurso se produjeron incidentes y se insultó a la actriz catalana. De él dice Reina que algunos le "miraban con cierta prevención, pues, aunque conocían que era amigo querido de Federico desde hacía muchos años, también estaban al tanto de su filiación falangista. Lorca, sin embargo, no dejó lugar a dudas, abrazándolo especialmente, para dejar a las claras que era bienvenido siempre"[462].

Al año siguiente, en la primavera de 1935, Romero Murube y Manuel Díaz Crespo invitaron de nuevo a Federico a Sevilla. En esta ocasión se alojó en el mismo Alcázar y participó en la Semana Santa y en la Feria de abril. Joaquín, al que, según Reina, "Federico adoraba"[463], debió quedar sumamente afectado por el asesinato de su amigo. Lo más notable del caso es que, según Lamillar, "comisionado por Queipo de Llano (que según algunos testimonios ordenó darle «café, mucho café» a Lorca cuando desde el gobierno civil granadino pidieron instrucciones), Murube se trasladó a Granada para investigar en la zona lo que había ocurrido con el poeta, al parecer sin resultados positivos, pues encontró un ambiente receloso y hostil. Lo acompañó Alfonso García Valdecasas, a quien está dedicado el soneto «A un amigo muerto»"[464]. Este hecho pone en tela de juicio la presunta responsabilidad de

462 Reina, Manuel Francisco, *Los amores oscuros*, Temas de hoy, Madrid, 2012, p. 187.
463 Reina, Manuel Francisco, *Los amores oscuros*, Temas de hoy, Madrid, 2012, p. 212.
464 Lamillar, Juan, *Joaquín Romero Murube. La luz y el horizonte*, Fundación José Manuel Lara, Sevilla, 2004, p. 96.

Queipo en el asesinato, tesis en la que coincide Martínez Nadal para quien "episodios tan citados como aquel del «Dale café, mucho café», podrán encajar perfectamente en la psicología de los protagonistas, pero no dejan de ser meros rumores"[465].

Romero Murube llevó mucho más allá su amistad con Federico. En 1937 y en la Sevilla gobernada por Queipo publicó *Siete romances*, que dedicó al amigo desaparecido y uno de cuyos textos, el «Romance del crimen», reza: "Al acordeón del puerto/ le han estrangulado el cante". En realidad, este poema ya lo había publicado en 1929, pero reproducido en plena guerra civil, al año siguiente del asesinato de Lorca, adquirió un significado completamente diferente. *Siete romances* apareció en forma de *plaquette* con 32 páginas y tirada reducida de 237 ejemplares destinados a amigos y gente de confianza, del que dio noticia Juan Sierra el 15 de febrero de 1938 en el periódico *FE* de FET y de las JONS. Por si ello no fuera suficiente, "Joaquín Romero Murube, por entonces en el centro de las operaciones culturales del nuevo régimen, vuelve al episodio del fusilamiento del granadino en su aportación a la *Antología poética del Alzamiento*, preparada por Jorge Villén en 1939. *No te olvides...* es el título del poema que entrega, cuyos sus primeros versos aluden de nuevo al crimen: «No te olvides, hermano, que ha existido un agosto/ en que hasta las adelfas se han tornado de sangre...»[466].

La bonhomía de Romero Murube se manifestaría con reiteración en otras ocasiones en las que dio cobijo o prestó apoyo a amigos cuyo pasado resultaba sospecho al nuevo régimen. "Habrá, pues, que recordar que... sus actuaciones de estos años están llenas de poemas memorables: el solitario y atrevido homenaje a Lorca, sus declaraciones favorables en muchos procesos de de-

---

465 Martínez Nadal, Rafael, *Federico García Lorca. Mi penúltimo libro sobre el hombre y el poeta*, Editorial Casariego, Madrid, 1992, p. 60.

466 https://www.diariodesevilla.es/ocio/libro-maldito-Romero-Murube_0_1108689347.html (29.07.2023)

puración, la discreta ayuda económica a algunos amigos, la visita que hizo con Pepín Bello a la cárcel de Carmona para ver a un Julián Besteiro enfermo y que moriría allí en un caso de abandono muy parecido al de Hernández"[467]. Y hablando del poeta oriolano cabe añadir que el 24 de abril de 1939 y recién salido Franco del Alcázar, donde se había hospedado durante la visita de diez días que realizó a Sevilla, el conservador le acogió en su peregrinaje y buscó alojamiento antes de su fallido intento de huida en dirección a Portugal[468].

Jesús Cotta atribuye al también falangista, Felipe Ximénez de Sandoval, amigo de Federico y de José Antonio Primo de Rivera, el intento, que no tuvo éxito, de presentar el uno al otro y relata los pormenores en su *Biografía apasionada de José Antonio* y en *La amistad frustrada de Federico y José Antonio*, una conferencia pronunciada en 1963 en el Instituto de Cultura Hispánica. Mantuvo la tesis de que ambos hombres eran muy afines, pero que, por las circunstancias del momento, no pudieron conocerse a pesar del interés mutuo por ser amigos. Sobre esa presunta amistad Cotta cita otro testimonio, el de Gabriel Celaya, a quien el poeta en persona le habría revelado su amistad con el fundador de la Falange. "A la derecha, pues, tenemos el testimonio de un falangista que lamenta, contra su interés, que José Antonio no conociera al poeta que él quería para la Falange y a la izquierda, el de un comunista que lamenta, contra su interés, que el Poeta, por bueno e ingenuo, se hiciera amigo de esos fascistas que, en su opinión,

---

467 Lamillar, Juan, *Joaquín Romero Murube. La luz y el horizonte*, Fundación José Manuel Lara, Sevilla, 2004, p. 111.

468 Lamillar, Juan, *Joaquín Romero Murube. La luz y el horizonte*, Fundación José Manuel Lara, Sevilla, 2004, pp. 118-120. Lamillar desconfía, en cambio, de lo que Romero explicó en su día a Manuel Barrios de que mientras se encontraba paseando por los jardines del Alcázar con Miguel Hernández apareció Franco y el alcaide-conservador presentó al poeta al jefe del Estado. Y lo pone en duda por una simple cuestión de fechas: Hernández llegó a Sevilla Franco el día que Franco abandonaba la ciudad.

luego lo entregaron a sus asesinos"[469]. Terció sobre esta cuestión Francisco García Lorca quien atribuye a su hermano el hecho de haber eludido un encuentro que supone deseado por José Antonio, al que consideraba sin embargo "ferviente admirador de Federico"[470].

Todo ello nos da una hermosa perspectiva que ya pudimos detectar cuando explicamos el ambiente que reinaba en casa del matrimonio Morla y es el de unos intelectuales de signos distintos, contradictorios y hasta enfrentados, que fueron capaces de mantener y cultivar lazos de amistad personal. Como apuntó Auclair al referirse al último viaje del poeta a Granada: "¿Tenía Federico por qué temer? Había amigos suyos en los dos bandos"[471].

En todo caso, hay un hecho innegable: cuando Federico, receloso de lo que le pudiera pasar en la Granada del verano de 1936, quiso buscar refugio, lo encontró en casa de la familia Rosales, cuyos hijos eran de acreditada militancia falangista. Tan generosa acogida tuvo peligrosas consecuencias para sus protectores, en particular para su amigo Luis Rosales, quien confesó a Vila San-Juan:

"Luis me explicó:
Cuando Valdés le hizo ver claramente a mi hermano que el «asunto Lorca» estaba liquidado, le dio a entender, también claramente, que luego iba a por mí. Fui a ver a Díaz Plá e hice unos pliegos de descargo que, de todas formas, terminaban así: «Y como español y como hombre haría otra vez cuanto hice por Federico García Lorca». Me echaron de Falange y me impusieron una multa de cien mil pesetas —como unos dos millones de hoy— que pagó mi padre. Me

469   Cotta, Jesús, *Rosas de plomo. Amistad y muerte de Federico y José Antonio*, Stella Marís, Barcelona, 2015, pp. 22-23.

470   García Lorca, Francisco, *Federico y su mundo*, Alianza Tres, Madrid, 1981, p. 453.

471   Auclair, Marcele, *Vida y muerte de García Lorca*, Ediciones ERA, México, 1972, p. 325

echó el capitán Rojas, el de Casas Viejas[472]. No me mataron gracias a Perales[473].

—Perales me dijo —le expuse a Luis— que si él llega a estar en aquellos momentos no matan a García Lorca.

—Lo creo. A mí, desde luego, me salvó él. Creo que también lo habría hecho con Lorca..."[474].

Finalizada la guerra civil el diplomático chileno Carlos Morla Lynch, que fue tan buen amigo de Federico, se desplazó a Berlín

---

[472] Siendo capitán de Artillería Manuel Rojas Feigenspan se incorporó al Cuerpo de Seguridad y Asalto creado por la República. En el invierno de 1933 fue enviado a Casas Viejas (hoy Benalup de Sidonia) a reprimir el alzamiento anarquista que se había producido en dicha pedanía de Medina Sidonia, situación que resolvió ordenado el incendio de la choza en que se había refugiado el cabecilla Seisdedos con su familia y el fusilamiento de otros campesinos implicados. Esta masacre, que provocó un grave incidente político y de la que se responsabilizó al gobierno Azaña y en particular al ministro de la Gobernación, Casares Quiroga, dio lugar a su enjuiciamiento y condena. Iniciada la insurrección militar, se sumó a ella en Granada e integró en las Milicias de Falange con las que intervino en la guerra civil. El 6 de agosto de 1936 realizó una visita a la Huerta de San Vicente en busca de una imaginaria emisora con la que supuestamente Federico habría de estar en conexión con la URSS, en cuyo transcurso maltrató al padre de Federico y a otros miembros de la familia. La ulterior sustracción en Sevilla de un vehículo militarizado fue causa de que fuese sometido a un consejo de guerra que le expulsó del Ejército. Muchos años después el director cinematográfico Basilio Martín patino realizó un documental sobre aquel hecho titulado *El grito del sur. Casas Viejas*.

[473] Falangista de la primera hora, el doctor Narciso Perales estuvo en Granada al inicio de la insurrección, donde parece que su intervención fue decisiva para salvar de un grave apuro a Luis Rosales, a quien querían fusilar por haber dado cobijo a Federico García Lorca. Finalizada la guerra civil fue nombrado gobernador civil y jefe provincial de FET y de las JONS en León, cargo del que dimitió y a partir de ese momento se caracterizó como disidente del régimen y defensor de la supervivencia de una Falange auténtica distinta del partido único creado por Franco. Se especializó en medicina del trabajo y colaboró con la OIT. Estuvo casado con Justina Rodríguez de Viguri, fundadora del SEU y una de las primeras mujeres del movimiento falangista.

[474] Vila San-Juan, José Luis, *García Lorca asesinado: toda la verdad*, Planeta, Barcelona, 1975, pp. 31-32.

como encargado de negocios de su país a la espera del nombramiento de un nuevo embajador. El miércoles, 14 de febrero (de 1940) consignó en sus diarios: "Almuerzo en la Embajada de España. Es a cuatro muchachos falangistas que vienen para fines del establecimiento de una poderosa emisora de radio en Madrid. Aparecen en su uniforme azul oscuro[475], son jóvenes alegres, simpáticos. Está presente todo el personal de la Embajada salvo los Barzanallana. Hablamos mucho de nuestra odisea en Madrid, de los asilados; había uno que fue muy amigo de Federico García Lorca"[476]. Lamentablemente, no dio más datos del interfecto, por lo que resulta imposible identificarlo. Pero el dato revela que, aún después de su asesinato, había entre quienes estuvieron en la otra trinchera ideológica quienes, como Romero Murube o el anónimo falangista, seguían honrándose y confesando sin temor alguno haber disfrutado de su amistad.

Además de "rojo", "maricón"

La identidad sexual de Federico ha sido esgrimida como otra de las causas supuestamente determinantes de su asesinato. Si ser homosexual en la España de aquella época era harto difícil, en Granada resultaba aún mucho peor. Tenemos noticia por Penón que en muchas ocasiones y con ocasión de sus visitas, Federico se soltaba el pelo y perdía la cabeza persiguiendo, con escasa o nula discreción, a mozos de buen ver. Una conducta que no podía ser ignorada por nadie en una ciudad pequeña en la que uno de los mayores entretenimientos debió ser el chismorreo sobre vidas ajenas.

Gibson lo resume diciendo que "la hostilidad que ya suscitaba Lorca entre los granadinos de derechas era palpable: por su

---

475   El uniforme de FET y de las JONS era negro, sólo la camisa era azul.

476   Morla Lynch, Carlos, *Diarios de Berlín, 1939-1940*, Renacimiento, 2023, p. 496

condición de gay, por ser escritor en plena ascensión triunfal, por ganar dinero, por ser crítico con la España tradicionalista. Lo llamaban, entre otras cosas, «el maricón de la pajarita»"[477].

EL ADIÓS DE RODRÍGUEZ VALDIVIESO

Con estos precedentes parece que el terreno estaba abonado para que pudiera producirse cualquier desatino si se daban las circunstancias favorables para ello. Y se dieron el 18 de julio de 1936 cuando se produjo la insurrección contra la República que, pese a las dudas e incertidumbres del general Campins, gobernador militar de la plaza, acabó triunfando en Granada. Fue el punto de partida de una gigantesca campaña de persecución de enemigos y discrepantes políticos, ciertos o imaginados, que se manifestaría en detenciones y fusilamientos sin formación de causa. Entre ellos, el del nuevo alcalde de la ciudad, Manuel Fernández Montesinos, cuñado de Federico —era marido de su hermana Concha—. El poeta también estaba en el punto de mira de sectores influyentes de los sublevados que le "tenían ganas" por numerosas razones en las que se mezclaban en diabólica conjunción pendencias locales, envidias pueblerinas, prejuicios sociales, una homofobia rampante, amén de alguna mentira clamorosa, como la de que Federico actuaba como espía en favor de Rusia[478] (¡).

En plena eclosión insurreccional, cuando ya empezaba a intuirse la tragedia cainita, Federico recibió en el domicilio familiar la

---

477   Gibson, Ian, *Caballo azul de mi locura. Lorca y el mundo gay*, Planeta, 2009, p. 305.

478   Semejante despropósito acaso tuvo su origen en la presencia de la firma de Federico García Lorca en el manifiesto fundacional de la Asociación de Amigos de la Unión Soviética de 11 de febrero de 1933. El caso es que también suscribieron dicho documento caracterizadas personalidades de derechas e incluso algunos que tres años más tarde se sumarían al movimiento militar.

visita de unos de sus últimos amantes, el granadino Rodríguez Valdivieso. Lo atestiguó Martínez Nadal:

"La última noticia que del poeta me ha llegado se la debo a mi viejo amigo Eduardo Rodríguez Valdivieso, íntimo amigo también de Lorca en Granada. El 18 de julio de aquel 1936, día de San Federico, Eduardo Rodríguez Valdivieso acudió, como otros años, a la Huerta de San Vicente para felicitar a los dos Federicos: padre e hijo. Don Federico esperaba en una mecedora a la sombra del emparrado. «Siéntate, Eduardo. Federiquito se estará ya despertando de la siesta». Poco después apareció Federico, demacrado, pálido oliva. Sin saludar, casi, se dejó caer en el sillón. «Federiquito, ¿qué te pasa?», preguntaba el padre. «Nada. Un mal sueño». «Cuéntalo, hijo, que los malos sueños hay que decirlos para que no tengan realidad». Y Federico contó que medio dormido vio cómo alrededor de él pasaban y repasaban tres mujeres con tupidos velos negros que les cubrían de pies a cabeza sin dejar ver los rostros inclinados hacia tierra. Llevaban en las manos unos grandes crucifijos y al pasar delante de él se detenían y los levantaban con gesto amenazador."[479]

LA SINRAZÓN DE UN CRIMEN

No es el objetivo de estas páginas entrar en la cuestión concreta de cómo se desarrollaron sus últimos días de Federico: la estancia en la Huerta de San Vicente, su refugio en casa de la familia Rosales, la detención a cargo del exdiputado de la CEDA y neofalangista de última hora Ramón Ruiz Alonso, su confinamiento —parece que muy breve— en una dependencia del Gobierno Civil de Granada y, en fin, su traslado a Víznar y fusilamiento en compañía de otros detenidos. La tragedia ha sido estudiada por numerosos autores hasta el más mínimo detalle y queda muy poco o nada que añadir, salvo la incógnita del lugar exacto don-

---

479 Martínez Nadal, Rafael, *Federico García Lorca. Mi penúltimo libro sobre el hombre y el poeta*, Editorial Casariego, Madrid, 1992, nota 46, 34.

de fueron inhumados sus restos. Nuestro propósito es tratar de valorar hasta qué punto la identidad sexual de Federico pudo ser causa determinante o coadyuvante del crimen.

Sin poner en tela de juicio la generosidad desplegada por los Rosales al acoger a nuestro personaje en su domicilio granadino, no sería lícito olvidar que precisamente la condición sexual del poeta había dado pábulo a ciertas reticencias en alguno de los miembros de la familia. Gerardo Rosales explicó que a su regreso de Madrid su hermano Luis habló con él y, sabiendo de su amistad con Federico, le contó lo mal que sentó en Granada la entrevista que Luis Bagaría había publicado en *El Sol* con Federico y en la que el poeta se refirió a la entrada en la ciudad de los Reyes Católicos "como uno de los peores acontecimientos, de los más nefastos de la historia":

"Las declaraciones de esta entrevista han sentado aquí a cuerno quemado. La envidia de esta ciudad fomenta el odio, tú lo sabes. Dicen que él es de la cáscara amarga y no le perdonan el éxito del *Romancero*, o *Romance de la Guardia Civil*, los viajes por Argentina, Nueva York, La Barraca. Están convencidos de su militancia comunista. La burguesía va poniéndolo verde porque no soporta que alguien de un pueblo de la vega, un paleto, llene los teatros, lo llaman invertido, maricón, por las camisas llamativas que lleva y su corte de niño. Lo conocen más por su forma de vestir que por su poesía. Le tienen ganas Luis.

—¿Pero tú cómo lo sabes, Gerardo?

—Hay unos cuantos que se dedican a la caza de los de la cáscara amarga. Suben a la Alhambra y van por el río hasta donde las parejas se besan y se tocan. Se esconden entre los arbustos a esperar que lleguen las parejas de maricas, mientras espían a los novios, para verles las piernas y los pechos a ellas, poniéndose calentones allí agazapados. Cuando llegan sus víctimas, los maricas, se abalanzan sobre ellos con palos y varas y los pegan hasta dejarlos retorciéndose en el suelo mientras les gritan: «Esto, por maricones, por escandalosos, cobardes de mierda». Ya te lo puedes imaginar.

—¡Qué barbaridad! ¿Quiénes son?

—No lo sé. Pero hace pocos días, aquí mismo, en casa, oí a López Font y Enrique Quesada, que esperaban a Antonio, comentar la entrevista de Federico en *El Sol*. Yo mismo les abrí la puerta y les dije que pasaran. Estaba entre ellos uno de esos a los que les gusta hacer sonar los tacones de los zapatos al andar, uno alto con pinta de chuleta, no sé quién es. Decía: «Cuando venga el poeta, le vamos a dar bien por el culo allá arriba no por poner verde a la burguesía granadina, que se lo merece, sino por maricón».

—Qué barbaridad ¡Pobre Federico, si vienen contra él de esa manera! Qué mal lo pasaría si le sucediese algo así. Es tan ingenuo, tan imprudente, tan bueno con el teatro y tan malo con la vida, que no saber fingir, ni ocultarse, ni actuar. Como no despabile, puede pasarle cosas muy desagradables. Si esto va a más, van a violentarlo, y Federico es como un pajarillo: si le pegan, se desmoronará"[480].

También Miguel, el único de los varones Rosales que estuvo presente en el prendimiento de Federico, le comentó a mediados de los años cincuenta a Penón:

"A mí me preocupaba mucho la amistad de mi hermano Luis con Federico.

—¿Qué te preocupaba?

—Sí, me preocupaba una amistad que se hacía cada vez más íntima. Algunos de mis amigos ya me habían hecho comentarios que no me habían gustado, ya sabes cómo es Granada. Sí, estaba preocupado"[481].

"A lo largo de mis conversaciones con los hermanos Miguel y José Rosales, los dos me han repetido constantemente que ni ellos, ni su familia, eran amigos de García Lorca. Que era su hermano Luis, como poeta, el que lo conocía y tenía más amistad con Federico"[482].

480 Rosales, Gerardo, *El silencio de los Rosales*, Planeta, 2002, pp. 21-22.

481 Penón Ferrer, Agustín, *Miedo, olvido y fantasía*, Editorial Comares, Granada, 2009, p. 94.

482 Penón Ferrer, Agustín, *Miedo, olvido y fantasía*, Editorial Comares, Granada, 2009, p. 97.

La tesis de un hipotético disenso familiar en el acogimiento de Federico encontró eco en la carta que Schonberg/Stinglhamber remitió a Daniel Eisenberg el 23 mayo 1974 y en la que acusaba de la denuncia nada menos que al cabeza de familia:

> "Para vengarse de que Lorca le había robado su «amigo» Luis R.(o-sales), Morcillo quiso avisar al padre de las relaciones de Luis con Lorca y el padre se fue al Gobierno Civil para pedir que le desembarazasen de Lorca. Todos saben que Luis R. era homosexual. Basta leer si libro *Abril* para convencerse de esto"[483].

Según testimonio de un tal Benet a Luis Rosales «le torturaron, sobre todo en el culo; le llamaban maricón y ahí le golpearon. Apenas si podía andar»[484].Sea como fuere, para Gibson la identidad sexual tuvo peso en el asesinato del poeta. "Desde el primer momento los fascistas utilizaron contra Lorca su condición de gay...[485]" Y añade:

> "Que a Lorca lo machacaron por ser gay además de por los motivos que hemos visto lo corrobora con contundencia la participación, tanto en la detención del poeta como en su asesinato, de Juan Luis Trescastro Medina, rico terrateniente de Santa Fe, militante de Acción Popular, compinche de Ramón Ruiz Alonso y homófobo declarado... La misma mañana de su asesinato, llevado a cabo la madrugada del 18 de agosto de 1936... entró (en el bar La Pajarera de Granada) Juan Luis Trescastro y anunció en voz alta, para que todos los presentes le oyesen: «Acabamos de matar a Federico García Lorca. Yo le metí dos tiros en el culo por maricón»... Parece no haber duda acerca de la participación de Juan Luis Trescastro en el asesinato del poeta. Siguió durante años jactándose de ello"[486].

---

483   Eisenberg, Daniel, *Textos y documentos* lorquianos, Dept. of Modern Languages, Florida State University, 1975, p. 43

484   Gibson, Ian, *Caballo azul de mi locura. Lorca y el mundo gay*, Planeta, 2009, p. 369.

485   Gibson, Ian, *Caballo azul de mi locura. Lorca y el mundo gay*, Planeta, 2009, p. 368.

486   Gibson, Ian, *Caballo azul de mi locura. Lorca y el mundo gay*, Planeta, 2009, pp. 370-371.

La bravuconada de Trescastro e incluso su participación en el asesinato han sido, sin embargo, desmentidas a Molina Fajardo por José Rodríguez Contreras, médico forense y amigo de Lorca en su juventud:

"—Se ha dicho que en Víznar, la noche que mataron a Federico, estuvieron allí varios elementos de la CEDA, entre ellos Trescastro ¿qué sabes tú de ello?

—Eso es totalmente mentira. Trescastro no fue a Víznar. No tenía por qué, ni le interesaba aquello. Yo he sido médico de Trescastro hasta su muerte. Desde hace infinidad de años. Le trataba desde antes de haber terminado la carrera, pues entonces yo ejercía como practicante y lo visitaba para ponerle las inyecciones que su médico le recetaba. Y conozco exactamente su vida y los pasos que daba y no tuvo nada que ver en la muerte de Federico...

—¿Sería tal vez por figurar...?

—Puede ser, Trescastro era un hombre fanfarrón y alguna vez decía tonterías que no venían a qué. Y como en aquella época... pues se jactaban muchas personas de haber hecho disparates, anormalidades y si no, crímenes... porque aquello no era lícito, aunque en aquel momento resultara normal, pues quizá por eso hizo manifestaciones en algún café de que él había tenido que ver...Pero no es cierto. Lo único que hizo fue acompañar a Ruiz Alonso y a García Alix para llevarle al Gobierno Civil"[487].

LA INFAMIA DE SCHONBERG

Durante años se manipuló la incertidumbre sobre la causa real del asesinato de Federico y aunque la motivación política nunca perdió su primordial relevancia hubo quien trató de instrumentar la cuestión de la identidad sexual como razón primigenia del asesinato. Correspondió el discutible honor al Schonberg que ci-

---

487 Molina Fajardo, Eduardo, *Los últimos días de García Lorca*, Plaza y Janés, 1983, p. 211.

tamos antes y que en realidad se llamada Louis de Stinglhamber. En 1956 publicó en *Le Figaro litteraire* un artículo titulado «Enfin la verité sur la mort de Lorca», en el que sugería la hipótesis «según la cual García Lorca habría sido víctima de «un ajuste de cuentas entre invertidos». El artículo ocupó un lugar destacado en la primera página del periódico y dos páginas interiores en las que resumía con bastante exactitud el periplo biográfico de García Lorca. Pero al llegar al punto de su muerte es cuando lanzaba su ponzoña:

"No. La acusación de la de que Ruiz Alonso se erigió en albacea y verdugo se basó inicialmente sólo en la rabia de un afán de venganza personal, en modo alguno relacionado con el orden político, literario, religioso o social, sino vilmente pasional. Los envidiosos, los asesinos, no eran más que «víboras lujuriosas», viles *mariquitas* sedientas de venganza. "No veo por qué ocultamos esto, dijo una personalidad; el mundo aquí sabe que Lorca de esta camarilla de invertidos se atrincheró entre los puros". En verdad sería un error imaginar que Federico, amigo de todos, sólo suscitaba amistad. Bajo aires de simpatía, sabía cultivar el desprecio. Los "impuros" se lo devolvió en forma de odio, cuando no de desprecio. La *Oda a Walt Whitman* proporciona un testimonio sorprendente de esto. Este submundo del amor obscuro, este bar de la calle de Elvira que da la clave de dos canciones, las gitanas y las gitanitos, todas esos bajos fondos que frecuentaba como cofrade, Lorca, porque era noble, no los trató en serio. Es precisamente esta altivez lo que le hicieron pagar. El asesinato de Lorca, encubierto por la política, absuelto por la complicidad del clero granadino que no se arriesgó ni a una intervención, ni a una protesta contra la odiosa masacre de los inocentes, surge de una guerra de escarabajos. Es un ajuste de cuentas entre invertidos. Un ajuste en el que la envidia, la perversidad de don Gabriel Morcillo, pintor de efebos, no quedó más ajena que el crimen del bar de la calle Elvira cometido por uno de sus alumnos. Entre Lorca y Morcillo se había cavado una ruptura venenosa, traicionera... Pero, convertido en personaje oficial y pintor del régimen por haber sabido dar la vuelta a su chaqueta a tiempo, Morcillo es tabú. Otros se salvaron, al mismo precio, el de un delator"[488].

El artículo fue recibido como agua de mayo en ambientes cercanos a los órganos de expresión del régimen franquista puesto que exculpaba a los insurrectos de una pesada responsabilidad y fue por ello debidamente traducido y publicado en la revista *La Estafeta Literaria* del 13 de octubre de 1956 en un texto sin firma:

"*Le Figaro Litteraire* confiesa: ¡En fin, la verdad sobre la muerte de García Lorca!

En fin, hemos de decir nosotros, se ha roto la piedra de escándalo. ¡Veinte años utilizando la muerte de García Lorca como instrumento político! Claro que este es un gesto internacional ni único, ni original. Pero, en fin, había que explotar sin escrúpulos, ni honradez el hecho de la muerte del poeta granadino aún a costa de cometer la más concienzuda, vil y sistemática estafa con la gente de buena fe. Aquellos actos públicos, aquellos recitales solemnes de sus obras, aquel ondear constante de su nombre como víctima, aquellas lágrimas de cocodrilos... ¿Quién no se acuerda?

Mientras tanto, aquí, en España, en la España de la verdad, siempre estuvo todo dispuesto para mostrar y comprobar esa verdad que sobraba, que molestaba, que podía disipar la conjuración. La verdad es una y quien la tenga es quien la puede mostrar o demostrar esa verdad. Pero no interesaba por ahí fuera ¿Cómo coser de nuevo las rasgadas vestiduras? ¿Y el negocio político?

«De politique, pas de question»

Al fin el escritor francés J.L. Schonberg, autor de la más amplia y documentada biografía del poeta, ha venido a España varias veces desde 1953 a 1957, ha recorrido Andalucía, visitado pueblos colindantes con Granada, ha hablado con quien ha estimado conveniente o necesario. Ha investigado en archivos, inspeccionado lugares. Y, al fin, ha llegado a esta conclusión:

«De politique, pas question. La politique, c'etait alors la purge qui vous evacuait sans preambule». En resumen, nada de política. Así es-

---

488   Schonberg, J.L., *Le Figaro Littéraire*, 29 septiembre 1956.

cribe este enviado especial en el párrafo tercero, columna quinta de la página quinta de *Le Figaro Litteraire* del 29 de septiembre de 1956.

Veinte años en confesar la verdad. ¿Tan difícil es la verdad, una verdad no especulativa? Es que seguramente el problema o compromiso no estuvo en hallar la verdad, sino en darla a conocer.

«L'amour oscur... voilà le fond de l'affaire»

Andando, andando, el escritor periodista trata de remontarse a las causas. ¿Chantaje? ¿Venganza? Quizá las dos cosas, se contesta en público y por escrito. Pero ¿de quién? También se contesta:

«Reste alors la vengeance, la vengeance de l'amour oscur» Venganza del «amor oscuro» afirma en el primer párrafo, sexta columna de la quinta página.

Desde la *Oda a Walt Withman* sabía bien García Lorca —continúa diciendo el periodista francés y minucioso biógrafo— a qué terrible odio se había hecho acreedor. No ignoraba desde qué sentina humana, poblada de pederastas, le acechaban. Y transcribe los violentos estigmas que el poeta les dirigió: «¡Asesinos de palomas!... ¡Nada de perdón! La muerte brilla en vuestros ojos, Que los *puros*, los *clásicos* os cierran las puertas de la bacanal»

Y concluye el periodista biógrafo: «Et voilà le foud de l'affaire»

Odio por desprecio

Es verdad que políticamente nada tenía que temer. Verdad que él sabía que de la autoridad nada debía recelar. La autoridad y la Falange eran también sus amigos. Refugiado estuvo en casa de los hermanos Rosales. «Ah! Si Luis, l'ami qui adorait Lorca aváit eté là», y los socialistas y los republicanos. Amigo de todos. «Pero sería un error —continúa diciendo— imaginar que el amigo de todos, Federico, no suscitase más que amistad. Bajo su aire de simpatía sabía cultivar el desprecio. Los *impuros* le respondieron con odio en vez de desprecio».

«La acusación por la que se señalaba y concretaba el ejecutor y verdugo no se apoyaba inicialmente más que en la fuerza de una venganza personal, de ningún modo dependiente del orden político, literario, religioso o social» «Esta hampa del amor oscuro, este bar de la calle Elvira que le dio la llave de dos canciones, la gitanería y los gitanos, todos estos bajos fondos que frecuentaba en calidad de miembro de la confraternidad, Lorca, aunque era noble, los trataba despectivamente. Este orgullo de superioridad es justamente lo que le hicieron pagar».

A esta conclusión ha llegado el escritor y biógrafo J.L. Schonberg, después de largas y minuciosas pesquisas por los lugares y personas que pudieran allegarle datos para su propósito informativo. Por fin se ha lanzado la piedra de escándalo —éste, el escándalo, sí ha sido político— sobre la oscura camarilla cocedora de la estafa mental.

Al fin, a los veinte años. «Voilà!»"[489].

El caso es que *La Estafeta literaria* era una publicación editada por el Ministerio de Información Turismo, motivo por el cual la reproducción del artículo de *Le Figaro litteraire* con la implícita y artera manipulación de Schonberg suscitó le repulsa del antiguo dirigente falangista Dionisio Ridruejo, quien escribió a Gabriel Arias Salgado, a la sazón titular de dicha cartera ministerial, una durísima carta en la que criticaba con severidad dicha maniobra. Decía así Ridruejo:

"El artículo de *La Estafeta* es de los que deshonran a quienes lo escriben y lo publican y a quienes lo leen sin rebelarse. Te invito a juzgarlo por ti mismo: se trata allí de exculpar al Movimiento Nacional de la mancha arrojada sobre él por la muerte del poeta; la exculpación no se logra y el autor del artículo, aun siendo un necio, no podía menos de saberlo. De lo que el mundo ha hablado siempre es precisamente de lo que allí queda en pie: una máquina política de terror ha matado a un hombre que, aún desde el punto de vista más fanático, debía ser considerado como inocente. El artículo viene a confirmar esa inocencia, a desvanecer cualquier justificación subjetiva fundada en una necesidad revolucionaria y no desvirtúa por otra parte el hecho de que el poeta haya muerto a manos de agentes de la represión política de Granada, sin que a nadie se le pidieran cuentas... A mí me parece que esto pasa de la raya, que es una porquería y que se han atropellado todas las leyes del honor, de la piedad y de la decencia.

489   Artículo sin firma, *La Estafeta Literaria*, nº 65, 13 octubre 1956. https://old. ateneodemadrid.com/biblioteca_digital/Estafeta_Literaria/n%C2%BA65_13X.pdf (20.09.2023)

Me pregunto y te pregunto si la opinión de los españoles debe estar dictada por gentes capaces de cometer semejante villanía. A poca cosa, si es así, hemos venido a parar cuando tan poco respeto se nos debe"[490].

Schonberg fue autor así mismo de un libro titulado *Federico García Lorca. L'homme-L'oeuvre*[491]. Dice Eisemberg que el planteamiento de dicho autor inducía a atribuir el asesinato del poeta exclusivamente a su homosexualidad, eludiendo la concurrencia de cualquier otro tipo de concausas, muy en particular las de orden político. Eisenberg se entrevistó con Schonberg y reproduce algunas cartas que recibió de este personaje del que opinó lo siguiente:

"Con el fin de obtener otras informaciones, le visitamos en Francia en septiembre de 1974 después del Quinto Congreso Internacional de Hispanistas... Quien se esconde tras el seudónimo de Schonberg es Louis de Stinglhamber-Schonberg, profesor jubilado de la Universidad de Graz. No vacilaríamos en aplicarle, con Dionisio Ridruejo, el término de necio; de la lectura de sus libros resulta inevitable esta opinión de Schonberg, pero las cartas que a continuación presentamos no lo desmienten en absoluto... Aunque le calificamos de necio, y sus libros, a nuestro juicio, son los últimos que se entregaría a uno no ya un especialista en el estudio de Federico, Schonberg, o sea Stinglhamber, habló con muchos individuos que conocían a Federico y las circunstancias de su muerte, incluyendo a varios ya fallecidos o que hoy han cambiado sus explicaciones"[492].

---

490 Reproducido en Vila San Juan, José Luis, *García Lorca asesinado: toda la verdad*, Planeta, Barcelona, 1975, pp. 31-32.

491 Schonberg, Jean-Louis, *Federico García Lorca. L'homme-L'oeuvre*, Plon, Paris, 1956.

492 Eisenberg, Daniel, *Textos y documentos* lorquianos, Deptp of Modern Languages, Florida State University, 1975, p. 50.

No le matamos por maricón,
sino porque no era de los nuestros

Llegamos, por fin, al interrogante decisivo ¿Fue la condición sexual de Lorca la sinrazón decisiva de su asesinato? Con toda sinceridad, creemos que no. Pudo actuar, sin duda, como un factor coadyuvante, pero en ningún caso como la razón principal. En la guerra civil española hubo homosexuales en uno y otro bando. Y bastará con recordar un único, pero esclarecedor ejemplo de otro hombre de teatro: el de Luis Escobar Kirkpatrick, marqués de las Marismas del Guadalquivir y acreditado homosexual, a quien en plena guerra civil y en la España Nacional se designó director del Teatro Nacional de la Falange. En 1960 se atrevió a montar *Yerma* en el Teatro Eslava. Lo recordó con emoción en sus memorias Tica, la sobrina preferida de Federico: "El reestreno se produjo el 21 de octubre de 1960 en el Teatro Eslava de Madrid, con decorados de José Caballero. El personaje de Yerma lo interpretó Aurora Bautista; el de Juan, Enrique Diosdado; y el papel de vieja pagana, María Bassó. Al terminar la función el público, puesto en pie, ovacionó la obra y el recuerdo de unos de los mayores dramaturgos que ha tenido la escena española. Y entonces ocurrió algo que recorrió como un escalofrío todo el teatro e hizo brotar lágrimas en muchos ojos. En medio de aquellos aplausos que no acababan nunca se levantó lentamente el telón. El escenario estaba vacío; en el centro había una silla y en la silla un clavel rojo. Alguien gritó desde el entresuelo: «¡Aplauso al autor!»"[493].

Pues bien, Escobar desarrolló una exitosa carrera durante todo el régimen como conspicuo autor y director teatral, a la par que actor de cine, y no consta que nunca se le molestara por su condición sexual. Y es que, como ha dejado claramente establecido Reina: "Una vez con Rosales me confesó que, nada más ser asesi-

---

493 Fernández-Montesinos, Tica, *El sonido del agua en las acequias*, Dauro, Málaga, 2018, pp. 170-171.

nado Federico en Granada, recibió una carta anónima en la que el valiente embozado le decía que «eso le ha pasado a tu amigo el poeta por no ser un maricón de los nuestros. Si hubiese sido de los nuestros, nada le habría sucedido»[494]. Con estas palabras el infundio de Schonberg quedó meridiana y definitivamente desmentido.

Quizá quien mejor descifró la sinrazón del asesinato de Federico fue Lluis Pasqual con este sentencioso dictamen:

"Tenían mil motivos para querer matarle y que siguiera muerto. Para no arrepentirse ni un segundo. Bajo el aspecto de ser una más de las rencillas pueblerinas que se saldaron con desapariciones y asesinatos en la tremenda confusión de las primeras semanas de la guerra civil —desgraciadamente también tuvo algo de eso—, tenían infinitos motivos para asesinarle. Casi todos se han dicho, Federico representaba todo lo que ellos odiaban: poeta, artista popular, pensador brillante, maricón ... les molestaba por todos los flancos. Por eso, cuando alguien se aventura a insinuar posiciones políticas ambiguas poco definidas por su parte, me gustaría poderle recordar que Federico no solamente fue alguien que defendió por escrito, muchas veces, a los desclasados y a los pobres, sino que además recorrió los pueblos de la península inundándolos de teatro y poesía. Y eso, en la España de los años treinta, era un gesto político significativo. Había escrito en defensa de los gitanos y contra la Guardia Civil y tuvo, además, los huevos, junto con Falla, de subir por primera vez a esos gitanos al escenario, fundando la Fiesta del flamenco, el primer Concurso de cante jondo (Granada, 1922). Nadie se había atrevido a hacerlo hasta entonces. Los gitanos estaban bien por un rato en las fiestas de los

---

494 Reina, Manuel Francisco, *Los amores oscuros*, Temas de hoy, Madrid, 2012, p. 576. En el momento en que la identidad sexual dejó de ser un tabú en España Escobar no tuvo repaso en confesar la suya, por lo demás harto conocida, y lo hizo con la mayor naturalidad, como recordó Alfonso Ussía: "Cuando le preguntó un sagaz entrevistador a Luis Escobar si era «gay», el marqués de las Marismas del Guadalquivir, genial y desenvuelto, le respondió: «No, por Dios, eso es una vulgaridad. Yo soy marica de los de toda la vida»" https://www.larazon.es/opinion/columnistas/el-toston-de-lo-correcto-AC12328282/ (27.05.2023)

señoritos, y siempre entrando por la puerta de la cocina, pero ... ¡en un escenario! Los poderosos lo consideraban hasta un insulto para la ya poco recomendable clase actoral. El suyo no fue sólo un gesto político, sino revolucionario"[495].

Y Luis Rosales lo expresó mucho más breve y tajantemente: "A Federico lo mató la envidia. España es un país donde los frutos de la fama están envenenados. El renombre no trae dinero, ni consideración, ni ventajas de ninguna clase, únicamente una sórdida envidia. Y en ninguna parte se envidiaba más a Federico"[496].

---

495 Pasqual, Lluis, *De la mano de Federico*, *Arpa editores*, 2016, pp. 30-31.
496 Auclair, Marcelle, *Vida y muerte de García Lorca*, Ediciones ERA, Méjico, 1972, p. 338.

XIII

EL ITINERARIO POSTERIOR
DE LOS AMANTES DE FEDERICO

La guerra civil supuso una ruptura total en la vida de millones de españoles y las personas que habían estado ligadas a Federico por lazos sentimentales no fueron una excepción. Hubo quienes por azares del destino quedaron en zonas que permanecieron bajo administración republicana, como Rafael Rodríguez Rapún y Juan Ramírez de Lucas. No consta que Rodríguez Valdivieso saliese de Granada, que era su lugar de residencia habitual, por lo que debió vivir la guerra desde el principio en zona insurrecta. A Salvador Dalí y Gala el inicio del conflicto les alcanzó cuando ya habían salido de viaje al extranjero; allí se quedaron, y tardarían mucho tiempo en regresar a España. Aladrén estuvo los tres años entre los nacionales y se desenvolvió sin problemas en las altas esferas del Nuevo Estado.

Pero lo más llamativo de todo fue el itinerario ideológico que siguió cada uno de ellos. Porque lo cierto es que la mayoría de ellos experimentó una transformación copernicana, si no en sus convicciones personales más íntimas, algo que no nos es posible conocer, sí al menos en las manifestaciones externas de éstas, e incluso en su conducta sexual. Solo uno fue fiel a su identidad política, acaso porque murió joven. Veamos lo que ocurrió con cada uno de esos personajes.

SALVADOR DALÍ: MATRIMONIO EXCÉNTRICO, PERO DURADERO, Y MISTICISMO RELIGIOSO

Quizá el caso más sobresaliente y contradictorio haya sido el de Salvador Dalí, de quien valdrá la pena recordar unos años de juventud en los que se manifestó sin ambages como descreído, pagano, antimonárquico y dispuesto a romper con todos los tabúes y convencionalismos. Pero el artista ampurdanés iba a experimentar una trasformación profundísima a partir de la década de los años treinta.

Gibson se hizo eco del acto celebrado en Barcelona el 18 de septiembre de 1931 que presidió Jaume Miravitlles, principal figura del Bloc Obrer i Camperol, un partido marxista minoritario que discrepaba de la ortodoxia marcada por la Internacional moscovita. Dijo que en el transcurso del mismo habló Dalí sobre «El surrealismo al servicio de la revolución» e identificó surrealismo y comunismo: "La estrecha identificación del pintor con el Bloc Obrer i Camperol quedó ratificada en los siguientes números de *L'Hora*, revista del partido... Por lo que a *L'Hora* concernía, Dalí era miembro de pleno derecho del Bloc. No obstante, algunos simpatizantes de la organización no estaban convencidos de su total compromiso con la causa"[497].

Pero no tardaría en evolucionar puesto que, en 1934 Breton, vistas algunas de sus actitudes y manifestaciones, sospechaba que se había convertido en reaccionario.[498] Y en 1935, ante las reticencias de los comunistas sobre el surrealismo, confirmó "su escepticismo respecto a los comunistas"[499]. Ese mismo año en su folleto

---

497 Gibson, Ian, *La vida desaforada de Salvador Dalí*, Anagrama, Barcelona, 1997, pp. 373-375.

498 Gibson, Ian, *La vida desaforada de Salvador Dalí*, Anagrama, Barcelona, 1997, p. 413.

499 Gibson, Ian, *La vida desaforada de Salvador Dalí*, Anagrama, Barcelona, 1997, p. 444.

«La conquista de lo irracional», "no es que Dalí se ponga abiertamente al lado del nazismo, pero hay indudables indicios de su simpatía por él"[500] indica Gibson. Peor aún fue en 1938 puesto que "cuando Dalí regresó a París cumplió su promesa de visitar a Breton, que se escandalizó al oírle proferir opiniones racistas"[501].

Finalizada la guerra civil española y en la correspondencia que mantuvo por Dalí con Buñuel no solo se negó a ayudar económicamente a su antiguo amigo tal como éste le pedía, sino que manifestó su solidaridad con el nuevo régimen español. "Dalí había caído, obviamente, bajo la influencia de la propaganda falangista, cuyo principal teórico era su viejo amigo Ernesto Giménez Caballero, y estaba pensando ya en un triunfal retorno a la España franquista cuando el momento fuera propicio"[502]. Lo que le ocasionó la definitiva expulsión del movimiento surrealista dictada por Breton en un artículo en *Minotaure*.[503]

Años después, el capitán Moore detectó tanto en Dalí como en Gala "una fuerte veta antisemita" quizá por creer que los marchantes judíos de Nueva York le boicoteaban por su condición de católico. "La acusación era falsa. Si los marchantes judíos de Nueva York no querían ni oír hablar de Dalí era porque el pintor los había ofendido con sus comentarios y actitud antisemita, no porque profesora la religión católica. Después de todo, ¿qué les importaba a ellos las creencias religiosas del pintor, sinceras o fingidas? Nada"[504].

500 Gibson, Ian, *La vida desaforada de Salvador Dalí*, Anagrama, Barcelona, 1997, p. 446.

501 Gibson, Ian, *La vida desaforada de Salvador Dalí*, Anagrama, Barcelona, 1997, p. 492.

502 Gibson, Ian, *La vida desaforada de Salvador Dalí*, Anagrama, Barcelona, 1997, p. 504.

503 Gibson, Ian, *La vida desaforada de Salvador Dalí*, Anagrama, Barcelona, 1997, p. 505.

504 Gibson, Ian, *La vida desaforada de Salvador Dalí*, Anagrama, Barcelona, 1997, p. 622.

Paralelamente y desde su regreso a España en 1948 se manifestó progresivamente interesado por el misticismo religioso, a la par que se integró sin dificultad en el sistema franquista, que pasó por alto todas sus excentricidades a cambio de una adhesión que no tuvo empacho en manifestar hasta el último momento. Es famosa la conferencia que pronunció en el teatro María Guerrero de Madrid el 11 de noviembre de 1951 en la que dijo aquello de: "Picasso es español, yo también; Picasso es un genio, yo también; Picasso tendrá unos setenta y dos, y yo tendré unos 48; Picasso es conocido en todos los países del mundo, yo también; Picasso es comunista... yo tampoco"[505]. De su anuencia con el régimen sería expresión los encuentros habidos con el jefe del Estado, el apoyo que éste dio al Museo de Figueres, el cuadro que pintó para la boda de Carmen Martínez Bordiú —nieta del generalísimo— y, en último lugar, las desafortunadas declaraciones que hizo sobre las últimas penas de muerte dictadas antes del fallecimiento del caudillo.

Más aún, el joven antimonárquico que "sentía un profundo desprecio por Alfonso XIII"[506] y que fue detenido previsoramente por las autoridades cuando el monarca visitó su ciudad natal en 1924, habiendo permanecido privado de libertad entre el 15 de mayo al 11 de junio[507], acabó sus días enaltecido por el nieto del rey anterior con la merced nobiliaria de marqués de Dalí de Púbol.

La misma contradicción cabe subrayar en lo que se refiere a su relación con el hecho religioso. En sus años mozos "Dalí estaba resuelto no solo a cumplir al pie de la letra la proscripción de la religión pregonada por el surrealismo, sino incluso a atacar a la

505 Olano, Antonio D., *Dalí. Las extrañas amistades del genio,* Temas de hoy, 1997, p. *166.*

506 Gibson, Ian, *La vida desaforada de Salvador Dalí,* Anagrama, Barcelona, 1997, p. 152.

507 Gibson, Ian, *La vida desaforada de Salvador Dalí,* Anagrama, Barcelona, 1997, pp. 162-163.

Iglesia con todas sus fuerzas. En este juego tenía como leal compinche a Buñuel... La blasfemia, los desafíos a Dios para que hiciera lo peor, gustaban sobremanera a los dos amigos en aquellos momentos, y la hostia era uno de los principales objetivos de sus ataques, bromas y sarcasmos"[508].

Por el contrario, décadas más tarde se manifestó interesado por el misticismo, se caracterizó como pintor de Cristos, Vírgenes y santos e incluso acabó contrayendo matrimonio religioso con Gala, tal cual se explicará más adelante.

Pero lo que nos interesa más es la cuestión de su identidad sexual, un tema aún más complejo que el de su ideología política o religiosa. Gibson se refiere al "temor de Dalí a la homosexualidad..."[509]. Sabemos que sus escarceos homoeróticos con Federico quedaron cortados de raíz a partir del momento en que conoció a Gala Diakonova y cuando ésta, abandonando a Paul Eluard, con quien había contraído matrimonio de 1917, decidió quedarse en España con el pintor y crear una pareja que solo se disolvería por la muerte de la rusa. Claro que otra cuestión es el verdadero carácter de esta relación, habida cuenta de la titubeante sexualidad del figuerense. Según Pérez Andújar "en el juego del psicoanálisis, Gala era el doble femenino de Dalí, y así se pinta en *El gran masturbador*. Gala ha llegado para impedirle caer en una pulsión homosexual que le perseguía y le repugnaba"[510].

Emilio Puignau, aparejador y durante un tiempo alcalde de Cadaqués, fue uno de sus hombres de máxima confianza, prácticamente un confidente y vio así la relación que hubo entre ambos:

---

508 Gibson, Ian, *La vida desaforada de Salvador Dalí*, Anagrama, Barcelona, 1997, p. 290.

509 Gibson, Ian, *La desaforada vida de Salvador Dalí*, Editorial Anagrama, Barcelona, 1998, p. 475.

510 Pérez Andújar, Javier, *Salvador Dalí. A la conquista de lo irracional*, Algaba ediciones, Madrid, 2003, p. 188.

"Seguramente estamos ante una historia de amor en la que no cuenta el deseo sexual, la reciprocidad por ambas partes, o, dicho de otra forma, la falta de relación sexual entre ellos no enturbiaba el amor que ambos habían idealizado. Tuve ocasión de hablar mucho con Gala en su casa, como en los viajes que hacíamos, sobre todo a Figueres o a sus alrededores cuando me pedía que la acompañara. En estos casos las conversaciones se generalizaban y hablábamos de temas muy variados, pero siempre, por una explicación, una frase o un concepto, es decir indirectamente, llegué a la conclusión y pude comprender de forma inequívoca que el contacto sexual entre Gala y Dalí ya no existía. Yo no sé lo que pasó en los primeros años de su relación, pero no creo, como es normal, que se conformaran con mirarse, acariciarse o besarse.... Bien es cierto y se ha dicho y escrito que Dalí era impotente. No creo que esto sea verdad pues si así fuera esto no estaría en concordancia con sus declaraciones y frases antes comentadas. Además, como he dicho antes, todas sus amigas me decían y coincidían en que no habían hecho el amor con él, pero ninguna me dijo que fuera o pudiera ser impotente"[511].

Lo que le lleva a pensar que "el mutuo amor Dalí-Gala y su cariño eran tan platónicos que no necesitaban la sexualidad, no se alteraban a pesar de saber que cada uno de los dos estaba con otro"[512].

El caso es que esta duradera pareja de hecho decidió legalizar su situación treinta y tantos años después de haber iniciado la relación y para ello contraer matrimonio ¡nada menos que por la Iglesia católica! Gala esperó al fallecimiento de Eluard, que ocurrió en 1952. Cuatro años después se celebraron los nuevos esponsales en el santuario de Nuestra Señora de los Ángeles que se halla situado en el término municipal y parroquial de Sant Martí Vell, un pueblo entonces de 185 habitantes a catorce kilómetros de Gerona. El templo se construyó a 485 metros de altura en ple-

---

511 Puignau, Emilio, *Vivencias con Salvador Dalí*, Editorial Juventud, Barcelona, 1995, pp. 131-132.

512 Puignau, Emilio, *Vivencias con Salvador Dalí*, Editorial Juventud, Barcelona, 1995, pp. 128-129

no paisaje de Les Gavarres, un entorno idílico propicio a la celebración de ceremonias religiosas familiares. Rodríguez Villagrán explica el casorio del siguiente tenor:

"De entre los muchos matrimonios que acogió aquel centro mariano cabe remarcar el del pintor Salvador Dalí, que celebró su ceremonia nupcial con Gala-Elena Diakanoff el 8 de agosto de 1958. El acto fue muy sencillo. Los casó mosén Francesc Vilà, rector a la sazón de Fornells de la Selva y amigo personal de Dalí desde el tiempo en que estuvo a cargo de la rectoría en Cadaqués. El maestro de ceremonias fue mosén Joan Juanola y los testigos mosén Josep Pol y Joan Vilà. La pareja pidió discreción. Fue tanta la prudencia que el propio rector del santuario, mosén Joan Juanola, no supo quiénes eran los novios hasta el último momento, cuando éstos bajaron del coche que les llevaba, el conocido Cadillac negro, el mismo que todavía puede verse hoy en el patio central del Museo Dalí de Figueres y que en aquella ocasión condujo la propia Gala. Salvador Dalí había nacido en Figueres y tenía 44 años y Gala-Elena Diakanoff era natural de Rusia y tenía 63. Después de la ceremonia se dirigieron a un restaurante de Gerona y posteriormente fueron recibidos en el salón del trono del Palacio Episcopal por el obispo Dr. Cartañà[513]".

¿Por qué decidieron casarse? Conocidas las peculiaridades de cada uno de los contrayentes, más bien cabría calificarlo como un tardío y original acto surrealista... Lo único cierto es que la boda no cambió ni un ápice la libérrima conducta de los ya esposos, puesto que cada uno de ellos volaba sin atadura alguna por su cuenta. Volvemos a utilizar de nuevo el testimonio de Puignau:

"Si Gala y Dalí encarnan el «mito más fenomenal de amor que trasciende los seres», este mito debió de esfumarse. La simbiosis entre ambos debía haberse debilitado, ya que Dalí aprovechaba las ausencias de Gala para estar o hacerse acompañar por alguna jovencita. Generalmente estas señoritas, digamos de compañía, se las propor-

---

513 Rodríguez Villagrán, Ángel, *Maria als santuaris del Bisbat de Girona*, Delegació de Pastoral del Turisme y Santuaris del Bisbat, Girona, 1998, pp. 11-21.

cionaba el señor Du Barry, más conocido por el nombre de *La Verité*. Pasaban parte del día en Port Lligat, pero dormían en un hotel de la localidad. Casi siempre tuve ocasión de comentar con ellas y escuchar comentarios, llamémosle un poco de chismorreo, puesto que yo era el encargado de pagarles los viajes, sus estancias en el hotel y el regalo o propina que Dalí me ordenaba que les diese; yo llevaba la conversación al terreno de saber cómo se comportaban cuando estaban con Dalí y éste con ellas y llegué a la conclusión de que ninguna había hecho el amor con él, ninguna se había acostado con Dalí. Es más, todas me contaban que ni tan solo lo había intentado, que se conformaba (con el pretexto de hacer un dibujo o bosquejo) con que se desnudaran un rato y ya era feliz. El resto del día le acompañaban en el taller mientras pintaba, o en el jardín, conversando y, más que nada, haciéndole compañía... Gala, por su parte, muchos años atrás y cuando aún no tenía el castillo de Púbol, cada temporada, en el momento que consideraba oportuno, emprendía un viaje a Francia o Italia... Cada uno de estos viajes los realizaba en compañía de algún joven invitado, que según decía había conocido con anterioridad en América o en París y con el que había establecido alguna relación... Según pude constatar, estas situaciones y cambios de relación sentimental se consideraban completamente normales por ambas partes"[514].

La reiterada presencia en Port Lligat de tantas buenas mozas no dejó de escamar al solícito Puignau, que relata uno de los episodios que le tocó presenciar y le permitió descubrir la curiosa forma en que Dalí satisfacía su sexualidad:

"En una ocasión, nos hallábamos en el taller y Rosa, la camarera, hizo pasar a una chica que previamente había pedido ser recibida por Dalí. Después de una serie de preguntas protocolarias y de mantener una pequeña conversación con ella, Dalí le pidió que se desabrochase la blusa para ver comprobar sus pechos. Y así, de una forma completamente natural, aquella chica se desabrochó la blusa

514 Puignau, Emilio, *Vivencias con Salvador Dalí*, Editorial Juventud, Barcelona, 1995, pp. 127-128.

y enseñó los senos. Yo, un poco azorado, me volví de espaldas. Dalí exclamó:

—Muy bien, interesantes. Algún día le pediré si quiere posar para hacerle un dibujo.

De esta forma tan sencilla acabó aquella visita de la chica con la exhibición de su anatomía.

Cuando se hubo marchado, yo, en plan de broma, le dije:

—Caray, señor Dalí, sí que tiene usted suerte de que le visiten y se le ofrezcan casi en bandeja tantas chicas que, por cierto, algunas están muy bien. Esta atracción que sienten por usted, aparte de que se sientan atraídas por su fama o por su figura, ¿no será que su bigote hace de antena de captación?

—Es posible —contestó—, por eso tengo siempre las puntas muy bien afiladas.

Estas visitas o peticiones de ser recibidas eran muy frecuentes en el caso de las chicas, por eso dije:

—Si yo me encontrara en su lugar, seguro que utilizaría muchas veces ese colchón que tiene tan bien preparado en el cuartito oriental.

No me contestó. Sólo se rio y dijo que le siguiera. Me hizo pasar a la pieza anexa al taller, a un cuarto pequeño que él mismo había decorado con variedad de cortinas y objetos diversos y precisamente allí había una cama-colchón muy bien preparada. Aquello parecía un pequeño santuario oriental. Encima de una mesa había una maletita que abrió, y entonces me dijo:

—Mira, con esto que ves ellas mismas se hacen el amor, se autosatisfacen. Yo las contemplo, siento en mi interior una sensación muy agradable y me quedo satisfecho. Y puedes creer que esto es mucho más sano que tener un verdadero contacto sexual con ellas, es más tranquilo y descansado que hacer el amor.

La maleta estaba repleta de objetos eróticos, de aparatos que sirven para «sustituir al hombre». Dicha maleta y los objetos que contenía eran conocidos por todo el servicio de la casa, de tal manera que, a veces, bromeábamos con ellos. Por lo tanto, cuando me la enseñó, yo no le dije nada pues no me sorprendí porque ya lo había visto todo antes.

Así pues, Dalí, por lo que sabemos y pude ir comprobando, era un obseso del sexo, aunque en cuanto a la práctica del mismo se mantenía, digamos, al margen. Sus relaciones con las chicas eran por curiosidad o, como me contó, para gozar o sentir un deseo que luego sabía reprimir. No obstante, él seguía diciendo: «Gala es lo que más quiero en este mundo»"[515].

En este contexto de visitas femeninas la que suscitó los rumores más persistentes y morbosos fue la de una tal Amanda Lear, quien consiguió disfrutar de una privilegiada y duradera situación. No hay unanimidad sobre el origen de la amistad entre Dalí y este equívoco personaje de origen franco-vietnamita, nacido supuestamente en Saigón o en Hong Kong en un año inconcreto y de nacionalidad originariamente francesa. Lo que sí es cierto es que vio la primera luz como varón, se llamaba Alain Tap y trabajó con el nombre artístico de Peki d'Oslo en el club *Le Carrousel* de París que ofrecía un espectáculo de transexuales y travestidos. Tras muchas vacilaciones —entonces era una operación de altísimo riesgo— Alain decidió seguir el ejemplo de otros compañeros suyos de este mismo local y someterse a un cambio de sexo en Marruecos que le transformó en Amanda Tap. A continuación, se propuso contraer matrimonio y consiguió hacerlo con un joven escocés al que pagó cincuenta libras por participar en la ceremonia. "La boda se celebró el 11 de diciembre de 1965 y, según consta en el certificado oficial de la misma, el novio fue un tal Morgan Paul Lear, estudiante de arquitectura de veintidós años. La novia figura como Amanda Tap, modelo de veintiséis años, hija de André Tap, capitán retirado del ejército francés..."[516].

En la década de los sesenta la noche barcelonesa era particularmente vibrante y divertida y para ello la ciudad disponía de un amplio abanico de cabarés que ofrecían espectáculos de fuerte contenido erótico hasta altas horas de la madrugada. La mayor

---

515 Puignau, Emilio, *Vivencias con Salvador Dalí*, Editorial Juventud, Barcelona, 1995, pp. 132-13
516 Gibson, Ian, *La desaforada vida de Salvador Dalí*, Editorial Anagrama, Barcelona, 1998, pp. 661-662

parte estaban situados en el entonces llamado Barrio Chino o Distrito V y en sus aledaños y uno de los más famosos y elegantes era el *New York,* ubicado en la calle Escudillers. Pertenecía al empresario Ferrer, quien contrató para actuar en él a la compañía del legendario *Le Carrousel.* Innecesario es decir el escándalo que suscitó en la ciudad la presencia de esta equívoca tropa en la que precisamente figuraba una bella odalisca que se anunciaba como Peki d'Oslo, es decir, Amanda Lear. ¿Fue aquí donde Dalí se encontró con su nueva musa? Gibson dice que realidad ya se habían conocido en el cabaré parisino donde el pintor, ante la negativa de una de las vedettes llamada April Ashley de aceptar la propuesta de pintarla desnuda, desvió su interés por su compañera Peki pero, según ésta, el encuentro se produjo en el restaurante *Le Castell* de la misma ciudad.[517] Y también hay quien dice que les presentó el modisto Paco Rabanne, para quien había desfilado.

Ocurriese en uno u otro lugar, parece fuera de dudas que debió quedar prendado de la belleza de la interfecta, a lo que seguramente contribuyó también como un valioso factor añadido el equívoco que había sobre su verdadera identidad, habida cuenta que Dalí "idolatraba a los glamourosos y a los ambiguos, odiaba tocar a las mujeres y que ellas le tocasen. Los travestidos eran la compañía perfecta, seguidos de los jovencitos atractivos"[518]. La llevó a Port Lligat y se convirtió en visitante asidua, según todos los indicios con el pleno beneplácito de Gala quien, por su parte, y con la aquiescencia de su esposo, mantenía entre tanto relaciones con diversos jóvenes. "Gala —dice Puignau— dejaba que se fueran tranquilos sin mostrar la más mínima contrariedad. Es más, creo que ella misma propiciaba sus salidas, siempre con el pretexto de que quería a toda costa que Dalí estuviera contento

517 Gibson, Ian, *La desaforada vida de Salvador Dalí*, Editorial Anagrama, Barcelona, 1998, p. 661.

518 Thurlow, Clifford, *Sexo, surrealismo, Dalí y yo. Las memorias de Carlos Lozano*, Punto de Lectura, Barcelona, 2002, p. 204.

o porque ella había planeado realizar algún viaje con un amigo o acompañante"[519].

Una opinión que no compartieron todos los testigos puesto que el joven colombiano Carlos Lozano, otro de los asiduos de la corte de Port Lligat, pudo explicar en sus memorias: "En veinte años vi a Amanda quedándose muda una sola vez, fue en el jardín de Port Lligat. «¿Cuánto te ha costado ese marido, querida?» le dijo Gala. «Porque te aseguro que no vale más de 10.000»[520]. Amanda no contestó, pero un sutil y delicioso color rosa cubrió su cara. Gala tenía más de 80 años y, aunque su mente y su piel eran un laberinto de arrugas, todavía había mucho veneno en su lengua"[521].

La presencia de Amanda despertó, como no podía ser menos, toda suerte de rumores en Cadaqués e incluso desconcertó al fiel Puignau:

"En cuanto a mi primera impresión sobre Amanda, contrariamente a lo que había dicho Dalí y aun suponiendo que podía ser inteligente y agradable en el trato, si debo atenerme a su aspecto físico, no la encontré tan ideal y tan interesante, con la particularidad de que enseguida me di cuenta de un detalle: su voz no tenía el timbre de una mujer, parecía una voz de hombre. Aunque eso me chocó, no le di más vueltas ni mayor importancia"[522]

Sin atreverse a quebrar su acendrada discreción, Puignau trató no obstante de conseguir alguna información al respecto:

"En mis conversaciones con Dalí, en los días que sucedieron a su marcha, era raro que no saliera a relucir en algún momento el tema

519 Puignau, Emilio, *Vivencias con Salvador Dalí*, Editorial Juventud, Barcelona, 1995, p. 150.

520 Se supone que pesetas españolas de la época.

521 Thurlow, Clifford, *Sexo, surrealismo, Dalí y yo. Las memorias de Carlos Lozano*, Punto de Lectura, Barcelona, 2002, pp. 206-207.

522 Puignau, Emilio, *Vivencias con Salvador Dalí*, Editorial Juventud, Barcelona, 1995, p. 144.

Amanda. Lo cual demostraba que pensaba en ella muy a menudo. Uno de aquellos días en el taller, en el que también estaba Bea[523], me dijo:

—Aún no me has dicho que te ha parecido Amanda ¿qué piensas sobre ella?

Yo le contesté:

—Mire, no sé qué opinar, porque eso de las mujeres es una cuestión muy personal y muy subjetiva. Pero si debo decir lo que pienso, a pesar de que la encuentro simpática, su voz, sus ademanes, su forma de andar, me parecen muy poco femeninos.

Se rio y me comentó:

—Tienes algo de razón; había sido un poco hombre, pero ahora ya es una mujer"[524].

Y con el fin de despejar cualquier duda, Dalí aprovechó la coyuntura que se le presentó en cierta ocasión para dejar las cosas bien claras:

"Después de tantos años de amistad, cuando yo iba a casa de los Dalí, si no iba acompañado, para no molestar con el timbre de la puerta principal entraba por la puerta secundaria, que durante todo el día estaba entornada... Ese día, como de costumbre, entré por la cocina, donde encontré a Paquita, la cocinera. Hablé un poco con ella y me informó de que los señores estaban arriba. Subí la escalera y casi arriba oí voces en el taller, por lo que me dirigí allí, bajé los cuatro escalones y al entrar me quedé helado. Encima de una pequeña mesa estaba Amanda completamente desnuda, en actitud de posar. La impresión que tuve hizo que me quedara completamente estupefacto, alelado. Ante ello, exclamé:

—Perdóneme, yo no sabía...

Y de inmediato hice ademán de marcharme. Pero tanto Dalí como Amanda me dijeron:

—Pase, pase.

---

523 Isidor Bea, escenógrafo y amigo de Dalí al que ayudaba en la preparación de los fondos de los cuadros.

524 Puignau, Emilio, *Vivencias con Salvador Dalí*, Editorial Juventud, Barcelona, 1995, pp. 144-145.

Dalí estaba pintándola. Después, con más naturalidad, pude iniciar una conversación sobre lo primero que se me ocurrió sin mirar abiertamente a la modelo, ya que me sentía cohibido. Sin embargo, Dalí me sacó del apuro explicándome que estaba pintando una Angélica y consideraba que Amanda era el modelo perfecto. Y añadió:

—Mírala, mírala bien; observa que su estructura física es la ideal, y sobre todo mira sus pechos, sus caderas y ese huesecillo que sobresale a cada lado de ellas que le confiere una caída excepcional.

Parecía, más que nada, una lección de anatomía. Pero me di cuenta que Dalí quería a toda costa que mirara el sexo de Amanda para que supiera que no era un hombre. Pero, dado que yo estaba violento y me sentía incómodo en aquella rara situación, decidí marcharme en seguida y, con el pretexto de que solo había entrado a saludarles, me despedí con un «adiós y hasta mañana»... Pasados unos días tuve ocasión de hablar con ella en el patio, donde estaba tomando el sol, y me dijo:

—¿Qué, Puignau, ya habrá contado a sus amigos que soy una mujer, no?

Me reí un poco y le contesté:

—Mire, Amanda, yo no acostumbro a hablar con otras personas de las cosas que veo o que pasan en casa de los Dalí.

Entonces añadió:

—No, si no es que me supiera mal. Al contrario, el mismo Dalí me dijo: «Mire, la entrada de Puignau ha sido muy oportuna pues podrá decir o contar por el pueblo que usted no es un hombre, y así todo el mundo lo creerá».

Esto era verdad, la gente del pueblo decía y comentaba que Amanda era un hombre que iba vestido de mujer"[525].

Y apostilla que con ocasión de cierta visita que el ex alcalde de Barcelona y prohombre de la política catalana del franquismo Miguel Mateu hizo a Dalí, le preguntó en un aparte a Puignau si era verdad que había visto desnuda a Amanda y si en efecto era una mujer, a lo que éste le respondió afirmativamente. "Se quedó

---

525 Puignau, Emilio, *Vivencias con Salvador Dalí*, Editorial Juventud, Barcelona, 1995,9 pp. 147-149.

muy sorprendido, tal como me había pasado a mí, pero como en ese momento se acercaba Dalí ya no hablamos más de ello y nuestra conversación volvió a generalizarse"[526].

Amanda se había hecho famosa y fue ampliando su círculo de amistades al punto de llegar a cambiar su vida. Según el periodista Antonio D. Olano "es la reina del pop. Sus amores salen de la música. Vive un intenso romance con David Bowie —¡eterna ambigüedad!— y otras rutilantes figuras. Hasta que conoce a un muchacho famoso en las noches parisinas, Alain Philippe, que ostenta un título de marqués, posiblemente auto otorgado. El viaje de novios tiene como destino Hollywood y en Beverly Hills ofrecen una recepción a sus amigos «de siempre»: Sacha Distel, Richard Anthony, Twiggy, Peter Lester, Harold Robbins, Penelope Tree... Desde Hollywood se comunican con Salvador Dalí, que reprocha a Amanda que se haya casado. «Debió usted esperar»[527]. Según el fiel Puignau, el pintor "se quedó desmoralizado y aunque después reaccionó e incluso les invitó a una cena en su honor en Nueva York, el idilio Dalí-Amanda ya había acabado. Así desparecía de su vida la que sin duda había sido su segunda musa, su sincero amor"[528].

Aunque parezca mentira "hoy Amanda Lear niega de plano haber sido nunca Peki d'Oslo... así como niega haber sido en su vida hombre"[529].

Todavía quedaría otro personaje femenino que ha pasado mucho más desapercibido, pero que tuvo también influencia en la vida de Dalí si no se hubiese residenciado en Marbella, ciudad

---

526 Puignau, Emilio, *Vivencias con Salvador Dalí*, Editorial Juventud, Barcelona, 1995, p. 150.

527 Olano, Antonio D., *Dalí. Las extrañas amistades del genio*, Temas de hoy, 1997, p. 131.

528 Puignau, Emilio, *Vivencias con Salvador Dalí*, Editorial Juventud, Barcelona, 1995, p. 152.

529 Gibson, Ian, *La vida desaforada de Salvador Dalí*, Anagrama, Barcelona, 1997, pp. 660-662.

espléndida pero muy alejada del Ampurdán. Gibson dice que en febrero de 1955 y mientras asistía con Gala al baile benéfico anual ofrecido por los Knickerbocker, el pintor quedó deslumbrado por la belleza de una mujer rubia vestida de rojo, a la que saludó y resultó ser madrileña e hija del periodista José María Carretero que utilizaba el seudónimo de «El Caballero Audaz». Como quiera que su padre había sido monárquico y se exilió en París tras la llegada de la República, su hija se educó en ese país y fue modelo del pintor Domergue.

Se llamaba Fernanda, pero era conocida como Nanita. Casó con el ruso Michel Kalaschnikoff que trabajaba para los joyeros Winston de Nueva York y era madre de tres hijas. "Dalí estaría fascinado con la bella española y hasta su regreso a Europa iría a buscarla casi todas las tardes a la salida de su trabajo (en el popular establecimiento de cosméticos de Lilly Daché, en la calle 56) Por su porte aristocrático, acentuado por una majestuosa nariz, Dalí pronto apodó a Nanita «Luis XIV», o, sencillamente, «el Rey». Su marido lo soportaba todo con buen humor"[530]. No así Gala, que se puso celosa.

"No cabe duda que Dalí llegó a querer a Nanita Kalaschnikoff en la medida en que era capaz de querer a alguien y de que ella se volvió pronto imprescindible para su bienestar. También Nanita llegó a sentir un profundo cariño por el Dalí auténtico, por la persona que se escondía detrás de tantas capas de disfraces. La relación nunca sería abiertamente sexual, pero contenía un alto grado de complicidad erótica que la diferenciaba de la que tenía el pintor con Gala. Nanita no solo era simpática y sociable, sino desinhibida y posar desnuda para Dalí no le ocasionaba ningún problema. «Tuvo un papel vital, era la mujer con la que a Dalí le hubiera gustado casarse» ha dicho Peter Moore, que llegó a conocerla bien. «Y, por supuesto, a diferen-

530   Gibson, Ian, *La vida desaforada de Salvador Dalí*, Anagrama, Barcelona, 1998, p. 610.

cia de Gala, Nanita participaba en sus juegos, cosa que Gala siempre se negó a hacer»"[531].

La evocó el periodista Antonio D. Olano: "Todos la llamábamos Majestad, Alteza … Dalí la había bautizado con el nombre de Luis XIV por su parecido con el monarca francés. Su nombre de casada —matrimonió con un ruso multimillonario— era Nanita Kalaschnikoff… Luis XIV se ocupaba de Dalí y le acompañaba a todas partes. Dalí se encargaba de que le enviasen el billete de avión para reunirse con Nanita en Nueva York, en París. Si al genio le dolía una pierna Nanita le buscaba un buen especialista para que los restaurara. Dalí consultaba con ella y le daba sus opiniones"[532]. Y añade: "No se puede escribir la verdadera historia de Salvador Dalí prescindiendo de Luis XIV, que, junto con Gala, la primera mujer en la vida de Dalí, y Amanda forma el terceto de las «mujeres dalinianas»"[533].

¿Sería inoportuno añadir un cuarto personaje? En este caso no se trata de una mujer, ni siquiera de un transexual, sino de un joven muchacho gay dotado de esos rasgos de ambigüedad tan caros al pintor. Se llamaba Carlos Lozano y Lear asistió a su llegada como relata Gibson:

"Amanda fue testigo del ingreso en la corte daliniana de un llamativo colombiano de veintidós años llamado Carlos Lozano, que había trabajado en California con el *Living Theatre*. Lozano llegó a París en abril de 1969, y a los pocos días el actor Pierre Clementi lo llevó a uno de los célebres tés de Dalí en el Meurice. Según Lozano, Dalí se quedó tan deslumbrado por él que casi ignoró aquella tarde a los demás asistentes. No era de extrañar, pues el recién llegado parecía

---

531 Gibson, Ian, *La vida desaforada de Salvador Dalí*, Anagrama, Barcelona, 1998, p. 611.

532 Olano, Antonio D., *Dalí. Las extrañas amistades el genio*, Temas de hoy, Madrid, 1997, pp. 126-127.

533 Olano, Antonio D., *Dalí. Las extrañas amistades el genio*, Temas de hoy, Madrid, 1997, p. 128.

una versión hippy de un niño-dios azteca. Delgado y moreno, con larga cabellera negro azabache, dientes blanquísimos, una risa contagiosa y un encanto natural, la deidad vestía prendas de colores psicodélicos, utilizaba perfumes exóticos y gustaba de ir con el moreno estómago desnudo. Era imposible no quedarse impresionado ante su aparición (el embajador español, creyendo que se trataba de una mujer, le besó la mano). Dalí pidió a Lozano que regresara al día siguiente, y pronto lo trataría como a uno de sus protegidos especiales. Dalí consiguió para el colombiano un papel en *Hair*, que se representaba entonces con gran éxito en París, y una noche el pintor y Gala llevaron a Amanda Lear a ver el espectáculo. A Lear Carlos no le impresionó tanto como a Dalí (si bien tampoco estuvo tan fría con él como Gala, que al principio lo odiaba). En los días siguientes Amanda pudo observar a Lozano de cerca en el Meurice, y tuvo la impresión de que, sus llamativos atuendos y su pose aparte, tenía poco que ofrecer. Pero era un juicio injusto. Lozano también tenía un intelecto y una sensibilidad.

Lozano se quedó estupefacto ante Dalí y su corte, y apenas podía creerse su buena suerte. Cenas en los restaurantes más caros, la asombrosa conversación de Dalí, visitas a museos y galerías de arte y, por supuesto, los fotógrafos y el glamour... era diferente a todo lo que había vivido antes, incluso en California. Como Amanda y como Louis Pauwels antes, no tardó en descubrir que, en materia de belleza física, Dalí se decantaba por los «tipos andróginos, angelicales», especialmente los muchachos afeminados («Ver una polla tiesa en un cuerpo muy suave, casi femenino, es un placer para mis ojos», le había dicho el pintor a Pauwels), mientras Peter Moore, que sabía tanto como cualquiera sobre los gustos sexuales del artista, ha comentado que lo que Dalí quería realmente era «un muchacho con tetas». Lozano también descubrió que Dalí era un voyeur desenfrenado, y que detestaba que lo tocaran. Sus propias tentativas por comunicarse con el Maestro mediante el tacto fracasaron rotundamente: Dalí le «rehuía». En cuanto a Dalí, cuando era imprescindible tocar a alguien «era como si te cogiera el brazo con una especie de garra de ave rapaz». Lozano, gay sin traumas, estaba seguro de que las verdaderas inclinaciones del artista eran homosexuales. El pintor tenía una gran resistencia a admitirlo, y aún más a ponerlas en práctica. Pero no se podría dudar de que prefería el cuerpo masculino al femenino"[534].

El colombiano describió el fantástico universo daliniano en un libro de memorias que resulta de consulta imprescindible para conocer las laberínticas anfractuosidades de la sexualidad del pintor, en las que no faltaron incluso episodios que hoy cabría calificar perfectamente de pederásticos e incestuosos, como el ocurrido en el hotel Meurice de París[535].

En resumidas cuentas, Lozano dictamina sin asomo de dudas: Dalí era gay, pero no admitía el contacto físico, se complacía en el voyerismo y su satisfacción la obtenía con la masturbación. Pudo comprobarlo sin asomo de dudas con ocasión de cierta visita al cabaré *Barcelona de Noche* de la calle de las Tapias, versión local, cutre pero muy explícita y en el fondo entrañable, de *Le Carrousel*. Una de las figuras del elenco, de llamativa presencia femenina, se desprendía sensualmente de todas las prendas de su vestuario y al final de su actuación quedaba en cueros y dejaba a la vista del asombrado público un respetable pene. "La muchacha-muchacho bajó del escenario y besó al Divino en ambas mejillas. Él le devolvió los besos y, al verle tomar asiento una vez más acariciándole a ella-él las posadores me percaté de algo que nunca antes se me había ocurrido: el hecho de que Dalí era un voyeur, un masturbador, un perverso, pero si tenía una inclinación sexual la tenía por los hombres y solo por los hombres. Era gay. Odiaba que le tocasen las mujeres y yo percibía su desagrado en aquellas raras ocasiones en las que esto sucedía"[536].

---

534 Gibson, Ian, *La vida desaforada de Salvador Dalí*, Anagrama, Barcelona, 1997, pp. 667-668.

535 Thurlow, Clifford, *Sexo, surrealismo, Dalí y yo. Las memorias de Carlos Lozano*, Punto de Lectura, Barcelona, 2002, pp. 12-125.

536 Thurlow, Clifford, *Sexo, surrealismo, Dalí y yo. Las memorias de Carlos Lozano*, Punto de Lectura, Barcelona, 2002, p. 269.

Habida cuenta de la época en que ocurrió este lance, me atrevería a identificar al artista que despertó la atención de Dalí como Mademoiselle Josephine, un danés que había sido trapecista o contorsionista de circo y poseía un cuerpo atlético. Cierto accidente profesional le impidió continuar en dicha tarea y decidió cambiar de género, convirtiéndose en una mujer de turbadora belleza, eso sí, con una espalda de camionero que nunca perdió y un sexo rotundamente varonil al que acabó renunciando. Según mis noticias, acreditado y cabe colegir que satisfecho en su nueva especialidad artística, se sometió finalmente a una operación de reasignación de sexo.

Dos codas finales absolutamente sorprendentes.

La primera: Antonio D. Olano cuenta que "Salvador Dalí, al conocer el asesinato de su amigo Federico García Lorca, gritó «¡Bravo!», al tiempo que derramaba unas lágrimas"[537].

Y la segunda. Muchos años después de la muerte de Federico y algunos más de la de Salvador Dalí, Rafael Martínez Nadal comentó la polémica carta que el pintor remitió al poeta el 28 de septiembre de 1928 con una severa crítica sobre su *Romancero gitano* y recordó que García Lorca "nos la leía en Madrid sonriendo y nos elogiaba la inteligencia, la gracia y la agudeza de su amigo. Y reía abiertamente cuando le hacíamos notar cómo, lejos de llevar la ponzoña en la cola, lo que traducía la coletilla era un guiño complaciente al Lorca que se había negado a comulgar en la capilla surrealista de estilo francés"[538]. Y seguidamente se refería a la correspondencia entre ambos:

"Mas, por el momento, deberán bastar estas rápidas notas en espera de tiempo para dedicar a todo el tema de las relaciones Lorca-Dalí-Lorca, y a los años de Dalí en Madrid, una lectura más detallada.

537 Olano, Antonio D., *Dalí. Las extrañas amistades el genio*, Temas de hoy, Madrid, 1997, p. 65.

538 Martínez Nadal, Rafael, *Federico García Lorca. Mi penúltimo libro sobre el hombre y el poeta*, Editorial Casariego, Madrid, 1992, pp. 52-53.

Sin embargo, no quisiera cerrar esta pequeña sección dejando en algunos lectores la impresión de haber escamoteado la saga de supuestas «relaciones íntimas» entre pintor y poeta, parte a su vez de la «saga» que tanto explota hoy el lorquismo comercial.

Nada he encontrado en la parte seria de las cartas consultadas que pudiera prestar apoyo a tales suposiciones. Tampoco recuerdo haber oído, en años anteriores a la guerra civil, alusión alguna al efecto, ni siquiera en boca de los correveidiles de tertulias; jamás una sola palabra en labios de García Lorca que pudiera denotar otro sentimiento que no fueran los de cariño, fraternal amistad y admiración por el hombre y el artista. No olvido, sin embargo, que Santos Torroella, en sus notas a las cartas publicadas en *Poesía*, nos advierte que en las marcadas con asterisco no pudo disponer del original. Recuerdo también que el profesor Joachim Molas, en el curso de su conferencia *Dalí y el grupo de L' Amic de les Arts*, dictada en la madrileña Residencia de Estudiantes (junio 1991), aludió a la posible existencia de un diario íntimo del pintor escrito durante sus años de residente. Por razones diversas, muchos somos los que esperaríamos con interés la aparición de nuevos textos del pintor catalán relacionados con los años de su estancia en Madrid, período que los catalanes de hoy, debido a un comprensible y pasajero provincianismo, intentan silenciar o pasar sobre él como sobre ascuas. Sin embargo, dado el material ya a nuestra disposición, resulta difícil imaginar que nuevos datos puedan alterar substancialmente el tono y carácter de lo que aquella fructífera amistad fue y significó para poeta y pintor. Con clara verdad, nos lo revela la *Oda a Salvador Dalí*, esa traslación de una bien vivida experiencia personal a una realidad poética de valor universal; que esto es lo que importa en obra de poeta o artista, esto es lo que nos indican las cartas leídas y esto lo que nos declara el poema que el poeta dedica al pintor"[539].

Sorprendentes palabras de Martínez Nadal que parece que intentan sembrar dudas sobre el carácter de una relación entre estos

---

539 Martínez Nadal, Rafael, *Federico García Lorca. Mi penúltimo libro sobre el hombre y el poeta*, Editorial Casariego, Madrid, 1992, p. 53

dos personajes, algo que veremos luego que también hizo con respecto a Rapún.

Todo ello ofrece un abanico de paradojas que Pérez Andújar resume diciendo que Salvador Dalí fue tímido y a la vez exhibicionista, asexuado y se dice que impotente, pero obsesionado por el sexo, amante del dinero y a la vez despreocupado en cómo lo gasta, obsesionado y tiranizado a la par por Gala, intuitivo —el autor subraya su capacidad de anticipar algunos adelantos científicos o de ver percibir realidades ocultas que nadie antes había constatado—, rupturista y clasicista sucesivamente, parece que inicialmente partidario de la república pero luego franquista converso y convencido, agnóstico, cuando no ateo en su juventud y creyente en su madurez y ancianidad; parece que no eludió ninguna de las contradicciones imaginables este artista que fue figura clave del surrealismo, pasó por una etapa mística y se sintió a gusto en el pop durante la época en que permaneció en su vida Amanda Lear.[540]

<h2 style="text-align:center">EMILIO ALADRÉN:
MATRIMONIO EFÍMERO, VIDA TRUNCADA</h2>

Sabemos que el escultor abandonó a García Lorca a raíz del inicio de sus relaciones con una mujer joven que había llegado a España como representante de una empresa de productos de perfumería y belleza femenina. Se llamaba Eleanor Dove, había nacido en Gosforth (Newcastle-on-Tyne) el 12 de diciembre de 1907 y "en 1930 comenzó a trabajar en la empresa de cosméticos y belleza *Elisabeth Arden Ltd.* Poco tiempo después fue enviada a Madrid como única delegada en España de dicha marca. Su sede estaba en la calle Serrano, n.º 9. Allí conoció al escultor Emilio Aladrén Perojo, siendo la causa de la ruptura de éste con su amante masculi-

540 Pérez Andújar, Javier, *Salvador Dalí, a la conquista de lo irracional* Algaba, 2003.

no, el poeta Federico García Lorca"[541]. Aunque Moreno-Cantano dice que el encuentro del escultor y la inglesa ocurrió en 1930, preferimos creer a Villena para quien se produjo en 1928, puesto que un año después Federico marchó a Nueva York precisamente para curarse del desamor que ya entonces había detectado en su pareja.

El caso es que el garrido camaján se ligó a la inglesa con tan buen arte que consiguió llevarla al altar, ante la desesperación de Federico:

"El 14 de noviembre de 1931 Aladrén se casó con Eleanor Dove en Inglaterra, concretamente en la iglesia católica de Saint Charles, South Gosforth, en el condado de Northumberland. A partir de este momento perdemos su pista durante un par de años. Luis Rosales me contó que una tarde, en 1934 o 1935, tropezó en Madrid con Pablo Neruda. El chileno iba acompañado de Aladrén, a quien Luis no conocía, aunque estaba al tanto de su relación con Lorca. El escultor estaba bastante ebrio. Más tarde, aquella noche, al darse cuenta Aladrén de que Luis tenía amistad con Lorca, le confió: «Para poder volver con Federico abandonaría a mi familia y todo lo que tengo» Pidió a Rosales que le transmitiera el mensaje al poeta, pero no lo hizo, creyendo que era su obligación proteger así a Federico. Me dijo que nunca pudo olvidar aquellas palabras de Aladrén, y la intensa emoción con que las pronunció. Durante la guerra civil volvió a verle con cierta frecuencia, ya convertido en falangista ad hoc. Emilio no aludió ni una sola vez al poeta asesinado"[542].

El inicio del conflicto armado debió encontrarle en alguno de los puntos de la península en los que triunfó la insurrección y en 1936 trabajó en la Jefatura Nacional de Prensa y Propaganda de Falange, acaso colocado por su hermano José María, teniente del Ejército

---

541 Moreno Cantano, Antonio César, *Infidelidad, espionaje y amantes: las desventuras de Alcázar de Velasco y Luis Calvo en Gran Bretaña durante la Segunda Guerra Mundial*, https://journals.openedition.org/diacronie/4762?lang=en (16.02.2023)

542 Gibson, *Caballo azul de mi locura. Lorca y el mundo gay*, Planeta, Barcelona, 2009, p. 262.

y miembro del partido (y más tarde, junto con el otro hermano, Guillermo, agente doble durante la segunda guerra mundial, contratados inicialmente ambos por el germanófilo Ángel Alcázar de Velasco pero luego al servicio de Estados Unidos).

Tres meses después de la ocupación de San Sebastián por los nacionales, hecho que tuvo lugar el 13 de septiembre de 1936, Miguel Gran publicó en *Unidad. Diario de combate nacionalsindicalista* una entrevista con el escultor que, por lo visto había recalado en la capital donostiarra. El titular era rotundo: "Con Emilio Aladrén, escultor nacionalsindicalista. El nacionalsindicalismo descubrirá ¡gracias a Dios! que el arte se ha hecho para todo el mundo. El himno de la Legión, mejor que la música de Beethoven". El texto enmarcaba una foto del personaje vistiendo lo que parece ser —la foto es en blanco y negro— una camisa azul y modelando un busto de Beorlegui[543]. En la entrevista, Aladrén, en combativo y no por ello menos críptico lenguaje, afirma poseído de su nueva fe neofalangista:

"El nacionalsindicalismo tiene la suerte de todas las cosas verdaderas y es que cuando cuaja deja ver lo mucho que tenía preparado. En el arte —mi oficio— es donde mejor lo veo. Llevábamos nosotros, artistas de toda índole, una serie de años —sobre cincuenta— en que lo ruidoso, lo revolucionario, lo estrepitoso podían hacer pensar, en momentos de mal humor, que todo se iba al traste. Ahora resulta que no: ahora vemos el valor que tienen esos sacrificios que parecían entonces perdidos y que ahora vemos que van a ayudar de modo definitivo. Gracias a la enorme cantidad de emociones que hemos estando aceptando y resistiendo podremos saber cuál es el camino

---

543   Alfonso Beorlegui Canet (Estella, 1888/ Zaragoza, 1936) fue un oficial del Ejército que se sublevó con Mola en Pamplona y participó en la campaña del norte, interviniendo en las conquistas de Irún —en cuya acción fue herido— y San Sebastián. Falleció a consecuencia de dichas lesiones.

que nos place para lanzarnos a él con el empuje que se pone en las cosas en que se tiene verdadera fe"[544].

En fin, una verborrea que aporta poco más que humo. Su hermano José María "fue precisamente quién reveló datos de interés a los investigadores británicos sobre el pasado de Eleanor Dove, señalando su matrimonio y posterior separación con su hermano Emilio.... En 1941 Eleanor Dove residía en Edimburgo. Tras ser interrogada, por su sospechosa amistad con Alcázar de Velasco[545], demostró que únicamente tuvo contacto con él porque traía una carta de su marido (del que llevaba separada desde 1936), el cual le pedía información sobre su hijo Jaime y ella. La coartada era perfecta, y en un primer momento dicha explicación satisfizo a los servicios de inteligencia británicos"[546], aunque luego tuvo complicaciones. En fin, una historia verdaderamente rocambolesca de la que se infiere que Dove mantuvo algún tipo de relación durante la guerra mundial con el citado espía español y que debió tener descendencia, aunque no he hallado referencia alguna a ello en ningún otro autor.

Emilio, separado ya de su mujer tal como parece, continuó vinculado con los ambientes culturales de Falange y se ganó la vida

---

544 Gran, Miguel, «Con Emilio Aladrén, escultor nacionalisindicalista», *Unidad*, San Sebastián, 28 diciembre 1936. http://www.gipuzkoa1936.com/recortes/1228g.jpg (23.07.2023)

545 Mozo de taberna, novillero, limpiabotas, pintor, periodista y hombre de mil empleos diferentes, entre ellos el de espía, Ángel Alcázar de Velasco es uno de los individuos más insólitos de la picaresca hispana. Incorporado durante la república a la Falange, fue condecorado por el mismo José Antonio. En el transcurso de la segunda guerra mundial ejerció como agregado de Prensa en la Embajada de España en Londres y se dedicó a espiar sucesiva o alternativamente en favor de los españoles, los alemanes y los japoneses con una fiabilidad, según parece, harto discutible. En todo caso, un personaje de leyenda.

546 Moreno Cantano, Antonio César, "Infidelidad, espionaje y amantes: las desventuras de Alcázar de Velasco y Luis Calvo en Gran Bretaña durante la Segunda Guerra Mundial", https://journals.openedition.org/diacronie/4762?lang=en (16.02.2023)

ejerciendo de escultor al servicio de próceres y personalidades del nuevo régimen. Según Llorente Hernández "en junio de 1938 recibió el encargo de hacer una estatua ecuestre del generalísimo, para lo cual se instaló en el monasterio de Santo Domingo de Silos.... Todavía habría que esperar dos años para que se instalase en un lugar público la primera estatua ecuestre del dictador, que no sería la encargada a Emilio Aladrén, quien seguía trabajando en ella, sino otra de Fructuoso Orduna..."[547]. En nota a pie de página indica que "en una carta fechada en Madrid el 27.11.1940 (con registro de entrada en "Plástica", nº 370) pedía dinero para continuar con el trabajo encomendado. En un oficio del director general de Propaganda (que firmó por orden Pedro Laín Entralgo) al jefe de la Sección de Plástica, se califica al escultor de funcionario y se pide que justifique antes de recibir algún dinero los gastos anteriores"[548].

Más aún. El propio Llorente añade:

"Con el gobierno del 20 de mayo de 1941 se creó la Vicesecretaría de Educación Popular de FET y JONS, dependiente de la Secretaría General del Movimiento. La Vicesecretaría recibió las competencias de los Servicios de Prensa y Propaganda de la extinta Delegación Nacional de Prensa y Propaganda, lo que suponía el control de los medios de comunicación. Esta Vicesecretaría, que disponía de imágenes de Franco y de José Antonio Primo de Rivera para enviar a instituciones y organismos, organizó en 1942 un concurso de bustos de esos mismos al que concurrieron los escultores Carlos Monteverde, Ignacio Pinazo, Ángel Bayod, Luis Buendía, Martín Bautista,

---

547   Llorente Hernández, Ángel, «La construcción de un mito. La imagen de Franco en las artes plásticas en el primer franquismo (1936.1945»,
https://www.proquest.com/openview/2029a3618ecb20c5e3b6520330cc6e7c/1.pdf?pq-origsite=gscholar&cbl=28263 (20.07.2023)
548   AGA, Cultura, Caja 1.364.

Fructuoso Orduna, José Planés, Emilio Aladrén y Ramón Mateu, pero no se dieron a conocer los resultados"[549]

Como dato anecdótico añadiremos que el salón de plenos del Consejo Nacional del Movimiento (actual Senado) estuvo muchos años presidido por sendos bustos. Uno de Franco como jefe del Estado y jefe nacional del partido único y otro del fundador de Falange Española, José Antonio Primo de Rivera. Este último, obra de Aladrén.

Villena se ha hecho eco de la peripecia del escultor en la posguerra y de las nostálgicas visitas que hacía al poeta Vicente Aleixandre:

"Parece que tuvo algún éxito, poco después de la guerra civil, haciendo bustos en bronce de prohombres franquistas. ¡Menuda paradoja! Aleixandre me narró (una vez más) que Aladrén iba muy de cuando en cuando a verle, en los años 40. Finalizando esa década murió prematuramente. Iba a casa de Aleixandre a buscar una parte de su pasado. Pero todo —como para tantos— se había desvanecido. Vicente me contaba que tenían poco de qué hablar. Y que a veces, cariñosamente, rezongaba él para sí mismo: «¡Vaya herencia que me ha dejado Federico!». Pues el famoso amigo muerto era la única excusa para verse"[550].

Todos los autores están de acuerdo en que falleció prematuramente, pero hay discrepancias en cuanto al año. Gibson dice que

---

549   Nota a pie de página de Llorente: "Suponemos que si el concurso llegó a resolverse lo fue con irregularidades, ya que entre la documentación que se conserva en el Archivo General de la Administración, encontré en octubre de 1988 cuatro sobres cerrados (los de los presupuestos de los escultores Ramón Mateu, Carlos Monteverde, José Planés e Ignacio Pinazo). AGA, Cultura Caja 2.357". (Llorente Hernández, Ángel, «La construcción de un mito. La imagen de Franco en las artes plásticas en el primer franquismo (1936.1945», https://www.proquest.com/openview/2029a3618ecb20c5e3b6520330cc6e7c/1.pdf?pq-origsite=gscholar&cbl=28263 (20.07.2023)

550   https://www.dosmanzanas.com/2010/01/federico-garcia-lorca-y-emilio-aladren-los-senderos-que-se-bifurcan.html (04.06.2023)

ocurrió "un par de años después de la guerra civil"[551], o sea, en 1941, Tinnell que fue en 1943[552], Llorente establece su óbito en 1944[553]y Aleixandre "finalizando esa década". El último misterio de Aladrén.

RODRÍGUEZ RAPÚN, ¿SUBLIMACIÓN DEL SACRIFICIO AMOROSO O HEROÍSMO POLÍTICO?

En un caleidoscopio de relaciones mutantes, el del militante socialista parece el único caso que supo permanecer fiel hasta el final a su compromiso ideológico juvenil. Sabemos de su activa militancia socialista durante la segunda república por lo que, una vez iniciada la guerra civil, no dudó en cumplir con su obligación como tal. El autor teatral Alberto Conejero, que ha inspirado una corta pieza teatral en los últimos momentos de su vida, pero que se documentó hablando con su hermano Tomás y su sobrina Margarita, explica que el inicio de la guerra le encontró de vacaciones con sendos amigos en San Sebastián, de donde no pudo regresar a Madrid pese a que dicha ciudad quedó inicialmente en zona republicana. Escaso de dinero, solicitó a su padre que le remitiera fondos por giro postal sin que pudiera recibirlos, cabe imaginar que a consecuencia del desarbolamiento de los servicios públicos provocado por el conflicto. Hubo por tanto de ponerse a trabajar en lo que pudo y que resultó ser asfaltando carreteras.

Consiguió al cabo volver al domicilio familiar y, pese a haber sido clasificado en su día como "excedente de cupo", lo que le

---

551   Penón, Agustín, *Diario de una búsqueda lorquiana*, Plaza y Janés, 1990, p. 107.

552   Tinnell, Roger, "Epistolario de Emilio Aladrén a Federico García Lorca conservado en la Fundación Federico García Lorca", en *Federico García Lorca. Estudios sobre las literaturas hispánicas en honor de Christian De Paepe*, Lejuve University Press, 2003.

553   https://www.proquest.com/openview/2029a3618ecb20c5e3b6520330cc6e7c/1.pdf?pq-origsite=gscholar&cbl=28263 (20.07.2023)

había eximido de cumplir el servicio militar, fortuna que había atribuido a cierto conjuro que le habría hecho Federico[554], no dudó entonces en incorporarse al Ejército Popular. Marchó a la Escuela de Artillería que funcionaba en la localidad murciana de Lorca con el fin de habilitarse como oficial de dicha arma.[555] En el archivo de Salamanca se conservan algunos documentos, en uno de los cuales figura con el número 41 de su promoción de tenientes de Artillería y cómo, con dicho empleo, y por orden del jefe de Estado Mayor del Ejército del Norte, fue destinado, con su compañero Fernando Peris Caudet, al Ejército de Asturias para asumir el mando de cuatro baterías C.77 afectas a ese Cuerpo de Ejército[556].

Gibson dice que "Rapún, una vez convencido de que habían matado a Federico, se alistó en el ejército republicano y un día, diciendo que no quería seguir viviendo, saltó de la trinchera donde estaba y se dejó abatir por una ráfaga de ametralladora. Rivas Cherif no tuvo la posibilidad de comprobar la veracidad de lo que le habían contado. Reconocía que quizá se trataba de una leyenda. Pero, no se trataba de ninguna leyenda". Y explica que, sorprendido al mando de su batería por un ataque aéreo en Bárcena de Pie de Concha, no se echó al suelo, sino que permaneció sentado en el parapeto y una bomba le hirió mortalmente,

---

554 El 12 de octubre de 1933 el estudiante madrileño le cuenta a Federico diversas vicisitudes de los ensayos y trabajos de La Barraca y le dice "Voy a comunicarte una gran noticia: soy excedente de cupo. Es decir, no solo no voy a África, sino que no hago el servicio. Te lo debo a ti por el conjuro que hiciste en el taxi la tarde que te fuiste para Barcelona. Claro que el conjuro fue para no ir a África, pero debió estar tan bien hecho, yo no entiendo de eso, que sirvió también para eximirme del servicio militar en la península" (Consorcio Centro Federico García Lorca, COA-870)

555 Conejero, Alberto, «La piedra oscura», en *Teatro 2010-2015*, Ediciones Antígona, 2017, p. 95.

556 Centro Documental de la memoria Histórica, Salamanca. Expediente Rodríguez Rapún.

habiendo fallecido el 18 de agosto de 1937 en el hospital militar de Santander[557].

María Teresa León sublima esta muerte como sacrificio por el asesinato de quien fue su amigo y quien sabe si algo más: "Nadie como este muchacho silencioso debió sufrir por aquella muerte. Terminadas las noches, los días, las horas, mejor morirse. Y Rapún se marchó a morir al frente del Norte. Estoy segura que después de disparar su fusil rabiosamente se dejó matar. Fue su manera de recuperar a Federico"[558].

Para nuestra estupefacción muchos años después y poco antes de su muerte Rafael Martínez Nadal, al igual que en el caso de Salvador Dalí, puso en tela de juicio la tesis de Gibson sobre el carácter que pudieron tener las relaciones entre ambos:

"Pero contra todas las voces que de ningún modo admiten la posibilidad de relaciones íntimas entre los dos hombres, Gibson encuentra ¡al fin! su prueba documental: una solitaria voz, la de Modesto Higueras que, en serio o con guasa —era ya conocida en Madrid la obsesión sexual del hispanista irlandés— satisface con creces su deseo de «pruebas concluyentes» a la manera que años más tarde hará Salvador Dalí en divertida entrevista... Y esa voz aislada, esta supuesta confesión de Modesto Higueras, cualquiera que fuere su intención, basta a Ian Gibson para, con tan fina hebra, tejer su largo enredo amoroso"[559]

¿Qué hubo exactamente entre ambos? ¿Por qué este empeño de Martínez Nadal de negar o, al menos, poner en duda el carácter tanto de las relaciones, que todos los autores y coetáneos coinciden en calificar como de la máxima intimidad, entre García Lorca con Dalí y Rodríguez Rapún? Hay que decir que, a diferencia del primero, Rafael fue —independientemente del punto al que

557 Gibson, Ian, *Caballo azul de mi locura. Lorca y el mundo gay*, Planeta, 2009, p. 373.

558 León, María Teresa, *Memoria de melancolía*, Renacimiento, Sevilla, 2020. p. 273.

559 Martínez Nadal, Rafael, *Federico García Lorca. Mi penúltimo libro sobre el hombre y el poeta*, Editorial Casariego, Madrid, 1992, nota 46, pp. 92-93.

pudieron llegar sus contactos con Federico— inequívocamente heterosexual —Conejero habla de que tuvo relaciones con dos chicas, Conchita[560] y Elena[561]— por lo que interpretar su muerte en clave de un acto de amor por el amante desaparecido tiene el embriagador aroma de una hermosa leyenda romántica. Pero ¿no sería mucho más plausible ver en ella, sencilla y llanamente, un acto de heroica entrega al servicio de sus ideales? No se lo parece a Manuel Francisco Reina, cuya opinión a este respecto es terminante: "Que Rapún fue, probablemente, el gran amor con Dalí de Lorca, hay documentación sobrada"[562].

Afirmación, por cierto, terminante que contradice la de otros testimonios citados anteriormente según los cuales esa primacía correspondía sin lugar a dudas a Aladrén pero que refrendaría la única carta que se conserva de las muchas que debió enviar Rafael a Federico. Lleva fecha 12 de octubre de 1933 y la escribió cuando éste se encontraba en Sudamérica y en ella le cuenta el funcionamiento, en su ausencia, de La Barraca. Incluye al final un párrafo muy personal y expresivo en el que le dice: "Me acuerdo muchísimo de ti. Dejar de ver a la persona con la que has estado pasando, durante meses, todas las horas del día, es muy fuerte para olvidarlo. Máxime si hacia esa persona se siente uno atraído tan poderosamente como yo hacía ti. Pero como has de volver, me consuelo pensando que esas horas podrán repetirse"[563].

No existe ningún documento del escultor en el que se exprese con este tono con el que lo hizo el estudiante de Ingeniería.

Sea como fuere, no cabe sino lamentar que Rafael Martínez Nadal, que tan bien conoció a Federico, con el que compartió nu-

---

560 Conejero, Alberto, «La piedra oscura», en *Teatro 2010-2015*, Ediciones Antígona, 2017, p. 93

561 Conejero, Alberto, «La piedra oscura», en *Teatro 2010-2015*, Ediciones Antígona, 2017, p. 96.

562 https://www.elplural.com/opinion/las-obsesiones-del-academico-anson_114574102 (12.08.2022)

563 Consorcio Centro Federico García Lorca, COA-870.

merosas confidencias y complicidades, y que tanto escribió sobre la amistad que les unió y las peripecias que vivieron, haya eludido siempre dar detalles sobre la vida amorosa de su amigo. Y ello pese a que ha habido quien considera que esta relación llegó al extremo de convertir a Rafael en mediador —por no utilizar otro calificativo más terminante— en alguna de aquellas relaciones puesto que, según Villena "Aleixandre (con escasa relación con Rafael) me dijo: «Sí, Martínez Nadal era quien le presentaba los chicos a Federico. Sin duda, su vida íntima la supo tal vez mejor que nadie»"[564].

"Aquel rubio de Albacete":
de la Mancha a las nieves de Rusia

El último amigo de Federico fue, como sabemos, Juan Ramírez de Lucas y ha pasado a la historia como "aquel rubio de Albacete" por el poema que le dedicó. De haber discurrido las cosas de otra manera, acaso hubiera sido la persona capaz de salvar la vida del poeta y de establecer con él la relación más complementaria y duradera. Entre Juan y Federico no se interpusieron compromisos, ni veleidades femeninas por ninguna de las dos partes. Pudo haber un solapamiento con la relación habida con Rapún, que nunca se rompió del todo puesto que sabemos que este último fue a despedirle a Atocha cuando iba a tomar el tren para regresar a Granada a enfrentarse a un destino fatal. Y ello pese a que, con toda probabilidad, estuviese ya al tanto de sus escarceos con Juan.

Sea como fuere, parece verosímil pensar que por mucha que hubiese sido la admiración y el cariño que Rafael profesara a Federico, su identidad predominantemente heterosexual habría contribuido a distanciarles. Si ambos hubieran sobrevivido a la guerra civil su relación tenía todos los visos de no prosperar —aunque nunca se

---

564   Villena, Luis Antonio de, *Los mundos infinitos de Lorca*, Tintablanca, 2023, p. 72. Lo reitera en p. 174.

sabe...—, lo que no era el caso de la que empezaba a cimentarse con Juan.

A falta de permiso paterno, imprescindible puesto que todavía era menor de edad según la legislación de la época, Juan no pudo acompañar a Méjico a Federico. Una vez hubo finalizado el período escolar regresó al domicilio familiar de Albacete, cabe imaginar que con la frustración propia de haberse perdido su primer gran viaje y el inicio de una singular aventura en compañía de una persona extraordinaria por todos los conceptos. Pero aquel primer mes del verano le reservaba importantes sobresaltos. Los evocó el propio interesado en un documento inédito redactado en 1945 en el que, entre otras cosas, revelaba que durante su estancia en la capital de la República había empezado a significarse en política y mantenido contactos con Falange Española de las JONS ¿con el conocimiento o en la ignorancia de Federico, tan alejado de esa formación política, pero, a la vez, con excelentes amigos falangistas? Es el interrogante que nos hacemos y para el que no hallamos respuesta. Dice Ramírez de Lucas:

"Julio de 1936 me sorprendió el Albacete recién llegado de Madrid, donde había tenido contactos con elementos de la Falange, cuyo programa me entusiasmaba con la alegría de haber encontrado al fin un ideal político que inútilmente había buscado en todas las direcciones de la política al uso. La guerra tuvo su iniciación en Albacete con una sublevación general en contra de la anarquía reinante; tomé parte activa en dicho levantamiento hasta el día en que —falto de elementos de combate y manos eficaces— Albacete tuvo que rendirse. Aquellos días son de los que no podrán olvidarse; con toda mi familia estaba escondido en un sótano... permanecí escondido durante meses, siendo el único consuelo de mi forzada prisión los libros y los partes de guerra de la zona nacional que nos llenaban de esperanza. Los bombardeos aéreos decidieron a mi familia a marchar a una casa de campo en un pueblo cercano"[565].

---

565 Ramírez de Lucas, Juan, "Breve y parcial relato de mi vida", septiembre 1945, p. 8, AGA.83.00382

En un determinado momento del período bélico fue llamado a filas por el gobierno de la República y tuvo que incorporarse al Ejército Popular, en cuyo seno confiesa que desarrolló una labor solapada de quintacolumnista: "movilizada mi quinta, marché al frente, incorporándome en Sanidad a una brigada que operaba en el Jarama... la guerra me endureció y el contacto con tanta guerra y dolor contribuyó a ahondar mi lirismo... los últimos meses de la guerra los pasé en Madrid actuando dentro de la organización clandestina de Falange que en aquella atmósfera de peligro tenía más aliciente"[566].

Finalizada la contienda, volvió al hogar paterno. Aprovechó la promulgación por el Ministerio de Educación Nacional del denominado "Plan Bachiller"[567] que permitía a los poseedores del título de enseñanza secundaria obtener también el de Maestro de Enseñanza Primaria cursando unas asignaturas complementarias en la Normal y se acogió a él. Tuvo que superar las de Religión, Historia sagrada y Moral, Caligrafía, Música, Pedagogía, Historia de la Pedagogía y Prácticas de Enseñanza, en todas las cuales obtuvo excelentes calificaciones. Su recuperada condición de estudiante le permitió integrarse en el Sindicato Español Universitario del que fue bibliotecario, asesor de Cultura y director del TEU, con el que montó "La guarda cuidadosa" de Cervantes. Y a fin de contribuir al sostenimiento de las cargas familiares, en 1941 ingresó como funcionario en la Central Nacional Sindicalista, en cuya Obra Sindical de Artesanía prestó sus servicios.

---

566 Ramírez de Lucas, Juan, "Breve y parcial relato de mi vida", septiembre 1945, p. 9, AGA.83.00382

567 "El plan fue regulado por el Decreto de 20 de febrero de 1940, la Orden Ministerial de 17 de febrero de 1940 y la Circular de 28 de febrero de 1940. Se le conoce como el Plan Bachiller por ser un intento de reconvertir a los bachilleres en maestros" (Rodríguez Izquierdo, Rosa, Formación de las maestras desde 1940 a 1970", *Escuela abierta*, 2, 1998, p. 63.

Cabe imaginar que durante poco tiempo porque en junio de ese mismo año debió llegar a Albacete el eco del grito de "Rusia es culpable" que pronunció desde el balcón de Alcalá 44 —sede de la secretaría general del partido único creado por Franco en 1937— el todopoderoso presidente de la Junta Política de FET y de la JONS, ministro y cuñado del caudillo, Ramón Serrano Súñer, a cuyo reclamo tanto él, como su hermano Antonio, decidieron responder presentándose como voluntarios para combatir en el Este encuadrados en la División Azul. Debió Juan entenderlo como una verdadera obligación moral si tenemos en cuenta que ya entonces ostentaba la condición de militante de Falange Española Tradicionalista y de la JONS toda vez que en su ficha de alistamiento, firmada de su puño y letra, declaró que, habiendo sido simpatizante de Falange Española desde antes de julio de 1936 y afiliado a la Falange clandestina de Madrid durante la contienda en tareas de "sabotaje y derrotismo", se había incorporado al partido unificado el 1 de diciembre de 1939 y recibido el carné nº 6.876[568].

Juan, que para entonces ya tenía 24 años y declaraba como profesión la de maestro —que no consta llegara a ejercer—, se alistó el 30 de junio de 1941 y ese mismo día pasó el examen médico con la calificación de "apto", integrándose en las Milicias de FET y de las JONS el 1 de julio. Marchó con todos los demás voluntarios en dirección a Rusia como soldado en compañía de su hermano, encuadrados ambos en el Primer grupo, 3ª Batería del Regimiento de Artillería 250. Dicha batería se componía de personal procedente de los Regimientos de Artillería 17º y 43º, de la guarnición de Valencia y entre el personal de recluta que procedía de Falange era mayoría abrumadora el alistado en Jefatura de Milicias de Albacete (hasta 82 hombres)[569].

---

568 Expediente personal de Juan Ramírez de Lucas, Archivo General Militar de Ávila, caja 5050, carpeta 35.

569 Datos facilitados por Carlos Caballero (26.10.2023)

De la peripecia vivida en la campaña de Rusia dejó testimonio en su memoria para el ingreso en la Escuela Oficial de Periodismo. Recordó la estancia en el campamento de Grafenwöhr, durante la cual aprovechó los permisos para visitar Bayreuth; el viaje a pie hasta el frente a través de Polonia donde "el paisaje era más triste que el alemán, menos cultivado; al lado de los caminos los manzanos llenos de frutos nos ofrecían y jugosa y áspera mercancía; campesinas descalzas de grandes ojos azules trocaban la blancura aún humeante de la leche recién ordeñada por prendas o chucherías traídas de España"[570]; y, por supuesto, el frío de Rusia: "la mantequilla tenía que ser cortada con hacha; el vino, distribuido al peso porque era una masa helada de color amoratado; el coñac rompía las botellas que le servían de envase; la brújulas y relojes quedaron en algunas ocasiones paralizadas al helarse la grasa de sus delicadas maquinarias"[571].

Evoca con nostalgia ciertos momentos. Así el fin de año de 1941 en un lugar denominado Podsberege: "Hemos cenado en la pequeña casa de Dunia (¡qué simpática y buena vieja!), una deliciosa cena de camaradería, mientras nosotros destapábamos las botellas de vino espumoso Dunia, al lado de su fogón, rezongaba una y otra vez sus oraciones en un libro antiguo y sobado ¿qué pediría la vieja? En nuestra alegría —y a pesar de que todos quisiéramos ocultarlo cuidadosamente— había algo de forzado; todos pensaban en algún rinconcito de su patria donde unos seres queridos pensarán a su vez en nosotros"[572]. Pocos días después el ambiente ha cambiado: "Siete de enero. Nos trasladamos de sector. Nieva abundantemente; el frío es una mordedura lenta y continua que paraliza la vida... dormimos en un casa donde viven tres mujeres

570   Ramírez de Lucas, Juan, "Breve y parcial relato de mi vida", septiembre 1945, p. 11, AGA.83.00382.

571   Ramírez de Lucas, Juan, "Breve y parcial relato de mi vida", septiembre 1945, p. 12, AGA.83.00382

572   Ramírez de Lucas, Juan, "Breve y parcial relato de mi vida", septiembre 1945, p. 12, AGA.83.00382

horribles, a pocos kilómetros de Novgorod; la más vieja desdentada y greñuda nos pide pan que guarda apresuradamente en el seno entre los trapajos sucios, luego lo devora en un rincón donde apenas llega la luz... meses de frente, agotadores, con sus rudas y primitivas alegrías...”[573].

El 5 de mayo de 1942 fue evacuado a Grigorovo con afección pulmonar y trasladado sucesivamente a Vilna, Köenigsberg, Danzig y Berlín, donde permaneció mes y medio (y pudo hacer turismo y visitar Potsdam) El caso es que no acabó de recuperarse del todo puesto que el 18 de agosto seguía con “sudoración profusa, aspecto febril, cefalea...” lo que seguramente motivó la decisión del mando de licenciarle. Causó baja en la División Azul el 31 de octubre de 1942 y se le expidió un ”ausweis” para su regreso a España[574] pasando por Frankfurt, Heidelberg, Saarbrücken, Metz, París y Burdeos y llegando a su destino en noviembre de 1942.

Dato curioso a añadir es que durante la permanencia en el frente Juan dejó como persona beneficiaria de su paga en España a una hermana, mientras que Antonio lo hizo en favor del padre de ambos, Otoniel. En una “revista de comisario” consta que ambos hermanos fueron condecorados con dos Cruces Rojas al mérito militar[575]. Se le reconoció, además, la condición, entonces muy útil a diversos efectos, de “Ex combatiente”[576].

Cabría preguntarse la razón por la que Juan, que ya había tenido que participar, en este caso forzado, en la guerra civil, quiso intervenir también, entonces como voluntario, en la campaña de

---

573   Ramírez de Lucas, Juan, “Breve y parcial relato de mi vida”, septiembre 1945, pp. 12-13, AGA.83.00382

574   Representación de la División Española de Voluntarios, Juan Ramírez de Lucas, Archivo General Militar de Ávila caja 39 35, carpeta 5.

575   Datos facilitados por Carlos Caballero (26.10.2023) y confirmados por el certificado expedido el 20 de diciembre de 1944 por el secretario de Ex Combatientes de Albacete (AGA.83.00382)

576   Certificado expedido el 20 de diciembre de 1944 el secretario de Ex Combatientes de Albacete (AGA.83.00382)

Rusia. El divisionario Carlos Caballero, que nos facilitó algunos datos sobre nuestro personaje, desmintió con energía la leyenda que algún autor ha querido esgrimir, de que lo hizo "para lavar su imagen". "Nadie fue a Rusia, dice, por esa razón y, en todo caso, Juan no tenía nada que lavar puesto que a la sazón era un muchacho joven sin connotaciones políticas que procedía de una familia "de derechas" de Albacete, cuya única excepción, entre sus otros nueve hermanos, fue la del primogénito, Otoniel, este sí socialista y por tanto vinculado al Frente Popular"[577]. Y como sabemos, su ejecutoria personal estaba limpia como una patena a los ojos del nuevo régimen puesto que había aceptado su ingreso en el partido único en el que incluso superó favorablemente el preceptivo proceso de depuración el 14 de diciembre de 1944.

Añade Juan que "en la Escuela Social de Barcelona cursé los estudios de Graduado Social"[578]. Para entonces había progresado en su empleo como funcionario de los sindicatos verticales en cuya CNS de Albacete ejercía como jefe provincial de Artesanía.

En 1945 solicitó su ingreso en la Escuela Oficial de Periodismo en la que permaneció durante el curso 1945-1946 y el cursillo extraordinario de noviembre-diciembre de 1947, obteniendo la suficiencia pertinente para su inscripción en el Registro Oficial de Periodistas donde figuró con el nº 1.360. Según el *Catálogo de periodistas españoles del siglo XX*, todo hace pensar que a partir de aquel momento se ganó la vida en dicha condición, especializándose en información cultural, y en particular en arte y arquitectura. Fue redactor de *El Español* (1960-1965), redactor jefe de *Arte y Hogar* (1977-1978), crítico de arte y redactor jefe de la revista *Arquitectura* (1961-1975) y colaborador de *ABC, Ya, Arriba, Pueblo, La Estafeta Literaria, La Actualidad española, Blanco y Negro, Gaceta ilustrada, Goya,*

---

577 Datos facilitados por Carlos Caballero (26.10.2023) Otoniel fue militante del PSOE.

578 Ramírez de Lucas, Juan, "Breve y parcial relato de mi vida", septiembre 1945, p. 15, AGA.83.00382.

Bellas Artes, Cuadernos de Cultura, Poesía española y de publicaciones extranjeras como *Life* en español, *Visión* y *Temas*[579]. También fue autor de numerosos estudios y catálogos de exposiciones sobre máscaras de Carnaval, figuras navideñas, arquitectura y, en general artesanía popular, un tema por el que empezó a interesante, según confesó, cuando, durante la guerra civil, su familia tuvo que huir de Albacete y refugiarse en el campo.

Fallecido Juan en 2010, otro de sus hermanos, Jesús, explicó siete años después que "mi hermano demostró una honestidad y generosidad supinas en su relación con Lorca, al que amó hasta el final de sus días". Y añadió:

"Hizo unas memorias, manuscritas, y han estado detrás de ellas periodistas, escritores, autores teatrales. El manuscrito es patrimonio de la familia. Fue el propio Juan el que un día, paseando con mi hermana Carmen en Palma de Mallorca, le dijo: «Carmen, no quiero morirme sin que salga a relucir y se conozca mi manuscrito, donde expongo una relación que jamás he relatado». Es un documento muy valioso que se lo dejó a mi hermana en depósito y que cuando falleció Juan pasó a manos de la familia. Por una indiscreción, un sobrino mío lo filtró a la prensa, pero la realidad es que Juan guardó un absoluto secreto durante 70 años y no se aprovechó... En un principio los hermanos fuimos reticentes a sacar a la luz un asunto tan íntimo, pero dado que Juan reiteró a mi hermana su expreso deseo de que se publicara, lo aceptamos. Nosotros no pretendemos aprovecharnos económicamente, eso no nos interesa, lo que queremos es que salga a relucir la verdad de todo lo que ocurrió. Se han hecho varios intentos, nos pusimos en contacto con la Fundación García Lorca, también con varias editoriales, Tusquets entre ellas, pero sin saber por qué no se hizo. Porque ahí todos querían participar en unos documentos que tenían trascendencia histórica y mundial. ¡Es que esas memorias dicen cosas que son importantísimas! Hace año y medio la Diputación de Granada contactó con nosotros interesándose por

---

579   López de Zuazo, Antonio, *Catálogo periodistas españoles siglo XX*, A. López, Madrid, 1981, p. 491.

el manuscrito. Dimos la conformidad por escrito y estamos aún a la espera"[580].

En cuanto a su contenido, refirió:

"La documentación tiene dos etapas. Una que empieza en 1934, y otra que comienza dos años después. Habla de su relación con Lorca, de cuándo lo conoció, su relación con los pintores, los escritores, de toda una generación literaria y artística sin parangón. Habla de los viajes que hicieron juntos. Lorca siempre pensó que Juan tenía madera de actor y le decía: «Yo te voy a hacer el mejor actor y tú vas a participar en mis obras teatrales, voy a hacer una gira por Méjico, voy a hacer una gira por Hispanoamérica y vas a ser el protagonista». Federico fue enfrascando a Juan en aquel ambiente teatral, porque la dimensión de Lorca es infinita. Es que tenemos que tener en cuenta que es uno de los poetas más importantes del siglo XX y con una trascendencia internacional. Aquella relación fue estable y prueba de ello es que Lorca le dedicó poemas. De modo que las memorias tienen un gran valor sentimental, un gran valor humano, y un gran valor artístico y poético, e incluyen también cartas y dibujos de Federico y el famoso «Romance al rubio de Albacete», dedicado a mi hermano y con la firma del propio Lorca"[581].

Un romance que reza:

Aquel rubio de Albacete/ vino, madre, y me miró/ ¡No lo puedo mirar yo!/ Aquel rubio de los trigos/ hijo de la verde aurora,/ alto, solo y sin amigos/ pisó mi calle a deshora./ La noche se tiñe y dora/ de un delicado fulgor/ ¡No lo puedo mirar yo!/ Aquel lindo de cintura/ sentí galán sin sombrero/ sembró por mi noche obscura/ su amarillo jazminero/ tanto me quiere y le quiero/ que mis ojos se llevó/ No lo puedo mirar yo!/ aquel joven de la Mancha/ vino, madre, y me miró. /¡No lo puedo mirar yo!

580 https://www.elperiodicoextremadura.com/mas-periodico/2017/04/30/jesus-ramirez-hermano-juan-ramirez-44299020.html (17.07.2022)

581 https://www.elperiodicoextremadura.com/mas-periodico/2017/04/30/jesus-ramirez-hermano-juan-ramirez-44299020.html (17.07.2022)

Lo que no explicó Jesús fue ni la militancia falangista de su hermano, ni la participación en la División Azul de "aquel rubio de Albacete" que enamoró a Federico, fundador de la Asociación de Amigos de la Unión Soviética. Reina dice que Ramírez de Lucas explicó haber conocido a mediados de los cincuenta, por intermediación de Pura Ucelay, a Agustín Penón, investigador americano de la vida de Lorca, a quien visitó cuando fue a Estados Unidos y le contó la verdad de la relación que hubo entre ambos:

> "(Penón) me pareció un hombre educado y culto, encantador, que hacía gala de sus orígenes españoles y con una enorme curiosidad. Percibí que en el drama de Federico el exorcizaba su propio drama y dudas, la propia vivencia del exilio y su violencia y la asunción de sus propios temores e identidades. Sus propios amores oscuros veían la luz a través de la voz y la obra del poeta granadino. Me contó que William Layton, su amigo y benefactor en aquellos años que investigó en España, estaba un poco molesto porque no terminaba de cerrar su libro. El me mostró sus notas, muchas de ellas dentro de una maleta, sus fotos, y, emocionado, también identifiqué muchas cartas, dibujos y textos de Federico. Penón comprendió que era cierto todo lo que le habían contado y no pudo confirmar con Pura Ucelay. Yo era el último amor de Federico y la razón por la que retrasó su viaje"[582].

Antes de la muerte de Juan emergió una última polémica: la de quién fue el destinatario de los *Sonetos del amor oscuro*, obra póstuma que tardó casi medio siglo en conocerse en su literalidad e integridad. Isabel Reverte ha descrito el itinerario que pudo seguir esta esquiva pieza literaria. Indica que, una vez fusilado Federico, el padre de los Rosales entregó al progenitor del poeta todos los papeles que éste había dejado en su casa de la calle Angulo de Granada. Antes de emigrar a Estados Unidos, don Federico García Rodríguez depositó a su vez todo este material en

---

582   Reina, Manuel, *Los amores oscuros*, Temas de hoy, Madrid, 2012, pp. 580-581.

una caja fuerte del Banco Urquijo de Madrid donde permaneció durante muchos años.

Fallecido el padre en 1945 y habiendo regresado seis años después a España el resto de la familia, al final de la década de los sesenta Francisco García Lorca encargó la realización de un inventario de todo este patrimonio documental "con vistas a realizar una edición crítica de su obra, que seguía custodiando el Banco Urquijo. En ese momento sólo existía la edición de sus obras completas en Aguilar. Publicación, por cierto, autorizada en un Consejo de Ministros de Franco que consideró que se podía vender porque era un libro muy caro y solo para estudiosos. El prólogo lo pudo firmar el poeta Vicente Aleixandre. «Fueron unos meses de trasiego constante», recuerda Manuel Fernández Montesinos, «cada día sacábamos los documentos del banco y los llevábamos a mi casa, o a casa de mi tía Isabel, y de allí otra vez al banco. Había que leer la letra ilegible de mi tío, ordenar las cuartillas. Era agotador"[583].

Cuando la editorial Gallimard publicó en 1981, bajo supervisión de Marcelle Auclair, las obras completas de Lorca en traducción francesa, incluyó los *Sonetos*. Pero en España siguieron inéditos, bien por falta de interés en darlos a conocer, bien por la conocida obsesión de la familia por eludir el reconocimiento de la homosexualidad de Federico, que era en este caso muy explícita, bien por el deseo de afrontar una edición crítica global del conjunto de su obra. En 1983. Daniel Eisenberg recibió una copia de los *Sonetos* del francés Belamich y la pasó a Víctor Infantes que fue quien preparó una edición clandestina —para evitar reclamaciones y pago de derechos de autor— de 250 ejemplares impresos en Illescas. Ejemplares que fueron enviados en sobre rojo y sin remite desde Granada, hecho que suscitó la indignación de la familia, quien a continuación salió al paso interesando de Miguel García Posada la publicación oficial de la obra.

---

583 https://www.abc.es/cultura/libros/abci-lorca-historia-oculta-sonetos-201209020000_noticia.html (12.08.2022)

Tuvo lugar el 17 de marzo de 1984 en *ABC*. "Fue —dice Reverte— un acto de justicia poética que provocó un gran júbilo entre los amantes de la poesía"[584]. La cubierta del diario madrileño lucía un retrato de Federico acompañado de un pie que rezaba:

> "Lorca, *Sonetos de amor*. Meses antes de ser vilmente asesinado, Federico García Lorca trabajaba en un libro de sonetos de amor. En 1968, Pablo Neruda escribió que eran «de increíble belleza». Se los había recitado el autor de *Bodas de sangre* la última vez que lo vio, cuando sobre los paisajes de España soplaban ya los vientos cercanos de la guerra civil. Después de casi cincuenta años, durante los cuales solo se han conocido algunos de los poemas o lamentables ediciones piratas, plagadas de errores, *ABC* ofrece, con autorización de la familia García Lorca, la excepcional primicia literaria de estos sonetos".

El académico Fernando Lázaro Carreter les dedicaba un liminar en el que recordaba que sólo uno de dichos sonetos, el titulado «El poeta pide a su amor que le escriba» había sido publicado en fecha tan lejana como 1940, que una edición de Maeght de 1980 había insertado tres sonetos más y que en 1983 había aparecido la edición pirata a que nos hemos referido. Luis María Anson, a la sazón director de dicho rotativo, ha explicado que "Pablo Neruda me encomendó en 1964 la búsqueda de los *Sonetos del amor oscuro* que Federico le había leído metido en la bañera en julio de 1936... Tras mil vicisitudes que he explicado en reiteradas ocasiones, el 17 de marzo de 1984 el *ABC* verdadero se apuntó la mayor exclusiva cultural de la historia del periodismo español, publicando los once *Sonetos del amor oscuro*. El *scoop* dio la vuelta al mundo"[585].

---

584 https://www.abc.es/cultura/libros/abci-lorca-historia-oculta-sonetos-201209020000_noticia.html (12.08.2022)

585 https://www.elespanol.com/el cultural/opinion/primera_palabra_luis_maria_anson/20130913/rapun-cerdo-acostaba-mujeres/9249457_0.html (14.06.2023)

La publicación tuvo una consecuencia inmediata e insospechada para el propio Ansón:

"Me siento... en la obligación de dejar constancia de mi experiencia personal. Juan Ramírez de Lucas trabajó conmigo durante largos años como crítico de Arquitectura. El día en que *ABC* publicó los sonetos, se presentó en mi despacho a las cuatro de la tarde. Mantuve una conversación de cinco horas con él. Guardo las notas, como hago de forma habitual. Me exigió confidencialidad absoluta y respeté siempre mi promesa. "Yo soy —me dijo nada más entrar— el último amante de Federico García Lorca". Me dejó perplejo. Después me explicó que por ser menor de edad no se pudo ir en el verano del 36 con el poeta a México, lo que le hubiera salvado la vida. Estaba emocionado con la publicación de los sonetos y por eso me abrió su alma de par en par. Me explicó su relación con Lorca de forma minuciosa. "O sea, que los poemas están dedicados a ti" —le dije—. "No, por supuesto que no", me contestó. "Mi relación con Federico fue una maravilla. Tranquila, apacible, sin problemas. Él me doblaba la edad y yo estuve siempre rendido de admiración". "Entonces..." —le dije—. "Los poemas —aseguró— los escribía Federico pensando en Rafael Rodríguez Rapún, que apenas le hacía caso, que le desdeñaba y le traía por la calle de la amargura". "Era tan cerdo —concluyó Juan Ramírez de Lucas, indignado— que se acostaba con mujeres".

Los sonetos, en efecto, están plagados de reproches, de quejas y lamentos que nada tienen que ver con la apacibilidad del último amor de Federico con Juan Ramírez de Lucas. Pero no vale la pena entrar en el debate. Escribo estas líneas para alentar a los empresarios teatrales españoles a que estrenen *La piedra oscura*"[586].

Villena suscribe la tesis de Ansón[587] pero no es de la misma opinión Reina, quien pone en tela de juicio de las revelaciones de Lucas al director de *ABC*:

---

586 Anson, Luis María, "Rapún era un cerdo que se acostaba con mujeres", *El Cultural*, 20 septiembre 2013, p. 3.

587 Villena, Luis Antonio de, *Los mundos infinitos de Lorca*, Tintablanca, 2023, p. 193.

"Sobre las supuestas confidencias que le hizo (a Ansón) Ramírez de Lucas y que ahora él rompe, tengo mis dudas. La única persona que sabía toda la historia en *ABC* era José Miguel Santiago Castelo, íntimo amigo mío y de Juan, y que fue quien me lo presentó en una entrega de premios de la casa, adelantándome, yo había publicado en el *ABCD* las Artes y las Letras las cartas entre Pilar Paz Pasamar y Juan Ramón Jiménez, que él conoció a Juan Ramón gracias a su relación con Federico, y que había un material que quería que viese.

De estas confidencias con Castelo sobre Ramírez de Lucas algo sabe mi amigo, y entonces director de *ABC* José Antonio Zarzalejos, pero no sé si es menos válido por no ser ya el "*ABC* Verdadero". La muerte de Juan nos impidió esa entrevista, pero los documentos me llegaron por un sobrino, por amigo médico interpuesto como he contado ya. Castelo me completó muchas piezas inconexas del puzle, pues él si conocía la historia por Juan, y en cuanto al día de la publicación de los sonetos en *ABC*, que los amantes de la obra de Lorca agradeceremos siempre al académico, lo que me contó Castelo dista bastante de lo que narra Anson.

Me aseguró que, efectivamente, "se encerró en el despacho de Anson, y que los gritos se oían en toda la casa y algunos de los argumentos del enfado" —Ramírez de Lucas era un hombre exquisito, pero de fuerte carácter— y que ese mismo día, después de décadas trabajando como crítico de la mano de Luis Rosales, se despidió. Los gritos y razones que Castelo me contó distan bastante de las amables razones y confidencias que ahora desvela Luis María, pero no podemos contraponerlos ya. Tampoco casa lo que me narró a mí, en primera persona Margarita Ucelay, íntima de Federico y Juan, que me aseguró que los sonetos estaban destinados a Juan, y que él tenía una copia, algunos enviados, precisamente, en papel de hoteles, por Federico... hay personas del círculo de Rosales, vivas, que pueden corroborar cuanto digo, pero no les pondré yo en ese brete si ellos no quieren dar el paso. En cualquier caso, por no hacerme las mismas trampas en el solitario que el señor Anson, si diré que, al margen de los testimonios ya no contrastables por defunción, si tenemos uno muy reciente, vivo, que valida punto por punto mi investigación e historia. Se trata del hermano menor de Juan Ramírez de Lucas, Jesús Ramírez de Lucas, que en una entrevista impagable de hace unos meses del periodista Miguel Ángel Muñoz Rubio corrobora punto por punto mi argumentario y mi historia. Sólo tiene que leerlo"[588].

En resumidas cuentas "ninguno de los tres estábamos bajo la cama de Federico, para saber si amó más a Rapún o a Ramírez de Lucas, ni en su cabeza, pues no hay testimonio directo de Lorca, para saber a ciencia cierta, cuál es su destinatario final"[589].

El amigo granadino

Y ¿qué fue del amigo granadino, aquel joven que Federico conoció en un carnaval a principios de los años treinta? Recordemos que se llamaba Eduardo Rodríguez Valdivieso y fue el último de sus amantes que le vio cuando estaba en la Huerta de San Vicente y todavía no había buscado asilo en casa de los Rosales. En 1993 reveló en el diario *El País* que había conservado las cartas que había intercambiado con Federico:

"Esta correspondencia permaneció oculta desde agosto de 1936 hasta junio de 1975. En la primavera de 1975 visité con mi mujer, en Ginebra, a Rafael Martínez Nadal y le mostré mi pequeño tesoro. Él fue la primera persona que lo conoció en su totalidad. Todas se han conservado bien, excepto la última, que considero trascendente, que se escribió con lápiz rojo, redactada en un momento de laxitud, cuando, seguramente, la sombra negra se introducía por los primeros y más blandos poros del débil baluarte que no le protegió"[590].

Y el periódico dio a conocer el texto de algunas de ellas. Todo ello permite colegir que Rodríguez Valdivieso contrajo matrimo-

588 https://www.elplural.com/opinion/las-obsesiones-del-academico-anson_114574102 (12.08.2022)

589 https://www.elplural.com/opinion/las-obsesiones-del-academico-anson_114574102 (12.08.2022)

590 Rodríguez Valdivieso, Eduardo, «Un dios gitano», *El País*, Babelia, 12 junio 1993.

nio y pudo vivir discretamente en Granada durante toda la etapa franquista.

La asendereada peripecia de *El amante uruguayo*

Enrique Amorim, *El amante uruguayo* de García Lorca, quedó consternado por el asesinato del dramaturgo en 1936, al punto de que consiguió la firma de su pariente Borges en un manifiesto de intelectuales y gentes de izquierda[591], algo que él nunca fue. Amigo de Picasso, Aragón y Neruda, el escritor uruguayo se radicalizó a raíz de guerra civil española y en 1946 aceptó la invitación de afiliarse al PC argentino[592] pese a que "en verdad el Partido Comunista despreciaba a Amorim por las mismas razones por la que lo acogía: por artista y por millonario"[593]. Su amigo y correligionario el fotógrafo Antonio Quintana reveló "por qué jamás progresaría en la tierra prometida del Partido: comunista y millonario, homosexual y casado, escritor de todos los estilos y amigo de todos los grupos, el camaleónico uruguayo, por simpático que fuese, carecía de la cualidad que más apreciaban sus camaradas: la coherencia"[594].

Falleció muchos años más tarde: el 28 de julio de 1960 después de haber erigido en Salto, en los cincuenta, el primer monumento del mundo en honor de García Lorca. Roncagliolo dice que su gran obra fue "en realidad su propia vida. Era mejor personaje

---

591 Roncagliolo, Santiago, *El amante uruguayo. Una historia real*, Alcalá Grupo Editorial, 2011, pp. 157-158.

592 Roncagliolo, Santiago, *El amante uruguayo. Una historia real*, Alcalá Grupo Editorial, 2011, p. 194.

593 Roncagliolo, Santiago, *El amante uruguayo. Una historia real*, Alcalá Grupo Editorial, 2011, p. 199.

594 Roncagliolo, Santiago, *El amante uruguayo. Una historia real*, Alcalá Grupo Editorial, 2011, p. 290.

que narrador"[595]. Por su parte "Esther Haedo vivió más de noventa años y dedicó cada minuto de su viudez a conservar la memoria de su marido, a quien nunca dejó de considerar un genio[596]".

MARGARITA MANSO:
DE LA BOHEMIA ESTUDIANTIL A LA FALANGE

Habíamos dejado a Margarita Manso Robledo en el momento en que finalizó sus estudios en la Academia de San Fernando el año 1927. La amiga de Dalí, Buñuel, Mallo, Méndez y amiga de Federico, al que supuestamente le permitió "aliviar" la calentura sexual que le había provocado el pintor, se emparejó con un compañero de estudios: Alfonso Ponce León, quien sí se dedicó al quehacer artístico. En 1929 Alfonso, cuya producción mereció ser vinculada al "realismo mágico", participó en el primer Salón de Artistas Independientes y al año siguiente viajó con Margarita a la capital francesa, donde conocieron a Picasso y a otros artistas de la Escuela de París. De regreso a España contrajeron matrimonio en 1933 y Alfonso pudo presentar en 1935 su primera muestra individual en el Centro de Exposición e Información de la Construcción de la capital de España y participar en la Exposición Nacional de Bellas Artes que se celebró en los Palacios del Retiro en 1936[597].

Para entonces el marido de Margarita se había afiliado a Falange Española, en cuyo seno colaboró en la creación de la iconografía del nuevo partido. A ella y a Alfonso les pilló la guerra civil en Madrid y quiso el destino que, hallándose ambos de paseo por

---

595   Roncagliolo, Santiago, *El amante uruguayo. Una historia real*, Alcalá Grupo Editorial, 2011, p. 326.

596   Roncagliolo, Santiago, *El amante uruguayo. Una historia real*, Alcalá Grupo Editorial, 2011, p. 327.

597   https://www.museoreinasofia.es/exposiciones/alfonso-ponce-leon-1906-1936 (26.07.2023)

la Castellana el 20 de septiembre de 1936, el pintor fuera reconocido por su militancia y detenido de inmediato. Fue recluido en una checa y asesinado días después. La desconsolada viuda de 28 años pudo desplazarse a Barcelona con su madre y hermana y desde allí huir en dirección a Italia, de donde se trasladó a la zona nacional a través de San Sebastián. Se estableció en Burgos y bajo la protección de Dionisio Ridruejo, que había sido amigo de Alfonso, colaboró en la elaboración de materiales escenográficos y publicitarios para el teatro de la Falange.

Al término de la guerra regresó a Madrid y en 1940 contrajo segundo matrimonio con el doctor Enrique Conde de Gargollo, endocrinólogo y colaborador de Gregorio Marañón, que ejerció como director de Balnearios y del Instituto Municipal de Nutrición de Madrid[598]. Enrique, que también era falangista, y, a la vez, escritor, recopiló con Agustín del Río Cisneros la obra literaria de José Antonio Primo de Rivera para su publicación como biblia doctrinal del nuevo régimen[599].

Margarita vivió al margen de aquel ambiente artístico de su juventud y falleció prematuramente con 51 años en 1960. Su marido le sobrevivió hasta 1999. Dice Concha Mayordomo que

"Lamentablemente no hay muchos más datos biográficos sobre Margarita Manso. La información sobre su vida y su obra han ido apareciendo con muchas restricciones y reservas, por un lado, las confidencias de sus cómplices y por otro, las reticencias de sus herederos. Ensombrecida por la España gris de la dictadura, se convirtió en una mujer devota y falangista. El resto de su vida escondió su relación con su gran amigo Federico, los recuerdos de Salvador, la nostalgia por Maruja y Concha Méndez, sus íntimas amistades, sus vivencias con el grupo de andanzas juveniles y los sueños en los que un día

598 Albasanz Gallán, Dr. José Luis, "In memoriam", *Boletín de la Sociedad Española de Hidrología Médica*, 1999, XIV, pp. 34-38.

599 Ministerio de Educación y Formación Profesional, Nina Produccions y Jairo García Jaramillo

creyeron poder cambiar el mundo. Sus hijos desconocían todas esas vivencias"[600].

Resultaría interesante averiguar qué ocurrió con otras tantas relaciones del poeta, pero su volatilidad no permite profundizar en ello y ni tan siquiera hacerlo posible. Faltan datos y testimonios que no pueden ser en forma alguna ser sustituidos por presunciones e hipótesis. En todo caso, lo que ocurrió con las personas que sí dejaron una huella en el corazón de Federico parece que queda bastante claro en las páginas que anteceden.

---

600   https://conchamayordomo.com/2018/08/20/beamargarita-manso/ (26.07.202)

XIV

EL AMOR INALCANZABLE

La clave de toda relación sentimental radica, sin duda, en el acierto o desacierto que conlleva la elección de la pareja y esto afecta tanto a las heterosexuales, como a las homosexuales. Hay muchos factores que actúan como palancas de atracción: el aspecto físico, el carácter, las habilidades sociales, los hábitos y aficiones, incluso las cualidades morales, aunque estas últimas son mucho más difíciles de evaluar. Pero lo cierto es que a veces el sentido de la atracción es unidireccional y que la persona a la que se dirige el interés no se siente igualmente atraída por quien desea conseguir su favor. Hay entonces que desplegar otras armas, la más vulgar de las cuales es la de carácter económico, susceptible de posibilitar una disponibilidad aparentemente inaccesible.

Sabemos que Federico, cuyo aspecto exterior no respondía a los cánones propios de la belleza griega, no carecía sin embargo de un cierto atractivo físico. Pero lo que sí poseía a raudales era unas dotes de seducción inmensas, que sabía utilizar con suma habilidad y que se revelaban capaces de doblegar voluntades real o aparentemente heterosexuales y conseguir objetivos punto menos que inalcanzables. Esta es la razón de que pudiera establecer relaciones con personas que en principio no hubieran parecido propicias a ello por su condición primordial o (casi) exclusivamente heterosexual, como fueron los casos de Emilio Aladrén y de Rafael Rodríguez Rapún. La comunión intelectual y creativa que estableció con Salvador Dalí se produjo cuando éste y Federico todavía no habían superado la inmadurez sexual y, en todo caso, no pudo vencer la barrera producida por los traumas e incertidumbres de una sexualidad tan laberíntica como la que con el tiempo demostraría poseer el pintor ampurdanés. Y el caprichoso azar quiso malograr la que acaso habría podido llegar a ser la única relación con visos de futuro, que fue la iniciada con el adolescente Ramírez de Lucas.

Como, por otra parte, los testimonios disponibles hablan de un Federico con acuciantes manifestaciones de un deseo sexual casi siempre permanentemente insatisfecho, es fácil colegir que tuvo que acudir por pura necesidad a encontrar satisfacción en el sexo venal, al que se entregó sin escrúpulos ni sociales, ni de conciencia, dando pábulo, sobre todo cuando daba rienda suelta a esta incontenible pulsión en Granada, a toda suerte de malévolas habladurías. Según recuerda Villena que le comentó Aleixandre "Federico frecuentó, no escasamente, los encuentros sexuales mercenarios"[601].

Quienes han analizado en profundidad su obra literaria han establecido con toda claridad la forma en que Federico reflejó en ella como válvula de salida de sus tensiones más íntimas sus amores y desamores, bien para expresar el sentimiento pasional que experimentaba por alguna de sus parejas, bien para reprochar abandonos e infidelidades. No hemos hecho más que alusiones tangenciales a esta cuestión porque hemos preferido dejarla en manos más autorizadoras y competentes. Quede, pues, la simple constatación de la existencia y persistencia de este reflejo de la propia intimidad del poeta en sus textos.

Por todo ello es lícito preguntarnos ¿Llegó García Lorca a vivir con plenitud el amor? Parece bien cierto que lo intentó, pero es

---

601   Villena, Luis Antonio de, *Los mundos infinitos de Lorca*, Tintablanca, 2023, p. 79.

más dudoso que fuera correspondido adecuadamente. Según Villena: "Lorca (se lo oí al gran letrista Rafael de León) amó mucho, pero tuvo la desdicha de que esos amores no fueran correspondidos o lo fueran de una manera irregular, atípica, muy propia de una homosexualidad tabuada y reprimida en la época"[602]. Sea como fuere y si hemos de guiarnos por la única documentación disponible, que es la correspondencia que se conserva, diríamos que las expresiones más fervientes de cariño son las que se expresan, tanto en una, como en otra dirección, entre Eduardo Rodríguez Valdivieso y Federico García Lorca. Hay también indicios en la parvísima de Rodríguez Rapún. Lo que queda de Aladrén parece, en cambio, insustancial y más bien reflejo de la banalidad del sujeto. Habría que valorar el significado de las expresiones epistolares de Amorim y de la complicidad expresada por Blanco-Amor. Y, desde luego, valdría la pena poder conocer en su integridad la ignota correspondencia mantenida con Ramírez.

Moreno Villa se preguntó: "¿Fue feliz la vida de Federico? Mirada en conjunto, creo que sí. Tendría sus angustias, como lo revelan algunas poesías y la premonición constante de la muerte, pudo gustar de todo lo que se le apeteció porque la fortuna familiar le permitía vivir y viajar sin preocuparse de ganar el sustento. Además, su natural simpatía le granjeaba amistades en todas partes"[603]. Pero esa comodidad económica, que no siempre fue tal como lo cuenta su antiguo compañero de la Residencia de Estudiantes, no resuelve la incógnita sobre su felicidad íntima y sentimental. Queda, pues, abierta la duda a la que, por otra parte, nos invitan palabras como las que ha dejado escritas quien ha vivido acaso situaciones análogas y conocen la situación por ciencia propia. Nos referimos al director teatral Lluis Pasqual, para

602 Villena, Luis Antonio de, «Federico García Lorca y Emilio Aladrén. Los senderos que se bifurcan», http://www.dosmanzanas.com/2010/01/federico-garcia-lorca-y-emilio-aladren-los-senderos-que-se-bifurcan.html (24.03.2014)

603 Moreno Villa, José, *Memoria*, El Colegio de México/Publicaciones de la Residencia de Estudiantes, México, 2011, p. 585.

quien "excepto algún luminoso encuentro, siempre he tenido la impresión de que Federico, como un personaje de Chéjov, se enamoraba de la persona equivocada. He compartido esa sensación alguna vez"[604]. ¿Y quién no?

Sitges, Barcelona, San Bartolomé de Tirajana, Amsterdam, verano de 2022-otoño de 2023.

604   Pasqual, Lluis, *De la mano de Federico*, Arpa editores, 2016, p. 106.

FUENTES

Amela, Víctor, *Si yo me pierdo*, Destino, Barcelona, 2022

Auclair, Marcelle, *Enfance et mort de García Lorca*, Editions du Seul, París, 1968

Auclair, Marcelle, *Vida y Muerte de García Lorca*, Ediciones ERA, Méjico, 1972

Balló, Tania, *Las sinsombrero*, Espasa, 2016

Bianchi Ross, Ciro, *García Lorca. Pasaje a La Habana*, Puvil editor, Barcelona, 1997

Buñuel, Luis, *Mi último suspiro*, Plaza y Janés, Barcelona, 1983

Caballero Pérez, Miguel, *Lorca en África. Crónica de un viaje al Protectorado español en Marruecos*, Patronato Cultural Federico García Lorca, Granada, 2010

Caballero Pérez, Miguel, *Las trece últimas horas en la vida de García Lorca*, La Esfera de los Libros, 2011

Cañas, Dionisio, *El poeta y la ciudad. Nueva York y los escritores hispanos*, Cátedra, Madrid, 1994

Cardoza y Aragón, Luis, *El río. Novelas de caballería*, Fondo de Cultura Económica, México, 1986

Centro Federico García Lorca, *Jardín deshecho: Lorca y el amor*, 2019

Conejero, Alberto, *Teatro 2010-2015*, Ediciones Antígona, 2017

Cotta, Jesús, *Rosas de plomo. Amistad y muerte de Federico y José Antonio*, Stella Maris, Barcelona, 2015

Eisenberg, Daniel, *Textos y documentos lorquianos*, Dept. of Modern Languages, Florida State University, 1975

Fernández-Montesinos, Tica, *El sonido del agua en las acequias*, Dauro, Málaga, 2018

García Lorca, Federico, *Epistolario completo*, Cátedra, Madrid, 1997

García Lorca, Federico, *Seis poemas galegos* (con notas de Eduardo Blanco-Amor), XII Festa da Palabra, Fundación Eduardo Blanco-Amor, 2021

García Lorca, Francisco, *Federico y su mundo*, Alianza Tres, Madrid, 1981

García Lorca, Isabel, *Recuerdos míos*, Tusquets, Barcelona, 2022

García de la Torre, Luis, *La familia Loynaz y Cuba*, Betania, Madrid, 2017

Gibson, *Caballo azul de mi locura. Lorca y el mundo gay*, Planeta, 2009

Gibson, Ian, *Federico García Lorca*, Faber & Faber, London, 1989

Gibson, Ian, *Luis Buñuel. La forja de un cineasta universal 1900-1938)*, Aguilar, 2013

Gibson, Ian, *La vida desaforada de Salvador Dalí*, Anagrama, Barcelona, 1997

Gibson, Ian, *Vida, pasión y muerte de Federico García Lorca*, Plaza y Janés editores, 1998

González Acosta, Alejandro, *La dama de América*, Ediciones Betania, Madrid, 2016

Lamillar, Juan, *Joaquín Romero Murube. La luz y el horizonte*, Fundación José Manuel Lara, Sevilla, 2004

Larrea, Pedro, *Federico García Lorca en Buenos Aires*, Renacimiento, Sevilla, 2015

León, María Teresa, *Memoria de melancolía*, Renacimiento, Sevilla, 2020

Leuven University Press, *Federico García Lorca. Estudios sobre las literaturas hispánicas en honor de Christian De Paepe*, 2003

López de Zuazo, Antonio, *Catálogo periodistas españoles siglo XX*, A. López, Madrid, 1981

Mangini, Shirley, *Maruja Mallo*, Circe, 2012

Marinello, Juan, *García Lorca en Cuba*, Ediciones Belic, La Habana, 1965

Martínez Nadal, Rafael, *Federico García Lorca. Mi penúltimo libro sobre el hombre y el poeta*, Editorial Casariego, Madrid, 1992

Martínez Nadal, Rafael, *Cuatro lecciones sobre Federico García Lorca*, Fundación Juan March-Cátedra, Madrid

Ministerio de Educación y Formación Profesional, Nina Produccions y Jairo García Jaramillo, *Las sinsombrero*

Molina Fajardo, Eduardo, *Los últimos días de García Lorca*, Plaza y Janés, 1983

Moreno Villa, José, *Vida en claro*, Visor Libros, Madrid, 2006.

Moreno Villa, José, *Memoria*, El Colegio de México/ Publicaciones de la Residencia de Estudiantes, México, 2011.

Morla Lynch, Carlos, *Diarios de Berlín, 1939-1940*, Renacimiento, 2023

Morla Lynch, Carlos, *En España con Federico García Lorca*, Renacimiento, 2008

Neruda, Pablo, *Confieso que he vivido*, Seix Barral, Barcelona, 1976

Olano, Antonio D., *Dalí. Las extrañas amistades el genio*, Temas de hoy, Madrid, 1997

Pasqual, Lluis, *De la mano de Federico*, Arpa editores, 2016

Penón, Agustín, *Diario de una búsqueda lorquiana*, Plaza y Janés, 1990

Penón Ferrer, Agustín, *Miedo, olvido y fantasía*, Editorial Comares, Granada, 2009

Pérez Andújar, Javier, *Salvador Dalí. A la conquista de lo irracional*, Algaba ediciones, Madrid, 2003

Puignau, Emilio, *Vivencias con Salvador Dalí*, Editorial Juventud, Barcelona, 1995

Ruiz Ródenas de Moya, Domingo, *El orden del azar. Guillermo de Torre entre los Borges*, Anagrama, Barcelona, 2023

Reina, Manuel Francisco, *Los amores oscuros*, Temas de hoy, Madrid, 2012

Rodríguez Villagrán, Ángel, *Maria als santuaris del Bisbat de Girona*, Delegació de Pastoral del Turisme y Santuaris del Bisbat, Gerona, 1998

Roncagliolo, Santiago, *El amante uruguayo. Una historia real*, Alcalá Grupo Editorial, 2011

Rosales, Gerardo, *El silencio de los Rosales*, Planeta, 2002

Ruiz Ródenas de Moya, Domingo, *El orden del azar. Guillermo de Torre entre los Borges*, Anagrama, Barcelona, 2023

Sáenz de la Calzada, Luis, *La Barraca, teatro* universitario, Residencia de Estudiantes, Madrid, 1998

Sahuquillo, Ángel, *Federico García Lorca y la cultura de la homosexualidad masculina*, Instituto de Cultura Juan Gil-Albert, Alicante, 1991

San Juan, Álvaro J., *Grandes maricas de la historia*, Plan B, 2023

Schonberg, Jean-Louis, *Federico García Lorca. L'homme-L'oeuvre*, Plon, París, 1956

Thurlow, Clifford, *Sexo, surrealismo, Dalí y yo. Las memorias de Carlos Lozano*, Punto de Lectura, Barcelona, 2002

Tinnell, Roger, *Correspondencia y documentos inéditos en la Fundación Federico García Lorca*

Vila San Juan, José Luis, *García Lorca asesinado: toda la verdad*, Planeta, Barcelona, 1975

Villena, Luis Antonio de, *Los mundos infinitos de Lorca*, Tintablanca, 2023,

PUBLICACIONES

ABC
Baetica Renascens
Blau División. Boletín de la Hermandad Provincial de la División Azul
  de Alicante
Boletín de la Sociedad Española de Hidrología Médica
Los Cuadernos de Literatura
La Estafeta Literaria
Le Figaro Littéraire
Ínsula
Els Marges
El Mundo
El País
Escuela abierta
Qué pasa
Unidad
La Vanguardia

ARCHIVOS

AGA (Archivo General de la Administración, Alcalá de Henares)
Archivo General Militar, Ávila
Centro Documental de la Memoria Histórica, Salamanca
Fundación Eduardo Blanco Amor, Orense
Fundación Federico García Lorca, Madrid

TESTIMONIOS

Anson, Luis María
Caballero, Carlos
Reina, Manuel

ÍNDICE

Los novios de Federico
de Pablo-Ignacio de Dalmases,
compuesto con tipos Montserrat en créditos
y portadillas, y Cormorant Garamond
en el resto de las tripas,
bajo el cuidado de Dani Vera,
se terminó de imprimir
el 27 de junio de 2024.
Ese mismo día del año 2002,
en España, el Congreso de los Diputados
aprueba la Ley de Servicios de la Sociedad de
la Información y del Comercio Electrónico.

LAUS DEO